D1754714

GOLDMANN ARKANA

Thubten Ngodup

Mit Françoise Bottereau-Gardey
und Laurent Deshayes

Ich bin das Orakel des Dalai-Lama

Autobiografie

Aus dem Französischen
von Elisabeth Liebl

**GOLDMANN
ARKANA**

Die französische Originalausgabe erschien 2009 unter dem Titel
»Nechung, l'oracle du Dalaï-lama. Autobiographie«
bei Presses de la Renaissance, Paris.

Verlagsgruppe Random House FSC-DEU-0100
Das FSC-zertifizierte Papier *EOS*
für dieses Buch liefert Salzer, St. Pölten.

1. Auflage
Deutsche Erstausgabe
© 2010 der deutschsprachigen Ausgabe
Arkana, München
in der Verlagsgruppe Random House GmbH
© 2009 der Originalausgabe Presses de la Renaissance
Lektorat: Claudia Göbel
Satz: Buch-Werkstatt GmbH, Bad Aibling
Druck und Bindung: GGP Media GmbH, Pößneck
Printed in Germany
978-3-442-33870-2

www.arkana-verlag.de

Inhalt

Geleitwort 7
Eine Kindheit in Tibet – Einführung 10
Vorwort 12

1 **Phari – die Stadt meiner Kindheit** 15
   Eine Oase inmitten von Felsen 16
   Klöster und Pilger 18
   Meine Familie 20
   Unser Leben 28
   Unter chinesischer Herrschaft 33
   Begegnung mit dem Tod 43
   Die Flucht 44

2 **Im Land des Buddha** 60
   Dharamsala 60
   Endlich – der Dalai Lama 63
   Arm in Tibet, arm in Indien 64
   Schulaufenthalt 66
   Eine wichtige Begegnung 67
   Das Orakel von Gadong 70
   In den Fußstapfen des Buddha 71

3 Mönch im Nechung-Kloster 83
  Nechung 85
  Ein mächtiger Schützer: Dorje Dragden 90
  Das neue Kloster 98
  Ausbildung und Klosteralltag 102
  Mein Vater stirbt 109
  Nechung Rinpoche 116
  Mönch und Künstler 127
  1984 – ein schwarzes Jahr 131

**4 Das Orakel des Staates Tibet
  und des Dalai Lama** 134
  Vorzeichen 135
  Der 31. März 1987 151
  Der Buddhismus und
  seine Orakel 165
  Meine Vorgänger 173
  Kuten sein 204
  Die Trance 208
  Auf Entdeckungsreise 222
  Leben in Indien 260
  Künstlerische Aktivitäten 276
  Ein Traum wird Wirklichkeit:
  Deyang Dratsang 284
  Die Zukunft unserer Welt 292

  Danksagung 296
  Danksagung von Françoise Bottereau-Gardey ... 298
  Glossar 299

Geleitwort

Ich kenne den ehrwürdigen Thubten Ngodup seit seiner Kindheit. 1966 habe ich die Siedlung von Changlang Kunsang Ling in der Provinz Assam verlassen und ging nach Dharamsala, weil ich als Repräsentant der Nyingma-Schule an das Büro für religiöse Angelegenheiten entsandt wurde. Ein Jahr später erwarb die tibetische Exilregierung Land in Gangchen Kyishong. Das tibetische Zentralsekretariat und Klöster wie Gadong, Nechung und viele andere verlegten ihren Sitz dorthin. Zu jener Zeit trafen auch der ehrwürdige Thubten Ngodup und seine Eltern aus Bhutan kommend dort ein.

Tibet ist aufgrund seines Karmas und anderer Aspekte und Bedingungen unvorstellbaren Umwälzungen unterworfen. Wir mussten unsere Heimat verlassen und in ein anderes Land gehen, in dem für uns alles neu war. Alle wichtigen Grundlagen für den Neuanfang gingen vom Dalai Lama aus: die Initiative, die tibetische Exilregierung zu gründen und Siedlungen zu bauen, in denen wir leben und uns ernähren können, Schulen zu errichten, um unseren Kindern eine moderne Erziehung zu geben, Klöster zu bauen, um unser kulturelles Erbe zu erhalten sowie die religiöse Ausbildung von

Mönchen und Nonnen sicherzustellen. Schritt für Schritt fanden die Tibeter im Exil wieder zu sich. Dank Seiner Heiligkeit konnten auch der ehrwürdige Thubten Ngodup und seine Eltern im Exil ein neues Leben beginnen.

Damals wurde der ehrwürdige Thubten Ngodup »kleiner Kalsang« genannt. Er war ein rechter Schlingel, aber er besaß auch Scharfsinn und Intelligenz. Seine Eltern gehörten der Sakya-Schule des tibetischen Buddhismus an. Er führte eine ununterbrochene Linie von tantrischen Praktizierenden fort. Zunächst trat er ins Gadong-Kloster ein, dann setzte er seine Ausbildung am Nechung-Kloster fort. Als Erstes lernte er dort lesen und schreiben. Von da an machte er schnell unglaubliche Fortschritte.

Immer öfter begannen sich bei ihm Anzeichen einer außerordentlichen Begabung zu zeigen. So war er beispielsweise von Natur aus gütig und mitfühlend. Er war außerordentlich bescheiden und respektvoll gegenüber den Älteren. Daher war es leicht, sich gut mit ihm zu verstehen. Seiner sanften Art wegen hatte er viele Freunde. Seinen Eltern, den Lamas und Lehrern gegenüber zeigte er sich stets gehorsam. Er respektierte seine Klassenkameraden und die anderen Mönche. Darüber hinaus besaß er künstlerisches Talent. Er schuf wunderschöne Skulpturen aus Butter. Bei der Durchführung von Ritualen und der Rezitation von Texten erwies er sich als äußerst gewissenhaft. Er war wirklich nicht wie die anderen. Dies mag der Grund sein, weshalb er mittlerweile zum verlässlichen Medium für Nechung geworden ist, der Schutzgottheit, die das Staatsorakel Tibets darstellt. Die Mönche des Nechung-Klosters, die Thubten Ngodup seit seiner Kindheit kennen, werden ihm ein ebenso gutes

Zeugnis ausstellen. Er hat nicht nur das Kolleg Drepung Deyang, den Sitz von Chogpa Jangchub Palden, restaurieren lassen, sondern auch das neue Deyang-Kolleg mit allen Statuen und Ritualobjekten gestiftet. Schon die Tatsache, dass er dies ohne größere Hindernisse zuwege brachte, zeichnet ihn als außerordentlichen Menschen aus, der sich bewusst in dieser Welt reinkarniert hat.

Das vorliegende Buch wird den Lesern einen Einblick in die uralte Tradition der Orakel Tibets geben. Es zeichnet ein Porträt des ehrwürdigen Thubten Ngodup, der als Medium für das Staatsorakel von Tibet und den Dalai Lama fungiert und der auch unter dem Namen Nechung Chökyong bekannt ist. Die spirituelle Dimension dieses Werkes erschließt sich besonders jenen Schülern, die ein grundlegendes Verständnis der tantrisch-buddhistischen Tradition des Vajrayana besitzen. Es ist unter Umständen auch für die wissenschaftliche Forschung von Nutzen. Doch zu diesem Zweck müsste die Wissenschaft zunächst einmal die Existenz des Geistes beweisen.

Garchen Khamthrul Jamyang Dhondup

Nach dem tibetischen Kalender
am 27. Tag des 2. Monats des Jahres 2134,
nach der abendländischen Zeitrechnung
am 3. April 2008

Eine Kindheit in Tibet – Einführung

Thubten Ngodup ist ein einfacher Mönch, der eine tiefe Güte ausstrahlt. Aber er ist auch das Medium des großen Nechung, des tibetischen Staatsorakels und des Dalai Lama. Als solches führt er uns mitten hinein in das geheimnisvolle Tibet, das die französische Abenteurerin Alexandra David-Néel bereist hat. Wenn er nach einem langen Ritual inmitten von Gold und schweren Weihrauchdüften erwacht, spricht aus ihm nicht mehr der Mensch, sondern der Gott Dorje Dragden. Dies ist das Tibet der Mystiker und Magier, das allmächtige Tibet, das tief in dieser ewigen Welt verankert ist, in der Mensch und Gott nebeneinander leben, einander fürchten und miteinander wetteifern.

In seinen Brokatgewändern betritt das Orakel die Bühne, lässt in seinem göttlichen Tanz die Bänder an seinem schweren Kopfschmuck fliegen. Sein Gesicht ist angeschwollen und verzerrt zu schrecklichen Grimassen. Der Atem geht stoßweise, die Glieder verrenken sich. Für den nicht Eingeweihten bringt er nur undeutliche Laute hervor. Der menschliche Körper scheint nicht stark genug, um die gewaltige Kraft des Beschützers der Dalai Lamas und des Schneelandes aufzunehmen. Sein Schwert saust durch die Luft, als haue es unsichtbare Feinde in Stücke. Es sieht aus, als zermalmte er mit jedem Tritt seiner Sohlen zahllose Dämonen.

Kuten-la, wie das Nechung-Medium meist genannt wird, ist sicher eines der interessanten Phänomene der religiösen Kultur Tibets. Thubten Ngodup wird im Feuer und Blut eines Tibet geboren, das sich unter der Knute der chinesischen Herren beugen muss. Er lässt die Tragödie seines Landes hinter sich und damit auch seine auf immer verlorene Kindheit. Erst im indischen Exil ändern sich die Dinge von Grund auf: Der Junge aus der bescheidenen Stadt Phari im Süden Tibets wird, ohne dies je beabsichtigt zu haben, zu einer der meistgeachteten Persönlichkeiten Tibets. Sein Schicksal scheint von unsichtbarer Hand vorgezeichnet. Doch Thubten Ngodup folgt unbeirrt weiter seinem außergewöhnlichen Weg, auch als er in Dharamsala, am Fuß des Himalaya, ankommt, wo die tibetische Exilregierung ihren Sitz hat.

Thubten Ngodup hat mir in den Jahren unserer freundschaftlichen Begegnungen die Geschichte seines Lebens anvertraut, die so außergewöhnlich und dadurch besonders erschütternd ist. In Trance wird er das menschliche Werkzeug eines furchterregenden Gottes. Und doch ist das Orakel des Dalai Lama ein ganz einfacher Mensch, frei von jeder Überheblichkeit. Er weiß, dass nicht er diese Existenz wählte, sondern der große Dorje Dragden ihn dazu ausersehen hat, dem Dalai Lama, dem Oberhaupt Tibets, seine schwere Aufgabe zu erleichtern. Ein einfacher Mensch mit einer außergewöhnlichen Funktion.

Françoise Bottereau-Gardey

Vorwort

Im März 2004 kamen Michel und Françoise Gardey nach Dharamsala, um einen Dokumentarfilm über Telo Tsechu zu drehen. Sie erhielten von der tibetischen Exilregierung die Erlaubnis, im Haupttempel Filmaufnahmen vom fortgeschrittenen Trancezustand des Nechung Chökyong, umgeben von weiteren Orakeln und in Gegenwart Seiner Heiligkeit, zu machen. Daraufhin schlug Françoise Bottereau-Gardey mir vor, eine mit Fotos illustrierte Biografie über mich und mein Leben als Medium – tibetisch *kuten* – des Orakels von Nechung Chökyong zu schreiben.

Die Tibeter sind es nicht gewohnt, ihre Lebensgeschichte zu erzählen, und erst recht nicht, über ihre persönlichen spirituellen Erfahrungen zu sprechen. Ich bin nur ein einfacher Mönch. Ich kann daher nichts »Außergewöhnliches« berichten. Doch aufgrund meiner karmischen Erfahrungen in früheren Leben ist mir Nechung Chökyong, das Staatsorakel von Tibet, erschienen. Ich wurde mit einer Fülle von wunderbaren spirituellen Erfahrungen gesegnet, die jedoch nur mir selbst von Nutzen sind.

Seit ich zum Medium Nechung Chökyongs wurde, haben mir viele Leute Fragen gestellt, vor allem Journalisten und Menschen, die sich für den Buddhismus interessieren. Anfangs war ich diesbezüglich sehr reserviert. Doch Seine Heiligkeit der Dalai Lama hat mehrere westliche Wissenschaftler gebeten, das System der tibetischen Orakel zu untersuchen. Außerdem haben viele Freunde, die der tibetischen Exilregierung angehören, mich gebeten, doch über mein Leben zu berichten. Sie meinten, dass in diesen für Tibet so schweren Zeiten jedes Wort, das unserem Land Hilfe bringen kann, von großem Nutzen ist. Daher erzähle ich hier die Geschichte meines kurzen Lebens. Dies tue ich vor allem aus drei Gründen:

- auf Wunsch Seiner Heiligkeit des Dalai Lama, damit Wissenschaftler die verschiedenen Aspekte der tibetischen Kultur und Religion gründlich untersuchen können;
- damit all jene, die eine historisch gewachsene Beziehung zu Nechung Chökyong haben, mehr über ihn erfahren;
- damit all jene, die ihr Vertrauen in Nechung Chökyong setzen, dazu beitragen können, die tibetische Kultur und Religion zu retten, die in Tibet selbst mittlerweile von der Ausrottung bedroht ist. Zwischen Nechung Chökyong und den Menschen der Mongolei, Tibets, der indischen Regionen des Himalaya und eines Teils von China existiert nämlich ein jahrhundertealtes enges Band.

Ich maße mir nicht an zu glauben, dass meine persönliche Geschichte zu einem tieferen Verständnis der Natur und Geschichte Nechung Chökyongs beiträgt. Nechung Chökyong hält seine tiefe Verbindung zur Inkarnationslinie Seiner Heiligkeit seit vorbuddhistischer Zeit, also seit mehr als 2500 Jahren, aufrecht. Seine Verbindung zu Tibet geht auf die Zeit vor etwa 1300 Jahren zurück. Verglichen damit ist meine Bindung an Nechung Chökyong noch recht jung. Sie besteht erst seit wenigen Jahren. Seine Weisheit, sein Mitgefühl und die zahllosen Wege, die er findet, um den lebenden Wesen beizustehen, können in ihrer Gesamtheit nur von einem erleuchteten Wesen ermessen werden.

Mögen alle Wesen die Wurzel ihrer Leiden durch das tiefgründige Verständnis der wahren Natur des Daseins und durch die Entwicklung grenzenlosen Mitgefühls überwinden.

1
Phari – die Stadt meiner Kindheit

Ich heiße Thubten Ngodup und bin seit dem 31. März 1987 das 17. Medium, der Kuten, unserer Schutzgottheit Dorje Dragden. Diese spricht durch mich zum Wohl des Dalai Lama und seines Volkes. Trotzdem bin ich nichts weiter als ein ganz normaler Mensch.

Ich wurde im Süden Tibets geboren, am 16. Tag des 5. Monats im Jahr des Feuervogels, im Jahr 2084 nach tibetischer Zeitrechnung. Dem westlichen Kalender zufolge ist dies der 13. Juli 1957.

Nichts deutete bei meiner Geburt auf das Dasein hin, das ich heute führe. Die Handlungen und Wünsche meiner früheren Leben haben mich in die Lage versetzt, der Hölle der chinesischen Besatzung zu entrinnen. Es fällt mir heute noch schwer, an das zurückzudenken, was ich damals gesehen und gehört habe. Meine Kindheit ist wie eine Wunde, die sich gelegentlich öffnet und schmerzt, ohne je ganz zu heilen, trotz der Zuneigung, die ich von meinen geliebten Eltern und spirituellen Meistern erfuhr. Ich wurde in einer

Hölle geboren, die von Menschen für Menschen geschaffen wurde und in der es nicht wenige Menschen gab, die aus dem Leiden anderer ihren Vorteil zogen. Der Gedanke an all jene, die nicht das Glück hatten, dem entfliehen zu können, an all das Leid, das ihnen angetan wurde, macht mich traurig. Mein Land mag nicht vollkommen gewesen sein, aber es war mein Land. Menschen, Tiere und Götter lebten dort in Harmonie, bis die chinesischen Kommunisten kamen, die alles zerstörten, die Mütter von ihren Kindern trennten, Väter von ihren Söhnen, Freunde von Freunden. Sie zerstörten die Berge, die Wälder, die Flüsse.

Eine Oase inmitten von Felsen

Ich bin in Phari geboren, einem Marktstädtchen an der Grenze zu Bhutan. Phari liegt etwa 4000 Meter über dem Meeresspiegel, an der großen Handelsstraße, auf der einst Tausende von Yaks, Maultieren und Pferden nach Indien oder Lhasa getrieben wurden, in die heilige Stadt, die den Potala, den Palast des Dalai Lama, beherbergt. Inmitten einer endlos scheinenden Ebene, von schneidenden Winden gepeitscht, die im Winter den Atem rauben, wirkt Phari wie eine Oase inmitten einer öden Steinwüste, in der nur hie und da die Spitzen hartlaubiger Kräuter hervorlugen.

Doch im Sommer lassen Regen und Wärme die Ebene zu einem Blütenmeer werden, in denen sich das Blau der Vergissmeinnicht den lilafarbenen Eisenhutlanzen zu Füßen legt. Ich ging immer Blumen pflücken und füllte unser Haus mit großen Sträußen. Vor meiner Geburt war das Leben in unserer Stadt geprägt vom Vorüberziehen der Karawanen, die schwere Seidenballen, Pelze und Wolle tauschten …

Wie soll ich nun meine Stadt beschreiben? Heute weiß ich, dass die Menschen aus dem Westen, die sie besucht haben, von ihr sagen, sie sei die höchstgelegene Stadt der Welt, aber auch, sie habe nichts, was sie anziehend mache. Nachdem die Engländer 1904 Tibet besetzt hatten, gründeten sie dort ein Handelskontor, doch auch dieses lag nicht in der Stadt selbst, sondern etwas weiter entfernt im »Dak Bungalow«. Für mich ist Phari die Stadt meiner Kindheit und wird es auch immer bleiben. Ein großer *dzong*, eine alte Festung aus grauen Steinen, überragte sie. Sie lag auf einem Hügel, der vielleicht eher eine kleine Anhöhe war. In jedem Fall hat er der Stadt ihren Namen gegeben, denn er glich einem ruhenden Schwein: daher *pha*, tibetisch für »Schwein«, und *ri*, »Hügel«, also der Schweinehügel. In meiner Jugend lebte im *dzong* ein Präfekt, der als *tse drung* fungierte, als von der Regierung eingesetzter religiöser Verwalter. Die Festung war der ganze Stolz des Ortes, obwohl sie schon ziemlich verfallen war. Doch sie sah immer noch beeindruckend aus mit ihrem massiven Hauptgebäude von nahezu quadratischem Grundriss, an dessen Ecken sich kleine Türme erhoben. Die Mauern waren so dick, dass es praktisch kein Fenster darin gab. Verschiedene Nebengebäude und eine Umfriedung mit Türmen und Schanzenanlagen bildeten einen undurchdringlichen Wall um die Festung.

Phari teilte sich im Wesentlichen in zwei Bezirke: die Oberstadt, Phateu, die rund um die Festung lag, und die

Unterstadt, Phame, die sich weiter in die Ebene hineinerstreckte. In diesen gab es vier Viertel: Sharpup Khar in der Oberstadt, wo meine Familie lebte, sodann Shopa, Nanglo und Khangkyim. In Letzterem standen vor allem die Häuser der bhutanesischen Händler. Unser Viertel war etwa sechzig Häuser stark, die fast alle von den Angestellten des Mönchspräfekten bewohnt wurden. Diesen nannten wir *dzong pön*, den »Meister der Festung«. Die Viertel unterschieden sich auch in der Bauweise ihrer Häuser. In den reicheren Vierteln sah man aus Ziegeln gemauerte Häuser – meist eingeschossig mit flachem Dach. Im übrigen, also weitaus größten Teil der Stadt waren die Häuser aus Lehm oder Strohlehm. Doch alle waren sie gleichermaßen mit roten, blauen, gelben, grünen und weißen Gebetsfahnen geschmückt. Von Weitem sah Phari aus wie ein riesiger Blumenstrauß. Sein Duft bestand in Gebeten um Frieden und Glück und wurde vom Wind in alle Welt getragen.

Klöster und Pilger

Wie weit ich auch zurückdenke, schon immer hatte ich den Wunsch, Mönch zu werden. Und doch sah ich als Kind nicht einen einzigen Mönch, nicht eine einzige Nonne. Vor dem Einmarsch der Chinesen gab es in unserer Gegend etwa ein halbes Dutzend aktiver Klöster und einige Hundert Mönche und Nonnen. Die Klöster gehörten den unterschiedlichen spirituellen Linien Tibets an: Kagyü, Gelug und so weiter. Zwei der Kagyü-Klöster wurden von der Bevölkerung einfach Gonpa Gang und Gonpa Og genannt, also das »obere

Kloster« und das »untere Kloster«. Außerdem gab es das Kloster Samdrup Choling, das zum tantrischen Kolleg von Gyume in Lhasa, unserer Hauptstadt, gehörte. Schließlich war da noch Richung Potok, es war Teil des Ganden-Klosters, des Sitzes des Gelugpa-Ordens in der Nähe von Lhasa. In unserer Stadt standen zwei Tempel, Daktok Gang und Nyachen Lhakhang. Dort versammelten die Laiengläubigen sich zu großen Opferzeremonien, die immer am zehnten und am 25. Tag des Mondmonats abgehalten wurden. Mein Vater ging hin, sooft er es ermöglichen konnte.

Die Lage von Phari brachte es mit sich, dass immer wieder große tibetische und indische Meister, die die Stadt bereisten, hier ihre Spuren hinterließen. Vor allem aber war Phari ein wichtiger Treffpunkt für Tausende von Pilgern, die einmal im Jahr auf dem Weg zu ihrem eigentlichen Ziel in die Stadt kamen: Es war der Jomolhari-Berg, der mit seinen 7400 Metern alles überragte. Für uns gehört der »Berg der verehrungswürdigen Göttin« zu den heiligsten Bergen Tibets. Die anderen sind: im Westen der Kailash, im Norden der Amniye Machen und im Osten der Kawa Karpo. Die Pilger kamen von überallher: aus Tibet, aber auch aus dem angrenzenden Sikkim beziehungsweise Bhutan. Sie kamen zu Fuß, zu Pferd oder auf dem Rücken eines Maultiers. Manche bewegten sich vorwärts, indem sie Niederwerfungen machten, eine uralte Form des Gebets, bei der man sich ganz der Länge nach auf dem Boden ausstreckt, sich wieder erhebt und einen Schritt vorwärts macht, um sich dann wieder der Länge nach »niederzuwerfen«, wobei Gebete gesprochen werden. Die Menschen stammten aus allen Altersgruppen und sozialen Schichten und machten sich seit unvordenklichen Zeiten daran, die steilen Pfade der göttlichen Behausung zu erklimmen, um das Heiligtum zu erreichen, einen See. Ich selbst habe diesen See nie gesehen, auch wenn wir gelegentlich Menschen kennenlernten, die dem Berg die Ehre erwiesen hatten.

Meine Familie

Meine Familie lebte in sehr bescheidenen Verhältnissen, obwohl zu ihren Ahnen einige der angesehensten und bekanntesten Persönlichkeiten Tibets gehörten. Wir waren zwar arm, doch wir wussten, dass unsere Familie heilige Wurzeln hatte.

Jamyang Kunzang, mein Vater

Mein Vater heißt Jamyang Kunzang. Einige seiner Vorfahren haben die Geschichte des Buddhismus in Tibet nachhaltig geprägt. Dazu gehört zum Beispiel Nyang Ral Nyima Özer (1136–1204). Hier seine Geschichte zu erzählen, würde wahrlich den Rahmen dieses Buches sprengen, da er viele wunderbare Taten vollbrachte. Er gilt als Reinkarnation von Kaiser Trisong Detsen, der im 17. Jahrhundert zu den größten Eroberern Tibets zählte. Er war es, der den Buddhismus nach Tibet brachte, indem er große Meister wie Padmasambhava, den man als zweiten Buddha betrachtet, nach Tibet einlud. Der Abt Shantarakshita führte auf seine Einladung hin das monastische Leben in Tibet ein, während Vimalamitra spirituelle Belehrungen von größter Subtilität mitbrachte. Padmasambhava hinterließ zahlreiche kostbare Belehrungen, von denen er einige gleichsam im Geist seiner Schüler einschloss, andere in Höhlen und Tempeln verbarg, damit sie zu einem späteren Zeitpunkt, wenn die Wesen dafür bereit waren, ihre Wirkung tun konnten. Wir nennen so etwas *terma*, »Schatz«. Diese Lehren werden von bestimmten Menschen, die wir *tertön*, »Schatzentdecker«, nennen, gefunden. Was meinen Ahnherrn angeht, so hinterließ Padmasambhava eine Prophezeiung.

In seiner Jugend empfing Ngadag Nyang Ral, Meister Nyang Ral, wie wir ihn nennen, zahlreiche spirituelle Lehren. Darüber hinaus entdeckte er viele Termas, die zu Zeiten von Padmasambhava versteckt worden waren. So wurde er der Erste der »fünf erhabenen Schatzentdecker« des Landes. Er machte sich sehr um Tibet verdient, unter anderem, weil er die Praxis unserer Schutzgottheit Avalokiteshvara so sehr förderte. Diese Gestalt verkörpert grenzenloses Mitgefühl. Auf Tibetisch wird sie Chenresig genannt. Sein »Wort«, sein Mantra, auszusprechen ist auf dem Hochplateau von Tibet eine verbreitete Übung, und so ist das Mantra *Om mani padme hung* überall gegenwärtig. Mein Vorfahr erklärte den einfachen Menschen, dass man durch die Rezitation dieses Mantras ohne tiefergehende spirituelle Praxis die nötigen Ursachen schaffen kann, um unter besseren Bedingungen geboren zu werden, damit man sich ein für alle Mal aus dem Kreislauf der Existenzen befreien kann, in dem wir herumirren und von Leben zu Leben unsere leidhafte Erfahrung verlängern.

Ich bin über meinen Vater auch mit der spirituellen Linie der Sakya verbunden, vor allem mit dem Ngor-Zweig, der in

Tibet recht verbreitet ist. Die Überlieferungslinie der Sakya bildete sich im 12. Jahrhundert heraus. Sie erlangte ein so hohes Ansehen und so große Macht, dass ihre Meister einst über Tibet herrschten. Unter den Schülern dieser Meister waren auch die Kaiser der Mongolei, zu denen sie enge Bande knüpften. So konnten weltliche und religiöse Kräfte sich gegenseitig Schutz gewähren. Einst waren die Sakyapa Berater der neuen Kaiser von China – zu Zeiten des großen Kublai Khan. Umgekehrt ließen diese ihren spirituellen Lehrern auch in Tibet ihren Schutz angedeihen.

In den Familien, die zur Linie der Sakya gehörten und den Klöstern viel verdankten, war es Tradition, dass einer der Söhne Mönch wurde, während sich ein anderer um den Besitz der Familie kümmerte. Mein Großvater Nyima Gyelpo hatte nur einen Sohn, meinen Vater. Trotzdem wurde mein Vater der Obhut eines Onkels anvertraut, der Abt in einem Kloster der Ngor-Linie war. Dieses Kloster lag weit entfernt von uns, in Derge, im Osten der Provinz Kham. Diese Stadt war eine Art spirituelles Leuchtfeuer, das von der alten königlichen Familie dort unterhalten wurde. Mein Vater war damals erst sieben Jahre alt. Er blieb dreißig lange Jahre im Kloster, in denen er nicht nur seinen Onkel unterstützte und voller Begeisterung jene religiösen Texte und Rituale studierte, die zum klassischen »Handwerkszeug« eines Mönches gehören, sondern sich auch der klassischen tibetischen Medizin sowie dem Zeichnen und Nähen widmete.

Zum Wissensschatz der tibetischen Medizin gehören die Kenntnis der groben und der subtilen Energien des Körpers, Kenntnisse in Mineralogie, Botanik, Biologie, Anatomie und Astrologie. Da der Körper nicht vom Geist getrennt ist, muss der Arzt auch geeignete Meditationen »verschreiben«, je nach Art der Krankheit, deren Ursachen mitunter nur durch die Kombination von stofflichen und inneren Heilmitteln beseitigt werden konnten. Mein Vater war also keineswegs Arzt, doch offensichtlich meisterte er die klassische tibetische Medizin doch so weit, dass er ob seiner Behandlungserfolge eine gewisse Bekanntheit erlangte.

Darüber hinaus war er versiert in der Praxis der Tantras, der »geheimen« Überlieferung des Buddha, die damals in Tibet sehr verbreitet war. Man sagte ihm insbesondere eine gewisse Meisterschaft im *chö* nach, einer Praxis, die wörtlich als »das Abschneiden« bekannt ist. Diese Meditationstechnik verlangt eine stabile Basis, was das Gefestigtsein der inneren Erfahrung angeht, da sie häufig in der Dunkelheit und auf Friedhöfen praktiziert wird. Sie ermöglicht uns so schnell wie kaum eine andere Praxis, den Glauben an die Existenz eines »Ich« aufzugeben und die tiefgründige, weite, strahlende und reine Natur des Geistes zu erleben. Die Friedhöfe in Tibet allerdings sehen ganz anders aus als jene im Westen, die sich als lauschige Orte präsentieren, wo die Toten, gebettet in schöne Särge, in ihren blumengeschmückten Gräbern ruhen. Tibetische Friedhöfe gleichen eher Massengräbern, wo man die Toten zerstückelt, damit die wilden Tiere, vor allem Geier, sie fressen können. In Phari war es ein gewisser Tobden, der die Verantwortung für das Zerteilen der Leichen trug. Es versteht sich von selbst, dass die Meditation auf einem solchen »Friedhof« einen konzentrierten und stabilen Geist erfordert. Ich weiß aber nicht, ob mein Vater zum Meditieren auf den Leichenacker ging, denn in der politischen

Situation jener Zeit konnte man sich mit solchen Aktivitäten durchaus in Gefahr bringen.

Der Einmarsch der Chinesen in Tibet zwischen 1949 und 1950 veränderte mit einem Schlag alles. Derge kam seit jeher eine gewisse strategische Bedeutung zu, und so gab es dort schwere Kämpfe. Nachdem die Tibeter besiegt worden waren, erschwerte man ihnen die Ausübung ihrer Religion unendlich, vor allem, weil überall Guerillagruppen entstanden, die gegen die chinesischen Besatzer kämpften. Daher entschloss mein Vater sich, wieder nach Zentraltibet zurückzukehren. Als er nach Phari kam, war er ein gereifter Mann. Noch als Mönch lernte er meine Mutter kennen. Die beiden verliebten sich einfach ineinander. Daraufhin gab mein Vater seine Mönchsgelübde zurück und begann ein Leben als Laienschüler. Meine Mutter hatte bereits einen Sohn, Penpa Tashi, aber dies stellte kein Problem dar, und so ließen sich die drei in Phari nieder.

Meine Mutter, die so bescheiden ist

Meine Mutter hieß Kyizom. Sie war eine sehr einfache und bescheidene Frau. Ursprünglich kam sie aus Ngani Tenpa, einem Dorf in der Nähe von Gyantse, der großen Stadt an der Straße nach Lhasa. Eine ihrer Vorfahren besaß eine ganz außergewöhnliche Persönlichkeit, ihr Leben wurde zum Stoff für die bekannteste Oper Tibets: Nangsa Obum. Dieses Werk erzählt die Geschichte eines Paares, das sich grämte, weil es keine Kinder hatte. Ärzte, Pilgerreisen, Geduld, nichts wollte helfen. Ihre Hoffnungen schienen vergeblich. Und so wandten sie sich an die Meditationsgottheit Tara, die

Retterin, die vor Tausenden und Abertausenden von Jahren den Schwur getan hatte, dass sie alle Wesen von ihren Ängsten und Leiden befreien würde. Da die Bitten des Paares aus reinem Herzen kamen, half Tara den beiden. Das Wunder geschah: Ein Mädchen wurde geboren, und ihre Eltern nannten sie Nangsa Obum, »die der Erde geschenkt wurde und hunderttausend Lichtstrahlen aussendet«.

Nangsa war ein entzückendes Kind, von großer Klugheit und Liebenswürdigkeit. So ausgeprägt waren ihre guten Eigenschaften, dass alle jungen Männer der Umgebung ihr den Hof machten. Sie aber wollte davon gar nichts wissen und interessierte sich nur für das spirituelle Leben. Eines Tages gab es im Ort ein großes Fest. Dort geschah es, dass der Sohn des Grundherrn sie sah und sich augenblicklich in sie verliebte. Er gestand ihr seine Liebe, doch sie konnte sich nicht für ihn erwärmen. Ihre ebenso betagten wie armen Eltern aber stellten sich gegen sie. Sie fürchteten, dass der Grundherr sie seinen Zorn spüren lassen würde, wenn Nangsa den Antrag seines Sohnes ablehnte, und so zwangen sie das Mädchen zur Heirat. Die Hochzeit war ein Freudentag für alle – bis auf Nangsa.

Bald nach der Eheschließung bekam sie einen Sohn. Von diesem Tag an wurde ihr Leben zur Hölle. Sie fand keinerlei Zeit mehr für die Meditation und spirituelle Übungen, sondern hatte auch noch unter der gewalttätigen Natur ihres Mannes und der Missgunst ihrer Schwägerin zu leiden. Sie wurde schikaniert und immer wieder geschlagen, verlor aber trotzdem nicht den Mut. Die Begegnung mit dem großen Meister Rechung, der auf der Rückkehr von einer Pilgerreise mit einem seiner Schüler an ihrem Haus vorbeikam, schenkte ihr neue Inspiration. Doch ihre Schwägerin, die stets nach einer Gelegenheit suchte, sie zu schikanieren, behauptete, Nangsa habe mit einem der beiden Yogis ungebührlichen Umgang gehabt. Daraufhin starb Nangsa fast unter den Schlägen ihres Ehemannes. Kurz nach diesem Erlebnis begegnete ihr ein Bettler. Sein Gesang erweckte in ihr den Wunsch, Schülerin von Lama Shakya Gyaltsen, einem bekannten Meister, zu werden. Auf diesem Ohr jedoch war ihr Mann völlig taub. Er schlug sie so sehr, dass sie schließlich starb.

Ein Astrologe, der zu ihrer Beerdigung gerufen wurde, riet den Verwandten, den Leichnam aufzubahren und ihn eine Woche lang unberührt zu lassen. Da begann der Geist Nangsa Obums zu reisen. Sie begegnete dem Herrn des Todes, der ihre tiefgründige Natur erkannte, welche derjenigen Taras gleichkam. Er sah, dass es ihr Schicksal war, anderen zu helfen, und so beschloss er, sie ins Leben zurückzuschicken. Ihre Wiederauferstehung versetzte das ganze Dorf in Erstaunen. Alle baten sie um Vergebung, ihre Eltern, ihr Mann und seine Familie. Alle drängten sie, doch wieder ihren Platz unter ihnen einzunehmen. Nangsa hatte ein gutes Herz und zeigte sich jedermann gegenüber barmherzig. Daher konnte sie jenen, die sie schlecht behandelt hatten, leichten Herzens vergeben, aber sie beharrte auf ihrem Entschluss, sich von der Welt abzuwenden, um sich dem religiösen Leben zu widmen. Erst als ihr Sohn sie anflehte zu bleiben, ließ sie sich umstimmen.

Doch sobald die ersten Gewissensbisse vergessen waren, begannen ihr Mann und seine Familie, sie erneut zu misshandeln. Nangsa beschloss, eine Reise zu ihren Eltern zu nutzen, um Shakya Gyaltsen zu sehen, der sich zunächst weigerte, sie ins Kloster aufzunehmen. Erst als sie ihren leidenschaftlichen Wunsch betonte, endlich religiöse Belehrungen zu erhalten, begriff er, dass ihre Beweggründe ernsthafter Natur waren, und fing an, sie zu unterweisen. Zu dieser Zeit erkannte die Familie des Grundherrn, dass Nangsa tatsächlich gegangen war. Schnell versammelten die Angehörigen einen großen Trupp Soldaten, um das Kloster anzugreifen, in dem Nangsa Zuflucht gefunden hatte. Es kam zur Schlacht. Lama Shakya Gyaltsen wurde gefangen genommen. Nangsa, die man aus ihrer Meditation gerissen hatte, begab sich zum Grundherrn, um die Freilassung ihres Meisters zu erwirken. Doch der Grundbesitzer war taub für ihre Bitten. Er und sein Sohn ließen sich von ihren leidenschaftlichen Gefühlen täuschen und beschlossen, den Lama hinzurichten. Da ereignete sich eine Reihe von Wundern, die – sofern dies noch nötig war – die hohen spirituellen Qualitäten Nangsas und ihres Meisters unter Beweis stellten: Der Meister erhob sich in die Lüfte. Die in der Schlacht getöteten Mönche wurden zu den »Reinen Ländern« geleitet, wo sie an der Seite der Buddhas meditieren konnten. Nun erkannten Vater und Sohn ihren Irrtum und baten um Vergebung. Man erzählt, dass sie von diesem Tag an den Pfad der Tugend beschritten und dass Nangsa als Inkarnation von Tara fortfuhr, auf Erden Gutes zu bewirken.

Mein erster Name: Kalsang Norbu

Meine Mutter war also eine Nachfahrin jener unglaublichen Frau, die einen Teil ihres Lebens darum gekämpft hatte, Gutes tun zu dürfen. Doch die in spiritueller Hinsicht edle Abkunft meiner Eltern machte aus mir noch keinen Heiligen. Ich bin keineswegs wie jene *tulkus*, Wiedergeburten großer Meister, oder *bodhisattvas*, die all ihre Lebenszeit darauf verwenden, die Leiden anderer zu lindern.

Bei meiner Geburt jedenfalls gab es keine Glück verheißenden Zeichen wie Blumengirlanden oder Regenbogen. Vielmehr starb am Tag nach meiner Geburt die einzige Kuh meiner Eltern. Meine Eltern brachten mich zum Vorsteher des Klosters Richung Potok, der mir meinen Namen gab: Kalsang Norbu. Einige Menschen aus der Region nahmen an, ich sei die Inkarnation von Zikhym Rinpoche, eines Meisters der Nyingma-Linie und wichtigsten Lamas unseres Tales, der ein Jahr zuvor gestorben war. Aber man hörte nichts mehr davon, und es war ja auch nicht weiter wichtig ... Anders als die großen Meister, die sich an ihre früheren Leben erinnern, ist die einzige Erinnerung, die ich an die ersten Jahre meiner Kindheit habe, eine, die ich mit vielen Kindern dieser Welt teile: Ich mochte alle Tiere.

Unser Leben

Ich wurde in einer Zeit geboren, in der mein Land die schmerzhafteste Krise seiner Geschichte durchmachte. Bis zum Jahr 1951 war Tibet ein freies Land. Seine Einwohner konnten kommen und gehen, wie es ihnen gefiel. Jeder konnte ins Kloster gehen, wenn ihm der Sinn danach stand. 1951 wurde Tibets Armee von den Chinesen besiegt. Das Land musste das 17-Punkte-Abkommen unterzeichnen, das den Chinesen immensen Einfluss in Tibet sicherte. Bald lehnten sich die Menschen in Tibets größten Provinzen Kham und Amdo gegen die chinesische Vorherrschaft auf, doch die Regierung in Peking setzte die Tibeter immer stärker unter Druck, was wiederum für mehr Unzufriedenheit in der Bevölkerung sorgte. Seine Heiligkeit der Dalai Lama war gezwungen, mit den Chinesen zu verhandeln. Im Jahr 1959, als ich gerade einmal zwei Jahre alt war, sah er jedoch keine andere Möglichkeit mehr, als nach Indien zu fliehen und von dort aus zu versuchen, die Identität Tibets zu bewahren. Zu jener Zeit befand sich unser Land bereits vollständig in den Händen der Chinesen.

Der mütterlichen Liebe jäh entrissen

In diesem Land sollte ich heranwachsen. Ich wurde in einer Zeit geboren, in der die spirituelle Praxis nicht gerade gefördert wurde. Auch ein einfaches, normales Leben, auf das jedes Kind ein Anrecht hat, war längst nicht mehr gewährleistet. Ich war gerade einmal fünf Monate alt, als man meine Mutter zur Zwangsarbeit im Straßenbau einzog. Sie kam nur alle sechs Monate nach Hause zurück. Dies ging insgesamt drei Jahre so. In dieser Zeit kümmerte sich meine Großmutter um mich. Sie schenkte mir all ihre Zuneigung und versorgte mich, so gut sie nur konnte. Nach der Flucht des Dalai Lama 1959 wurde mein Großvater eingesperrt. Als er nach einem Jahr Haft wieder zu uns zurückkam, war er so schwach und abgemagert, dass er zehn Tage später starb. Nun ruhte die Verantwortung für unseren Haushalt ganz oder zumindest weitgehend auf den Schultern meiner Großmutter. Mein Halbbruder Penpa Tashi, der 14 Jahre älter war als ich, war ein guter Mensch, und so tat er sein Möglichstes, um Großmutter zu helfen. Er trug mich immer auf dem Rücken herum und spielte viel mit mir.

Auch mein Vater tat sein Bestes. Allerdings verbrachte er die meiste Zeit mit meinem Halbbruder in den Bergen, wo er Kräuter sammelte. Dass er als Heiler galt, gab ihm eine gewisse Bewegungsfreiheit. Wann immer er in Phari war, wurde er wie alle anderen dazu verpflichtet, an endlosen Sitzungen zur »Umerziehung« teilzunehmen. Die Lehrkräfte dort stellten Tibet als rückständiges Land mit einem falschen Wertesystem dar. Sie aber seien gekommen, um unser Land zu befreien und daraus eine Art Paradies zu machen, in dem alle glücklich sein würden.

Mein Vater, sein Fahrrad und der Präfekt

An meinen Vater erinnere ich mich als einen sehr sympathischen Mann. Ich verehrte ihn und wollte, wenn es ging, immer bei ihm sein. Wenn er da war, kuschelte ich mich nachts zum Schlafen an ihn. Er war eine sehr »vielseitige« Persönlichkeit. Stets saß ihm der Schalk im Nacken. Vor der chinesischen Invasion führten seine Geschäfte ihn sogar einmal bis nach Indien, nach Kalimpong, um genau zu sein. Von dort kam er mit einem Fahrrad zurück. Das Vehikel wurde bei uns schnell zum Stadtgespräch, da niemand bislang so etwas gesehen hatte, nicht einmal von Weitem. Niemand konnte sich vorstellen, dass sich ein Mann tatsächlich auf zwei Rädern halten konnte. Einige hatten sogar Angst, das Fahrradlicht würde sie verbrennen!

Nun muss man wissen, dass es in Phari Sitte war, vom Pferd zu steigen, wenn man am *dzong* vorbeikam, dem Sitz des Mönchspräfekten. So erwies man ihm seinen Respekt. Wer diese Vorschrift nicht beachtete, bekam Stockhiebe. Mein Vater aber fuhr stolz auf seinem Fahrrad auf und ab, die Anordnung schien er irgendwie vergessen zu haben. Natürlich meldeten die Wachen diesen Vorfall bei Thubten Sangye, dem Präfekten. Dieser geriet in Zorn, weil da jemand wagte, ihn zu provozieren. Sofort beorderte er meinen Vater in den *dzong*.

»Warum steigst du nicht von dieser Maschine herab, wenn du an der Festung vorbeifährst? Willst du mir deinen Respekt verweigern?«, fragte er wütend meinen Vater.

Doch mein Vater ließ sich nicht aus der Ruhe bringen.

»Nun, hochwürdiger Herr, ich bitte Euch inständig, mir zu glauben, dass ich den tiefsten Respekt für Euch hege«, antwortete er, während er sich mehrfach verneigte. »Nur ist dies eben kein Pferd ... versteht Ihr? Ich kann es nicht einfach anhalten, wie es mir gefällt. Wisst Ihr, wenn ich das könnte, würde ich natürlich absteigen!«

Der Präfekt war gutgläubig, und so nahm er die Erklärung meines Vaters ohne ein weiteres Wort hin. Mein Vater, der sich diebisch über den Streich freute, den er ihm gespielt hatte, konnte seine Fahrt durch Phari unbehelligt fortsetzen. Jahre später ging auch der damalige Präfekt ins Exil. Er übersiedelte nach Dharamsala, wo er seine Tage beschließen sollte. Dort begegnete er auch meinem Vater wieder. Mittlerweile wusste er über die Funktionsweise eines Fahrrads

Bescheid. Er begriff, dass mein Vater ihn auf den Arm genommen hatte. Doch ohne ihm etwas nachzutragen, lachte er nur herzlich darüber, wie dumm er selbst gewesen war.

Kinderspiele

Obwohl die Anwesenheit der Chinesen auf uns alle bedrückend wirkte, fanden wir Kinder doch immer noch Zeit und Gelegenheit, um zu spielen. Unsere Spiele waren einfach, aber wir amüsierten uns dabei königlich. Im Sommer und zu Herbstbeginn, wenn die heißen Winde über die Ebene strichen, ließen wir unsere Drachen um die Wette steigen. Natürlich ging es in erster Linie darum, dass der eigene Drache höher flog als alle anderen. Um zu verhindern, dass die Drachen der Freunde den eigenen überflügelten, hatten wir ein einfaches Mittel ersonnen: Jeder bestrich seine Schnur mit Leim und zog sie durch einen kleinen Haufen von Glassplittern. Das Ergebnis sah in der Sonne wunderschön aus, aber der Zweck war ein anderer. Da die Schnur damit so scharf geworden war wie ein Rasiermesser, war es ein Leichtes, damit jene des Gegners zu kappen.

Doch wir hatten auch Geschicklichkeitsspiele. Beim *denkhor* beispielsweise sammelten wir flache Kieselsteine. Dann legten wir in einiger Entfernung ein Yak-Horn auf einen größeren Stein. Das Spiel bestand darin, das Horn mit den Kieseln so zu treffen, dass es schon beim ersten Wurf hinunterfiel. Beim *khubi* war eine gewisse Fingerfertigkeit erforderlich. Zunächst einmal legten die Spieler ihre Rangfolge im Spiel fest, indem sie versuchten, eine Münze in ein Loch zu werfen. Wer traf, war Erster. Wessen Münze dem Loch am nächsten kam, war Zweiter und so weiter. Dann warf der Sieger die Münzen der übrigen Mitspieler Richtung Loch. Alle Geldstücke, die hineinrollten, gehörten ihm. Nun wählten seine Mitspieler unter den Münzen, die um das Loch herum verstreut lagen, eine aus. Diese musste der bisherige Sieger mit einem Steinwurf treffen. Wenn er das schaffte, gehörten alle Münzen ihm. Gelang es ihm nicht oder traf er mit dem Stein eine andere Münze, musste er eine von seinen gewonnenen Münzen wieder einsetzen und dann seinen Platz für den nächsten Spieler räumen. Man musste also schon ein geschicktes Händchen haben und seinen Grips zusammennehmen, wenn man sich auf eine Partie *khubi* einließ.

Im Winter war der Boden gefroren, doch da das Gelände so uneben war, spielten wir meist auf dem See in der Nähe des *dzong*, der uns gleichsam zur Eisbahn wurde. Wir banden eine Schnur an ein Brett und schon hatten wir einen Zugschlitten. Damit wir nicht ausrutschten, befestigten wir alte Nägel unter unseren *zompas*, den tibetischen Filzstiefeln mit ihren dicken Ledersohlen. Dies waren Augenblicke, in denen wir alle Sorgen vergaßen.

Unter chinesischer Herrschaft

Man kann eigentlich nicht sagen, dass ich zur Schule gegangen bin. Früher waren es die Klöster, wo die Kinder lesen und schreiben lernten. Da diese aber mittlerweile geschlossen waren, unterrichtete mich mein Vater während seiner Aufenthalte zu Hause in der tibetischen Sprache.

Schule nach Peking-Art

Als ich sieben Jahre alt war, musste ich in eine Schule gehen, die die Chinesen gegründet hatten. Wir hatten gar keine andere Wahl. Diese Zeit gehört zu den schmerzhaftesten Erinnerungen meines Lebens. Die Schule hatte nämlich nichts von einer echten Unterrichtsanstalt. Es gab keinerlei Material, und wir brachten die meiste Zeit damit zu, die Worte des Großen Vorsitzenden Mao Zedong auswendig zu lernen: über den Ruhm des Volkes und den Kampf der Entrechteten gegen die Besitzenden. Wir jedenfalls verstanden überhaupt nichts. Unsere Lehrer wiederholten den lieben langen Tag, dass der Buddhismus nichts weiter sei als ein übler Aberglaube, der den Mächtigen – mit dem Dalai Lama an der Spitze – erlaubte, uns in Unwissenheit zu halten. Darüber hinaus lernten wir Revolutionshymnen, und zwar so gut, dass ich sie heute noch auswendig kann.

Dann wurde eine Kampagne durchgeführt. Wir sollten die »drei Schädlinge« ausrotten: die Insekten, die Ratten und die Vögel, denn die Chinesen glaubten, dass sie es seien, die für unsere mageren Ernten verantwortlich waren. Dergestalt wurde also unser »Lehrplan« erweitert. Es gab sogar einen Wettbewerb: Das Kind, das die meisten »Schädlinge« getötet hatte, bekam Süßigkeiten zur Belohnung. Um diese Massentötung politisch zu verbrämen, erzählte man uns, die Tiere fräßen unsere Getreidevorräte auf und ähnelten deshalb den reichen Grundbesitzern, die sich die Ernten aneigneten, die das Volk im Schweiße seines Angesichts der unfruchtbaren Erde abtrotzte. Daher müsse man sie ausrotten – die Tiere ebenso wie die Grundbesitzer.

In der tibetischen Kultur erstreckt sich die Achtung vor dem Leben auf jedes Lebewesen, selbst das allerkleinste. Ich liebte Tiere. Für mich war diese »Übung« die reinste Qual. Und so wurde ich immer wieder bestraft, weil ich mich dagegen wehrte, an dem Wettbewerb teilzunehmen.

Doch die Grausamkeit der Besatzer war damit noch keineswegs erschöpft. Nachdem sie auf die oben beschriebene Weise Abertausende von Tieren hatten töten lassen, erging der Befehl, auch alle Hunde umzubringen. Dabei wurde eine besonders barbarische Methode angewandt: Man musste dem Tier einen schweren Stockschlag auf den Kopf versetzen, damit es sofort tot war. Durchführen sollten diese Aktion die Tibeter. Ich dachte gar nicht daran. Mit Hilfe meiner Eltern versteckte ich einige Welpen in unserem Haus. Unglücklicherweise erfuhren die Chinesen davon. Für mich war es schrecklich, die kleinen Tiere in den Händen ihrer Henker zu sehen. Sie wurden alle getötet, und meine Eltern mussten öffentlich Selbstkritik üben und sich aller möglichen Schandtaten bezichtigen. Ich empfand diese Situation als unerträglich: Wir versuchten immer, Güte und Fröhlichkeit wenigstens in unseren vier Wänden aufrechtzuerhalten, und die Hunde waren eine Quelle steter Freude gewesen. Wenn man es nicht mit eigenen Augen gesehen hat, kann man sich einfach nicht vorstellen, welches Vergnügen die Chinesen aus Tod und Zerstörung ziehen können.

Darüber hinaus liebten die Chinesen Hundefleisch, vor allem das der tibetischen Dhokyi, der Tibetmastiffs. Dies sind große Hunde mit rotbraunem Fell, die unsere Häuser und Herden bewachen. Die Chinesen fingen ein Tier, hängten es an einen Haken, stopften ihm ein Stück Holz ins Maul, damit dieses offen blieb, und senkten den Körper dann in kochendes Wasser ab. Eines ihrer Lieblingsspiele war es, 15 Ratten in einen Käfig zu stecken und ihnen nichts zu fressen zu geben. Das Ergebnis ließ nicht lange auf sich warten. Die Ratten fraßen sich gegenseitig auf. Nach wenigen Tagen war nur noch eine am Leben. Machtlos und verzweifelt musste ich derartige »Spiele« immer wieder mit ansehen. Die überlebende Ratte war verrückt und extrem aggressiv geworden. Man ließ sie frei. In Freiheit griff sie alle Ratten und Mäuse an, die ihr über den Weg liefen. Eine solche Ratte war wesentlich effektiver als jede Katze. Mit all den Massakern an Hunden, Vögeln, Insekten, Ratten und Mäusen verwundert es nicht, dass Phari und seine Umgebung innerhalb kürzester Zeit frei von lebenden Tieren war.

Nach den Tieren die Menschen

Ich war ein Kind, und das Schicksal der Tiere erschütterte mich tief. Doch natürlich litten unter den chinesischen Besatzern am meisten die Menschen Tibets, vor allem zwischen 1961 und 1965, als die »demokratisch« genannten Reformen durchgedrückt wurden. Auch wenn ich als Kind im Spiel der bedrückenden Gegenwart gelegentlich entfliehen konnte und mein kindlicher Blick gar nicht alles verstand, was vor sich ging, so sind mir diese leidvollen Jahre doch noch lebhaft in Erinnerung. Das Leben gestaltete sich immer schwieriger, weil alle Waren, die in Phari ankamen, sofort von den Chinesen in Beschlag genommen wurden. Das ständige Gebrüll, die Ausgangssperre, deren Anfang und Ende durch eine Sirene angekündigt wurde, schuf eine Atmosphäre ständiger

Anspannung. Eines Tages dann teilte man die Bevölkerung in zwei Kategorien ein: in die »Feudalklasse« auf der einen und alle übrigen Einwohner auf der anderen Seite. Zur »Feudalklasse« zählte man all jene, die in irgendeiner Form mit der traditionellen Struktur Tibets zu tun hatten: alle Grundbesitzer, Händler, Angehörige der lokalen oder regionalen Verwaltung sowie alle Mönche und Nonnen. Der Großteil dieser Menschen wurde festgenommen und ins Gefängnis gesperrt oder in Arbeitslager abkommandiert, wo sie »umerzogen« werden sollten. Die meisten kamen gar nicht oder erst Jahre später wieder. All ihr Hab und Gut wurde eingezogen, die Häuser waren zur Plünderung freigegeben. Alles, was irgendwie wertvoll war, wie Schmuck oder Statuen, wurde beschlagnahmt und an einen unbekannten Ort gebracht. Die Lebensmittelvorräte und Kleidungsstücke der Reichen wurden unter den Armen verteilt, sodass man die Bettler von gestern bald in reich bestickten Brokatgewändern durch die schlammigen Straßen ziehen sah. Natürlich dauerte dieser Zustand nicht lange an: Sobald die Vorräte aufgebraucht waren, kehrte mit Macht die Not zurück. Die geplünderten Häuser waren leergeräumt, sogar die Holzbalken hatte man entfernt. Natürlich stürzten die Gebäude so bald ein. Da viele Männer deportiert worden waren oder im Gefängnis saßen, fehlte es überall an Arbeitskräften. Daran hatten die Chinesen offensichtlich nicht gedacht, und dies war für alle eine Katastrophe.

Während dieser Zeit gab es immer mehr Versammlungen zur Selbstkritik, die *thamzing*. Alle mussten daran teilnehmen, nur die ganz kleinen Kinder waren ausgenommen. Ich habe an mehreren teilgenommen, die immer auf dieselbe Weise abliefen. Im Wesentlichen gab es zwei Vorgehensweisen. Zunächst einmal mussten sich die Bewohner in »Ausbildungsgruppen« sammeln. Dort erhielten sie Unterricht in der kommunistischen Lehre. Zunächst zeichnete der Redner ein sehr negatives Bild der rückständigen und unterentwickelten tibetischen Gesellschaft und pries die Vorzüge einer glänzenden Zukunft, die sich aus der Verbreitung des Gedankengutes von Mao Zedong, Lenin und Marx ergeben würde. Um acht Uhr abends dann mussten sich alle in einem alten Lagerhaus einfinden, das man einem Händler weggenommen hatte. In der Mitte des Raumes saß eine Jury aus chinesischen Offizieren, fein säuberlich nach Rangordnung gestaffelt. Dann holte man den »Feudalen« herein und zwang ihn, vor seinen Richtern, den »Repräsentanten des Volkes« niederzuknien. Dann trug man vor, welche Verfehlungen der Betreffende begangen hatte. Man behandelte ihn wie einen Verbrecher. Man warf ihm – und mitunter auch seiner Familie – alle möglichen realen und erfundenen »Abweichungen« vor: Misshandlung von Dienern, Unterschlagung von Geld, Diebstahl, Ausbeutung der Ärmsten, Leibeigenschaft, Grausamkeit ... Dann musste er sich demütig bei allen entschuldigen, seine Fehler bekennen und das Volk, das er in den letzten Jahren ausgebeutet hatte, um Vergebung anflehen. Dann mussten seine Diener, seine Angestellten und Nachbarn ihn der Verbrechen, die er angeblich begangen hatte, anklagen und als Zeugen gegen ihn auftreten. Der Druck auf diese Menschen war so groß, dass jeder sich beugte, schon weil er Angst haben musste, als »Mittäter« des »Feudalen« zu gelten. All dies verursachte extreme Spannungen. Das zeigte sich allein daran, dass die

Menschen bei diesen Versammlungen nicht redeten, sondern nur laut schrien.

Die regelmäßigen Versammlungen stellten bereits reine Gewalt dar. Doch es kam noch schlimmer für all jene, die sich geweigert hatten, auf der »normalen« Sitzung um Vergebung zu bitten, und für jene, die auf einer schwarzen Liste standen. Dies waren häufig die entfernten Verwandten eines einflussreichen Adligen oder Lama. In diesem Fall wurde die Anklage direkt von den Dienern oder Angestellten des »Verbrechers« vorgetragen. Es war alles erlaubt, um ihn endlich zu einem Geständnis zu bewegen: Spucken, Faustschläge, Fußtritte, Stockschläge, überhaupt Schläge mit allem, was einem gerade in die Finger fiel. Begleitet wurde all dies natürlich von einer Flut von Beschimpfungen. Auf solchen Sitzungen schlugen die Wellen der Hysterie hoch, weil alle, die gesamte Bevölkerung, an den Beschimpfungen des oder der Betreffenden teilnehmen musste. Häufig musste die Person dann auf einer Trage hinausgebracht werden. Andere Sitzungen fanden bei hellichtem Tag auf freiem Feld statt. All dies schuf ein Klima des Hasses und der Spannung, welches das Zusammenleben vergiftete.

Die Sikh-Gespenster

Inmitten dieser schlimmen Zeit brach 1962 der Krieg zwischen China und Indien aus. Auslöser waren Grenzstreitigkeiten. China bestritt Indiens Gebietsanspruch auf Aksai Chin, einen weiten Landstrich im Westen von Ladakh, und auf Arunachal Pradesh, das damals noch »North East Frontier Agency« genannt wurde. Dies war ein langer Streifen

Land, der sich zwischen Bhutan und Birma erstreckte. Es war bereits 1959 zu ersten Spannungen gekommen, die sich im Oktober 1962 dann in kriegerischen Auseinandersetzungen entluden. Phari lag zwar weit vom Krisengebiet entfernt, doch der Krieg erschwerte unser ohnehin schon schwieriges Leben noch zusätzlich.

Plötzlich waren viele Soldaten in der Stadt, und alle Einwohner, die älter als zehn Jahre alt waren, wurden eingezogen. Ich war damals erst fünf, und so wurde ich nicht zu den Munitionstransporten abkommandiert, welche die chinesischen Vorposten an den Grenzen zu Bhutan oder Indien versorgten. Obwohl sich die Kämpfe in weiter Entfernung abspielten, gab es eine enorme Aufregung: Man brüllte Befehle, alles brodelte, es herrschte ein ungeheures Durcheinander. Militärfahrzeuge kamen und gingen. All das machte Phari zu einem wenig lebenswerten Ort.

Glücklicherweise dauerten die Kämpfe nicht lange an. Nachdem die chinesische Armee ihre Stärke demonstriert hatte, stoppte sie ihren Einmarsch auf indisches Territorium. Die Soldaten kehrten mit zahlreichen Gefangenen zurück. Der Sieg der Volksbefreiungsarmee wurde gebührend gefeiert. Meine Eltern und ich hatten von den Sikh-Bataillonen, die für die indische Armee kämpften, noch nie gehört. Eines Tages aber ließ der Garnisonskommandant alle Einwohner auf dem Hombe-Thang-Platz antreten, dem größten der Stadt, um Folgendes zu verkünden: »Eure Religion hat euch an Gespenster glauben lassen, aber ihr seid noch nie welchen begegnet. Heute aber werden wir euch solche Gespenster zeigen.« Auf seinen Befehl führte man drei unglückliche Sikhs auf den Platz: ohne ihren traditionellen Turban, Haare und

Bart hingen erbärmlich herunter. Ihr Oberkörper war nackt. Ihr Anblick beeindruckte mich, denn anders als die meisten Asiaten sind die Sikhs stark behaart. Um sie noch abschreckender erscheinen zu lassen, hatten die Chinesen sie darüber hinaus mit Asche bestreut und ihre Haare gekräuselt. Die meisten Einwohner von Phari flohen schreiend, als sie sie sahen. Ich war vor Angst wie angewachsen. Die armen, gedemütigten Sikhs hielten die ganze Zeit über den Blick gesenkt.

Mein Vater, der mutige Schalk

Der Krieg gab meinem Vater wieder einmal Gelegenheit zu zeigen, wie wenig er sich aus der Ruhe bringen ließ, wenn es darauf ankam. Seit der Ankunft der Chinesen war es schwierig geworden, die traditionellen Bestattungsrituale korrekt durchzuführen. Es war uns verboten, Butter in den Lampen zu verbrennen. Darüber hinaus waren alle Tempel geplündert worden. Truring Drothok, eine Frau Mitte vierzig aus Phari, war von den Chinesen zur Verantwortlichen für unser Gebiet ernannt worden. Als sie den Tod ihrer Mutter zu beklagen hatte, wandte sie sich an meinen Vater und bat ihn um eine traditionelle Bestattung für diese, denn es gab keinen einzigen Mönch mehr in unserer Gegend. Doch unter diesen Umständen zögerte sogar mein Vater. Er wusste, dass er, wenn man ihn erwischte, einiges zu erdulden hätte, und sicher würden die Chinesen sich auch an uns, seine Familie, halten. Doch Truring führte ein Argument an, das ihn schließlich überzeugte: Es herrschte ja Krieg. Alle waren an der Front. Niemand würde etwas von der Sache erfahren.

Mein Vater beschloss, die entsprechenden Rituale im Kloster Richung Potok auszuführen, in dem die Chinesen – nicht anders als in den anderen Klöstern – wie die Vandalen gehaust hatten. Heimlich richtete er also die zu Boden geworfenen Götterstatuen wieder auf und brachte die Gebetsfahnen an, um das Ritual nach tibetischer Tradition durchführen zu können. Die Gebetsfahnen, die man aufhängt, damit der Wind die Gebete in alle Welt hinausträgt, sind gewöhnlich in fünf Farben gehalten: Blau, Rot, Gelb, Grün und Weiß. Mein Vater aber, der immer noch Humor besaß, nahm die roten heraus. Dies war die Lieblingsfarbe der Chinesen, und so rächte er sich wenigstens im Kleinen.

Kaum war die Armee aus dem Krieg zurückgekehrt, kam den Chinesen zu Ohren, dass jemand im Kloster die traditionellen Gebete ausgeführt hatte, so wie mein Vater es befürchtet hatte. Sie führten eine Untersuchung durch, um herauszufinden, wer der »Dissident« gewesen war, der »Konterrevolutionär«, der es gewagt hatte, die Statuen von Richung Potok zu säubern und wieder aufzustellen. Natürlich kamen sie bald dahinter, dass mein Vater der Schuldige war. In ihren Augen stellte das, was er getan hatte, ein Verbrechen gegen den Staat dar. Er wurde augenblicklich verhaftet und einem strengen Verhör unterzogen. Mein Vater aber zeigte keinerlei Angst. Er antwortete auf ihre Fragen: »Dieses Ritual wurde von eurer Vertreterin Truring in Auftrag gegeben. Sein Ziel war es, euch den Krieg gewinnen zu helfen! Wenn ich einen Fehler begangen haben sollte, bitte ich euch um Verzeihung. Aber Truring kann euch alles erklären.« Und die Chinesen, immer noch berauscht von ihrem Sieg, applaudierten meinem Vater und lobten seinen Patriotismus. Er hatte sich gerettet.

Begegnung mit dem Tod

Zu jener Zeit verlor ich meine Großmutter. Sie war an Tuberkulose erkrankt. Die unzureichende Behandlung sowie die schlechte Ernährung trugen dazu bei, dass ihr Gesundheitszustand sich schnell verschlechterte. Bald konnte sie kaum noch sprechen. In den letzten Tagen konnte sie nichts mehr zu sich nehmen. Damit sie wenigstens etwas trank, kaufte mein Vater kleine Flaschen Fruchtsaft für sie, was ein ungeheurer Luxus war. Auch mich ließ er ein paar Schlucke nehmen, und so entdeckte ich voller Entzücken den süßen Geschmack von Früchten.

Eines Tages sagte mir mein Vater dann, dass Großmutter gestorben sei. Für mich war das ein seltsames Gefühl: Ich wusste, dass der Tod existierte, weil ich ihn ja schon oft gesehen hatte. Aber natürlich hatte ich geglaubt, dass einige Wesen für immer und ewig bei uns bleiben würden. Und natürlich gehörte meine über alles geliebte Großmutter zu diesen Menschen. Damals erklärte mir mein Vater ganz liebevoll, was es mit dem Sterben auf sich hat. Er erzählte mir, dass ohnehin alles vergänglich sei und man nichts festhalten könne. Meine Großmutter war tot. Ich müsse mich an die Vorstellung gewöhnen, dass ich sie niemals wiedersehen würde. Es falle mir nur deshalb schwer, weil ich eine so starke Anhaftung an sie hätte. Nach buddhistischer Tradition verbleibt der Leib des Toten noch einige Tage im Haus. Mein Vater stellte Speise- und Lichtopfer auf, die er vorher in einem Ritual geweiht hatte. Dann brachte Tobden den Leichnam auf den Friedhof von Kalep. Dort wurde der Körper zerteilt und den Geiern zum Fraß dargeboten. Traditionell nimmt die Familie an diesem Ritual nicht teil.

Nur hohe Lamas werden verbrannt. Dazu gehört eine große Zeremonie. Häufig erlaubt die Meditation ihnen, ihren Geist im Augenblick des Todes zu beherrschen. Dann verharren sie auch nach dem Tod einige Tage oder Wochen in der Lotusstellung. Die Leichenstarre tritt nicht ein, und die Herzgegend bleibt warm. Es gibt jedoch deutliche Zeichen, an denen man erkennt, dass der Geist den Körper verlassen hat: Der Kopf sinkt auf die Schulter, die Herzgegend wird kalt, die Leichenstarre tritt ein. Dann bewahrt man den Leichnam in einem mit Salz gefüllten Sarg auf, bis die Zeremonie stattfinden kann. Dies kann bis zu einem Monat dauern. Doch der Leichnam gewöhnlicher Sterblicher wird einem Totengräber wie Tobden anvertraut. In Phari wurden Neugeborene oder Kinder, die das erste Lebensjahr noch nicht erreicht hatten, in einem Sarg beerdigt. Ansonsten aber war das Leichenritual für Arm und Reich gleich. Meine Großmutter bildete da keine Ausnahme. Doch obwohl meine Eltern mich trösteten, war ihr Tod ein weiterer Schmerz, den die Kindheit für mich bereit hielt.

Die Flucht

Mittlerweile waren die politischen Verhältnisse in China recht undurchsichtig geworden. Mao Zedong hatte nach dem Scheitern seines »Großen Sprungs nach vorn« von 1958, der die gesamte Wirtschaft lahmgelegt hatte, sein Amt als Präsident der Volksrepublik China niedergelegt. Man ernannte Liu Shaoqi zu seinem Nachfolger. Mao, der zwar immer noch Parteivorsitzender war, fand sich plötzlich von allen wichtigen Entscheidungen ausgeschlossen. Um weiterhin Einfluss nehmen zu können, benutzte er die Jugend als Hebel, der ihm wieder zur Macht verhelfen sollte.

1966 – Blut und Tränen

Der Band *Worte des Vorsitzenden Mao Zedong*, auch *Das rote Buch* genannt, inspirierte Millionen von Studenten zu der 1966 einsetzenden Kulturrevolution, deren Ziel es war, ein für alle Mal Schluss zu machen mit dem alten China und seinen Hierarchien, mit allem, was irgendwie noch an die alten Gesellschaftsstrukturen erinnerte. Straßen, Schulen, Universitäten, Fabriken waren ihr Tummelplatz. Überall schossen neue »Umerziehungslager« aus dem Boden, die in Wahrheit Arbeitslager waren. Man verbrannte Millionen von Büchern und zerstörte Zehntausende von Bauwerken.

Tibet, das durch die Maßnahmen der chinesischen Besatzer ohnehin schon völlig verarmt war, litt durch die Kulturrevolution noch mehr. Das Land wurde von einer beispiellosen Zerstörungswelle überrollt, der nur eine Handvoll Klöster und Tempel entgingen. Die Täter waren Rotgardisten, doch nur in den wenigsten Fällen handelte es sich dabei tatsächlich um jene Schüler oder Studenten, derer sich Mao im Rahmen seiner »Kulturrevolution« bediente. Einzigartige Manuskripte, die in Indien schon seit Jahrhunderten als verschollen galten, aber in tibetischen Bibliotheken noch zu finden waren, gingen in Flammen auf. Alles, was an Statuen noch vorhanden war, wurde ein Opfer der immensen Zerstörungswut. Waren Skulpturen zu groß oder zu schwer, sprengte man sie ganz einfach in die Luft – und mit ihnen die Klöster, die sie beherbergten. Immer öfter gab es in Phari wie anderswo politische Versammlungen, auf denen öffentlich »Selbstkritik« geübt werden musste. Das Leben, das bis dahin schon schwierig genug war, wurde bald unerträglich.

Der als Ochse verkleidete Stier

Dies war zu viel für meinen Vater. Er entschied, heimlich unsere Flucht aus jener Stadt vorzubereiten, die für ihre Bewohner zum Gefängnis geworden war. Mir erzählte man nichts davon und dies mit gutem Grund. Denn zum einen gab es immer mehr Spitzel, zum anderen hatten die Chinesen auch begonnen, die Kinder auszuhorchen, um herauszufinden, was deren Eltern tatsächlich dachten. Viele Tibeter und Tibeterinnen landeten auf diese Weise in Konzentrationslagern. Sie wurden von den unschuldigen Worten ihrer eigenen Kinder verraten. Diese schreckliche Zeit hat eine ganze Generation traumatisiert. Wie kann man noch in Frieden leben, wenn man weiß, dass die eigenen Eltern tot sind, weil man etwas sagte, das einem völlig unbedeutend erschien?

Mein Vater scheint unsere Abreise von langer Hand vorbereitet zu haben. Aus mir unerfindlichen Quellen hatte er erfahren, dass die Regierung von Bhutan tibetische Flüchtlinge die Grenze passieren ließ und sie in ihrem Land aufnahm. Wohl dreißig seiner Freunde waren auf diese Weise geflohen. In der Nacht vor unserer Flucht verfasste er einen langen Brief, in dem er unseren Entschluss, ins Exil zu gehen, erklärte. Er schrieb: »Ich, Jamyang Kunzang, befinde mich

Zeichnung von Thubten Ngodup: Seine Familie flieht aus Phari und geht ins Exil.

in absolutem Widerspruch zur kommunistischen Ideologie und ihren Methoden.« Dann fuhr er fort, dass er nicht zulassen könne, dass seine Familie Hunger leide, und dass er auf seinen buddhistischen Glauben nicht verzichten wolle, da dieser das Fundament seines Daseins sei.

Am nächsten Morgen brachen wir sehr früh auf. Zu meiner Überraschung sah ich, wie meine Mutter sich als Mann verkleidete. Dem Stier wurden helle Felle übergeworfen, sodass er dem Ochsen glich, mit dem mein Vater immer in die Berge zog, um Kräuter zu sammeln. Auch mein Bruder beobachtete das Treiben erstaunt. Wir waren beide beunruhigt, weil wir spürten, dass etwas Wichtiges geschah. Mein Vater gab mir den kleinen Reliquienschrein, den wir in unserem Haus aufbewahrten, in die Hände. Dann legte er mich auf den Rücken des Stieres, deckte mich mit Fellen zu und schärfte mir ein, ja still zu sein und mich nicht zu bewegen. Er verstärkte seine Worte mit einer Drohung, die mich zu augenblicklichem Gehorsam veranlasste. Wenn man uns erwischen würde, müsste ich zurück in die Schule der Chinesen. Ich glaube, ich habe mich stundenlang um keinen Millimeter bewegt. Am Vorabend hatte mein Vater bei der Bezirksverwaltung angegeben, dass er in die Berge ziehen würde, um Kräuter zu suchen. Daher zog unser Grüppchen mit großem Hallo los, sodass wir auch ja nicht übersehen wurden. Wir nahmen die Straße nach Tuna, die gen Norden nach Gyantse führte.

Sobald wir außer Sicht waren, holte mein Vater mich aus dem Versteck und sagte uns Jungen, dass wir zum Dalai Lama nach Indien gingen. Da er alle Pfade und Winkel des Gebirges kannte, marschierten wir auf einem Seitenweg zum Temola-Berg, zur Pforte nach Bhutan. Als ob die schützenden Gottheiten ihre Hand über uns hielten, wurden wir von dichtem Nebel eingehüllt, der uns allen Blicken entzog. Um zehn Uhr morgens kamen wir am Gipfel des Temola an. Währenddessen hatte man in Phari Wind davon bekommen, dass es Leute gab, die nach Bhutan zogen, um Tibet zu verlassen. Die Chinesen, die meinem Vater nie richtig getraut hatten, kamen einige Stunden nach unserer Abreise, um ihn zu verhaften. Doch wir waren schon weit gegangen, und sie wussten nicht, welchen Weg wir genommen hatten. In einer Kurve warf ich einen letzten Blick auf die Ebene meiner Kindheit. Ich verließ meine Freunde, meine Spiele, die Welt, die ich kannte. Jede Einzelheit dieses Tages wird für immer in mein Gedächtnis eingraviert bleiben. Ich war traurig und unruhig. Andererseits freute ich mich darauf, den Dalai Lama zu sehen, von dem ich nur wusste, dass er ein außergewöhnlicher Mensch und Heiliger war. Voller Vertrauen auf meine Eltern setzte ich meinen Weg fort.

Später gelangten wir auf Schleichwegen zu einem Versteck, in dem mein Vater schon vor einiger Zeit Brennholz, Tee und Tsampa gelagert hatte, geröstetes Gerstenmehl, die Grundlage der tibetischen Nationalspeise. Einige Stunden später kamen wir an die bhutanesische Grenze. Dort übernachteten wir in einer Höhle.

Frei sein oder sterben

Am nächsten Tag, als wir unseren Weg der »Zuflucht« wieder aufgenommen hatten, stießen wir auf einen Trupp von vier bhutanesischen Soldaten, die in einem Tal Patrouille ritten.

Zeichnung von Thubten Ngodup: Verhaftung durch bhutanesische Soldaten. Die ganze Familie hat Angst, dass sie nach Tibet zurückgeschickt wird.

»He, ho, wer seid ihr? Woher kommt ihr?«, schlug es uns in feindseligem Ton entgegen. Die anderen drei Soldaten hielten ihr Gewehr im Anschlag.

Meine Eltern fielen vor den Männern auf die Knie und legten zum Zeichen des Respekts die Handflächen aneinander. Mein Vater ergriff das Wort:

»Verehrter Offizier. Wir kommen aus Phari. Das Leben ist für uns dort unerträglich geworden. Die Chinesen behandeln uns schlecht, der Hunger ist unser ständiger Begleiter. Meine Kinder und meine Familie leiden.«

Doch der Wortführer des Trupps ließ meinen Vater nicht ausreden. Er erteilte einen Befehl, der uns das Blut in den Adern gefrieren ließ:

»Kehrt Marsch! Geht dorthin zurück, wo ihr herkommt! Wir wollen keine Tibeter in Bhutan.«

Sofort umringten die anderen drei uns, als wollten sie uns dorthin zurückdrängen, woher wir gekommen waren. Ein Aufschrei ging durch unsere Familie, von den Tränen ganz zu schweigen.

»Lasst uns nicht im Stich! Bitte lasst uns nicht im Stich! Wir leiden so sehr. Wir sterben lieber, als nach Tibet zurückzukehren! Bitte habt Erbarmen mit uns!«

»Wieso sollten wir euch glauben? Warum seid ihr hier?«, fragte der Kommandant trocken.

Und mein Vater nahm seine Erklärungen wieder auf: die unglaubliche Grausamkeit der Chinesen, der Hass, der überall herrschte, die fehlende Freiheit, das Verbot der Meditation, das Verbot der Religionsausübung, das für ihn, einen ehemaligen Mönch, eine besondere Härte darstellte. Sein Wunsch, sich Seiner Heiligkeit anzuschließen und mir und meinem Bruder ein Leben zu bieten, das nicht von Hass und Schmerz geprägt wäre.

Plötzlich malte sich ein breites Lächeln auf dem Gesicht des Bhutanesen. Er sagte:

»Ich glaube dir. Sei ganz beruhigt!« Dann sah er seine Kameraden an und lachte.

Wir verstanden rein gar nichts.

»Weißt du, es gibt Tibeter, die für die Chinesen arbeiten. Sie geben sich als Flüchtlinge aus. Ich wollte wissen, ob du nicht zu denen gehörst. Diese Spione mischen sich unter die Flüchtlinge und horchen sie aus, um mehr über die Routen zu erfahren, auf denen sie nach Bhutan gelangen, aber auch über Familien und Freunde, die in Tibet geblieben sind. Dann verschwinden sie ebenso plötzlich, wie sie aufgetaucht sind, und erstatten den Chinesen Rapport. Doch du und deine Familie, ihr scheint ehrlich zu sein.«

Dann lächelte er erneut.

Der Begriff »Erleichterung« beschreibt nur unzureichend, was wir fühlten, als wir diese Worte hörten. Wir verneigten uns tief vor den Soldaten. Ich hatte mich schon in Phari gesehen: meine Eltern im Gefängnis, mein Bruder und ich uns selbst überlassen, ohne Heim oder Wohnstatt. Nicht zu vergessen die chinesische Schule. Dann erteilte der Mann, der der Kommandant zu sein schien, seine Befehle: Zwei seiner Leute sollten sich an der Grenze aufstellen und den Weg bewachen, über den wir gekommen waren. Er selbst und ein weiterer Soldat hingegen würden uns in das Militärlager im nahen Dorf Cheka bringen.

Bhutan – das Land meiner ersten Bäume

An diesen Tag erinnere ich mich noch sehr gut: zum einen wegen der extremen Gefühle, die ich empfand, zum anderen wegen der Entdeckungen, die ich machte. Denn der Weg, auf dem wir nun dahinzogen, hielt Tausende von Überraschungen für mich bereit. Phari lag inmitten einer vergleichsweise öden Landschaft. Es war so hoch gelegen, dass die Winde dort keinen einzigen Baum wachsen ließen. Doch je weiter wir nach Cheka kamen, desto mehr Bäume sah ich – zum ersten Mal im Leben. Die Stämme, das Laubwerk, die unterschiedlichen Formen der Äste machten mich sprachlos. In Cheka selbst entdeckte ich dann etwas, was mir ebenfalls vollkommen neu war: Es gab Häuser mit geneigten Dächern, die mit Schindeln gedeckt waren. Für mich, der ich nur Flachdächer kannte, war dies eine Riesensache. Und das war noch lange nicht alles. Die Soldaten teilten ihre Mahlzeit mit uns und so lernte ich Reis kennen. Ich hatte noch nie welchen gegessen und war hellauf begeistert. Ich fand ihn so außerordentlich lecker, dass ich ihn noch heute auf der Zunge zu schmecken meine. Unsere Ankunft in Bhutan war geprägt von außergewöhnlichen, neuen Erfahrungen.

Wir blieben einige Tage im Lager, um die Rückkehr des *drakshö* zu erwarten, des Lagerkommandanten. Er war es, der über unser Schicksal entscheiden sollte. Die Tage des Wartens waren von Angst gezeichnet. Schließlich konnte es trotz allem geschehen, dass er uns nach Tibet zurücksandte. Mein Vater dachte, dass man die Sache vielleicht mit Geld würde befördern können, und so versuchte er mit den paar

Zeichnung von Thubten Ngodup: Ankunft in Bhutan. Die Familie sieht zum ersten Mal einen Wald. Ihr tibetischer Heimatort Phari liegt so hoch, dass dort keine Bäume wachsen.

chinesischen Banknoten, die er hatte, die Soldaten zu bestechen. Aber dies war ein Fehlschlag. Drei Tage nach unserer Ankunft kamen vier weitere Flüchtlinge aus Phari ins Lager. So erfuhren wir, dass man meinen Vater hatte verhaften wollen.

Endlich kam der Drakshö an. Wir wurden alle einzeln verhört, dann erteilte er auf Bhutanesisch seine Befehle. Die Sprache Bhutans unterscheidet sich ein wenig von der in Tibet gesprochenen. Einer der Männer aus unserer Gruppe verstand den Lagerkommandanten daher falsch. Doch die Nachricht verbreitete sich wie ein Lauffeuer in unserer Gruppe: Er würde uns zurückschicken. Panik ergriff uns. Unserer Ansicht nach gab es nur eine Möglichkeit:

Um der chinesischen Hölle zu entrinnen, würden wir uns lieber alle miteinander selbst töten. Glücklicherweise verstand der Drakshö früh genug, was sich in unseren Reihen abspielte. Er wandte sich an uns alle und versicherte uns, er wolle uns keineswegs zurückschicken. Zwischen Jigme Dorje Wangchuk, dem König von Bhutan, und Seiner Heiligkeit dem Dalai Lama gab es nämlich eine Abmachung. Alle Flüchtlinge aus Tibet sollten das kleine Land ungehindert durchqueren dürfen, um sich nach Indien zu begeben. In unserem Fall hieß dies, dass wir nur noch wenige Tage warten mussten, da noch andere Flüchtlinge erwartet wurden. Sofort wich unsere Panik einer fast übermütigen Ausgelassenheit.

Dann kam der Zeitpunkt der Abreise. Unsere Gruppe zog nach Paro. Dabei kamen wir am Tempel von Kyichu Lhakhang vorbei, der im 7. Jahrhundert vom ersten tibetischen Kaiser, Songtsen Gampo, errichtet worden war. Später hielt sich Guru Padmasambhava, den die Tibeter als zweiten Buddha betrachten, dort auf. Auch der große Meditationsmeister der Nyingma-Schule, Kyabje Dilgo Khyentse Rinpoche, besuchte den Tempel gerne. Bei diesem Mann, der später einer der Lehrer des jetzigen Dalai Lama werden sollte, war alles groß: seine Hände, sein ganzer Körper wie auch sein Geist. Schließlich kamen wir in Paro an, einer der alten Städte des kleinen Königreiches Bhutan. Dort war ein Flüchtlingslager errichtet worden. Das Lager Jishing Kang wurde von Kungo Lhading geleitet, einem tibetischen Adligen. Einer seiner Vorfahren, General Lhading, hatte 1904 gegen die englischen Invasoren Tibets gekämpft und dabei sein Leben verloren.

Der Traum vom rollenden Haus

Damals begannen jene merkwürdigen Träume, die offensichtlich Vorahnungen enthielten. Bevor ich im Flüchtlingslager ankam, hatte ich von Landschaften geträumt, von Häusern mit geneigten Dächern, die hübsch mit Blumentöpfen geschmückt waren. All diese Dinge waren mir damals unbekannt. Als ich nach Jishing Khang kam, entdeckte ich, dass die Landschaft der meiner Träume ähnelte. Ich konnte sogar vorhersagen, wie unser Weg genau verlaufen würde, ja sogar, auf welche Tiere von welcher Farbe wir treffen würden.

Wir hatten kaum Zeit, uns im Lager einzurichten. Es war ganz offensichtlich nicht unser Karma – die Frucht unserer Handlungen in früheren Leben –, in Bhutan zu leben. Wir hörten, dass die Zahl der Flüchtlinge, die in diesem schönen Land eine Aufenthaltsgenehmigung bekommen konnten, bereits erreicht war. Wir mussten also weiterziehen nach Indien. Vielleicht war es die Aussicht, weiter ins Unbekannte vordringen zu müssen, die mich zwei Tage vor unserer Abreise wieder einen seltsamen Traum haben ließ. Ich sah darin ein Haus in Flammen und eine Art langgestrecktes Gebäude, das auf Rollen dahinzufahren schien. Bhutanesische Soldaten eskortierten uns, als wir Jishing Khang verließen. Wir fuhren auf einem Lastwagen auf einer kurvigen Straße nach Indien hinab. Zum ersten Mal erlebte ich, was feuchte Hitze bedeutete, doch ich passte mich dem neuen Klima ohne Schwierigkeiten an.

Dann kamen wir in ein neues Lager, Phuntsog Ling, das von Kungo Loten geleitet wurde. Die Soldaten hatten eine Liste all unserer Besitztümer erstellt, wobei sie mit viel Feingefühl vorgegangen waren. Es war ja fast nichts, nur ein paar Dinge, die uns freundliche Bhutanesen gegeben hatten, die unsere Situation verstanden. Alles war dort fein säuberlich aufgeführt, vom Rosenkranz bis zur Essensschüssel. Diese Listen wurden unserem neuen Lagerchef vorgelegt, der uns sogleich ein Haus als neue Wohnstatt anwies. Ich war sehr überrascht, als wir dort ankamen und feststellten, dass das Gebäude neben unserem in der Nacht zuvor abgebrannt war. Als wir das Lager wieder verlassen mussten, um nach Alipur im östlichen Bengalen weiterzureisen, sah ich zum ersten Mal einen Zug – ein längliches »Haus« auf Rädern. Auch mein Vater, dem ich von meinen Träumen erzählt hatte, war erstaunt. Im Lager von Buxa, das um eine einst als Gefängnis dienende Festung herum errichtet worden war, lebten Tausende Tibeter. Erst viel später erfuhr ich, dass darunter auch viele Mönche und Nonnen waren, die versuchten, dort ihre Studien fortzusetzen und ihre Traditionen zu erhalten – ohne dass sie über die geringsten Mittel dazu verfügten.

Das kleine Paradies im Gefängnis

In Alipur nahmen die Ereignisse einen merkwürdigen Verlauf. Es gab Unstimmigkeiten, was unsere »Besitztümer« anging. Und bis die Dinge geklärt waren, steckte man uns einfach … ins Gefängnis. Glücklicherweise waren die Missverständnisse schnell ausgeräumt, und man brachte uns nach Siliguri, einer hübschen Stadt in der Ebene. Sie lag an der Straße nach Sikkim, einige Stunden von Darjeeling entfernt, wo es bereits einige tibetische Flüchtlingslager gab. Seit unserer Abreise aus Bhutan hatten wir in allen Orten, durch die wir gekommen waren, Flüchtlinge aus Tibet gesehen. Wieder hatten wir keine Gelegenheit, die Umgebung zu genießen, denn wir landeten wieder einmal im Gefängnis. Dieses Mal allerdings war dieser Umstand begreiflich. Gapshi Ao Tsering, einer unserer Landsleute, der wie wir im Exil war, wurde verdächtigt, für die Chinesen zu spionieren. Daher wurden wir alle vom indischen Geheimdienst verhört. Die Beamten erwarteten von uns, dass wir die Namen derer nannten, die für das kommunistische China arbeiteten. Niemand gab Gapshi Ao Tsering an.

Die Untersuchung dauerte insgesamt drei Monate, während derer wir in Haft bleiben mussten. Doch unsere Lebensbedingungen dort waren nicht schlecht, wenn man einmal davon absieht, dass unser Gefängnis auf einer ungewohnt niedrigen Höhe lag und dass ich zum ersten Mal im Leben einen Monsun erlebte, was keine so schöne Erfahrung war. Die starken Regenfälle, die erstickende Hitze und die unzähligen Moskitos ließen mir das »Edle Land«, wie wir Indien nannten, zu Anfang nur wenig paradiesisch erscheinen. Die Vorschriften im Gefängnis allerdings wurden nicht allzu streng gehandhabt. Wir konnten alle bis um fünf Uhr abends zusammenbleiben, dann kamen die Frauen und Mädchen auf eine Seite, die Männer und Jungen auf die andere. Ich hätte mir gewünscht, dass ich öfter zu meiner Mutter hätte gehen können. Irgendwie schien es, als hätten meine Mutter und ich nicht das Glück, viel Zeit miteinander verbringen zu können.

Beim Betreten und Verlassen der Schlafsäle wurden wir von den Wachen gezählt. Auf diese Weise lernte ich das eine oder andere Wort in Hindi, konnte sogar bald bis dreißig zählen: ek, do, tin, tchaar ... Das Schwierige daran war, dass die Zahlen in Hindi keine gemeinsamen Elemente haben, wohingegen sich im Tibetischen – wie im Englischen – bestimmte Elemente wiederholen. Man hat Zahlen für alle Zehnereinheiten, denen man dann immer eine der Zahlen von eins bis neun hinzufügt. Einmal die Woche durften die Ältesten, von einer Wache begleitet, auf den Markt gehen, um Einkäufe zu machen. Die Kosten übernahm die indische Regierung. Ich hatte nur selten Ausgang, aber jedes Mal wieder war ich wie geblendet vom lebendigen Spiel der Farben, der bunten Menge und dem Überfluss an den Ständen. Dort gab es im Minutentakt Neues zu entdecken. Eine der schönsten Entdeckungen war zweifellos der Facettenreichtum der Düfte und Geschmäcker Indiens. Auch für meinen Vater traf dies zu, er kostete beispielsweise zum ersten Mal das Trockenmilchpulver von Nestlé und war begeistert davon. Auch ein paar Ausdrücke lernte ich: *Namaste* heißt so viel wie »Guten Tag«, *fal* bedeutet »Früchte«, *tchiinii* »Zucker« und *tchaawal* »Reis«, allerdings konnte ich dieses Wort kaum aussprechen, denn es gibt im Tibetischen keinen w-Laut.

Jeden Tag freundeten wir uns mehr mit den beiden Wachmännern an. Gelegentlich ging sogar einer von ihnen auf den Markt, wenn jemand von uns etwas vergessen hatte und es zwischen zwei »genehmigten« Ausgängen gebraucht wurde. Es mag vielleicht überraschen, aber wir genossen das Leben im Gefängnis. Verglichen mit den letzten Jahren in Phari war es ruhig und friedlich. Für mich, der ich in Phari fast nur die Zeit unter den Chinesen erlebt hatte, war das Gefängnis von Siliguri ein kleines Paradies, auch wenn ich, wie ich zugeben muss, teilweise Heimweh nach meinen Freunden verspürte, die ich hatte zurücklassen müssen. Aber auch für meinen Vater war diese Zeit im Gefängnis eine der schönsten seines Lebens: Da er wie alle anderen das Gebäude nicht verlassen durfte, hatte er genug Zeit, lange zu meditieren. Es war also, wie er selbst sagte, eine der fruchtbarsten Phasen des Exils, weil er sich ganz der buddhistischen Praxis widmen konnte. Bereits in Bhutan begann er davon zu träumen, den Dalai Lama um seinen Segen zu bitten, um sich als Einsiedler in die Einsamkeit zurückziehen zu können. Doch das Leben hatte anderes mit ihm vor.

2
Im Land
des Buddha

Eigentlich stand ich ja noch am Anfang dieses Lebens, das jeden Augenblick eine neue Wendung zu nehmen schien. Ich war erst zehn Jahre alt und doch hatte ich das Gefühl, schon viel erlebt zu haben. Hinter mir lag Tibet, das Land, in dem ich meine Kindheit verbracht und meine ersten leidvollen Erfahrungen gemacht hatte. Vor mir lag Indien, das Land des Buddha, in dem der Dalai Lama Zuflucht gefunden hatte und in dem sich meine Zukunft abzuzeichnen schien. Ich wusste nicht, was mich erwartete, doch ich war voller Zuversicht.

Dharamsala

Eines Morgens erschien ein Offizier im Gefängnis und teilte uns mit, dass wir nach Dharamsala gehen würden. Diese Stadt hatte Indien unserer Regierung als Exilsitz zugewiesen. Als der Dalai Lama im März 1959 vor den chinesischen

Truppen nach Indien hatte fliehen müssen, bereitete ihm die Regierung Nehru einen Empfang mit allen Ehren. Die Situation war für Pandit Nehru nicht einfach. Er nahm das politische und religiöse Oberhaupt der Tibeter in seinem Land auf, zusammen mit Tausenden Flüchtlingen, die bereits damals Tibet verließen. Dies belastete die ohnehin schon heiklen Beziehungen zu China zusätzlich.

Unsere neue Hauptstadt

Pandit Nehru war also zu einem politischen Balanceakt gezwungen: Er musste die politische Stabilität seines Landes sichern, gleichzeitig aber die Beziehungen zu China in einem Klima der Verständigung gestalten. Darüber hinaus war es sein aufrichtiger Wunsch, dem Dalai Lama seine Hilfe zu gewähren. So lehnte er es einerseits ab, unsere Exilregierung offiziell anzuerkennen, andererseits erklärte er, dass alle Tibeter, die auf indischem Gebiet Zuflucht suchten, dort willkommen seien. Er hinderte den Dalai Lama daran, den Fall »Tibet« vor die Vollversammlung der Vereinten Nationen zu bringen, ließ ihm jedoch völlige Bewegungs- und Redefreiheit. So konnte der Dalai Lama Pressekonferenzen vor zahllosen Journalisten geben, auf denen er die politische Situation in Tibet ohne Umschweife beschrieb. Die chinesische Regierung war darüber alles andere als erfreut. Sie blockierte die Straßen nach Indien, verstärkte die Militärpräsenz an der Grenze und wies alle Inder aus Tibet aus. Darüber hinaus machte sie alte territoriale Ansprüche geltend, was schließlich 1962 zu jenem Krieg führte, unter dem Phari so sehr zu leiden gehabt hatte.[1] Anfangs ließ sich der Dalai Lama mit der Exilregierung in Mussorie nieder, das in der Provinz Uttarakhand in den Ausläufern des Himalaya liegt. Doch die Nähe zu Delhi erregte erneut den Unwillen Chinas. So siedelte Seine Heiligkeit 1960 nach Dharamsala in der Provinz Himachal Pradesh über.

Von Siliguri nach Pathankot fuhren wir mit dem Zug, von Pathankot nach Dharamsala im Auto. Die Fahrt war recht ermüdend, doch in die Erschöpfung mischte sich ein anderes Gefühl, das sich schwer beschreiben lässt. Schließlich war unser Ziel der Ort, an dem der Dalai Lama lebte, der bis dahin für die meisten Tibeter unerreichbar gewesen war. Im Grunde war es paradox: Dank der Chinesen erhielten wir jetzt die Möglichkeit, im Umkreis jenes Menschen zu leben, den wir als Inkarnation unseres Beschützers Avalokiteshvara betrachteten, des personifizierten Mitgefühls. Die Landschaft flog an meinen Augen vorbei: Kornfelder wechselten sich mit grünen Hügeln ab. Wir kamen durch einfache Dörfer und kleine Städte, in denen sich das gesamte Leben auf der Straße abspielte, sodass unser Fahrer mitunter wahre Meisterleistungen vollbringen musste, um niemanden zu überfahren. Doch trotz der Aufregung, die ich empfand, ergriff allmählich die Müdigkeit von mir Besitz, von der Steifheit meiner Gliedmaßen gar nicht zu reden. Das häufige Hupen des Fahrers, das auf der Straße liegende Kühe verscheuchen sollte, hinderte mich allerdings am Einschlafen. So erlebte ich wenigstens die ungeheure Vielfalt der Landstriche, durch die wir kamen. Als wir am Horizont die

---

1 Siehe Seite 39 ff..

hohen Gipfel des Himalaya sahen, bemächtigte sich eine bis dahin unterdrückte Erregung unserer Gemüter. Schließlich zeichnete sich Dharamsala in der Ferne ab. Wir schrieben den Beginn des Jahres 1969.

Damals war Dharamsala eine kleine Stadt am Fuß des Gebirges. Vor ihr erstreckte sich eine weite Ebene. Eine gewundene Straße führte nach McLeod Ganj. Die Siedlung lag unter Bäumen am Berghang. Es war sehr ruhig dort. Der Dalai Lama lebte ein wenig abseits von McLeod Ganj in einem Wäldchen um Swarg Ashram, den alten Sommersitz des Regionalgouverneurs aus Zeiten der britischen Kolonialherrschaft. Dharamsala war durchaus eine indische Stadt, doch je weiter man zum Sitz des Dalai Lama vordrang, desto mehr Tibetern begegnete man. Sie stammten aus allen Regionen Tibets, und ich hatte mitunter Schwierigkeiten, ihre mir fremden Akzente zu verstehen.

Endlich – der Dalai Lama

Die erste Begegnung mit dem Dalai fand gleich nach unserer Ankunft statt. Er empfing regelmäßig alle Flüchtlinge, die neu nach Dharamsala kamen. Er hieß sie willkommen und erinnerte sie an die Kraft unserer Kultur, unserer Religion und unserer Geschichte. Ich war hingerissen, als ich ihn zum ersten Mal sah: Er trug eine einfache Mönchsrobe und lächelte uns an. Die Anspannung in unserer Gruppe entlud sich in Tränen. Fast alle weinten. Wir hatten so viel erduldet. Unser Leben in Tibet hatten wir aufgegeben. Und nun sahen wir endlich den Dalai Lama. Dies war für uns die höchste

Belohnung, die es geben konnte. Darin steckte die Verheißung auf ein neues, ein besseres Leben. Seine dunkle, kraftvolle Stimme schenkte uns Sicherheit und Trost. Es ging etwas Sanftes, Ruhiges und Wohlwollendes von ihm aus, und doch lag darin eine Kraft, die mich, als wir ihn nach seinem Segen verließen, wie auf Wolken schweben ließ. Ich fühlte mich frei und leicht.

Die wohlhabendsten Flüchtlinge hatten natürlich keine materiellen Sorgen. Von ihnen hatten allerdings auch viele im Gefängnis gesessen und fast alle hatten mindestens ein Familienmitglied verloren. Manche ihrer Angehörigen waren in Lagern interniert. Doch mit dem Geld, das sie mitgebracht oder vor ihrer Flucht ins Exil nach Indien transferiert hatten, konnten sie nun kleine Geschäfte oder Werkstätten eröffnen. Sie erhielten von der tibetischen Exilregierung keinerlei Unterstützung. Ihr Vermögen erlaubte ihnen trotzdem ein gutes Leben. Ihre Kinder gingen entweder in die tibetische oder in die indische Schule. Kinder aus besonders wohlhabenden Familien kamen in Mussoorie oder anderswo ins Internat.

Arm in Tibet, arm in Indien

Wir waren nicht so gut gestellt. Wir waren arm aus Tibet weggezogen, arm kamen wir in Indien an. Und daher mussten wir eine schwere Entscheidung treffen. Entweder gingen wir in eines der Flüchtlingslager, die über das ganze Land verstreut waren, um uns dort als Ackerbauern niederzulassen. Oder wir blieben hier und arbeiteten für die indische Regierung im Straßenbau im Himalaya. Dafür nahm man gerne Tibeter, weil sie an das Arbeiten in der dünnen Höhenluft gewöhnt waren. In Tibet war mein Vater offiziell Bauer gewesen, doch er wollte von Dharamsala aus nicht mehr weiterziehen und anderswo von vorn anfangen. Schließlich bestand auch die Gefahr, dass wir in eine Region geschickt wurden, deren Klima wir nicht vertrugen. Also beschloss er, dass wir hierbleiben würden. Wir würden auf den Baustellen in den Bergen arbeiten, wo neue Straßen angelegt wurden.

Da der Strom der Flüchtlinge sich seit Einsetzen der Kulturrevolution deutlich verstärkt hatte, wurde bei McLeod Ganj ein weiteres Flüchtlingslager errichtet. Dieses stand unter der Leitung eines Mannes aus der tibetischen Provinz Kham, den wir Gyapön Drakshö, »Kapitän« Drakshö, nannten. Er war von den Arbeitern selbst zu ihrem Polier ernannt worden. Mit den anderen Flüchtlingen, die auf den Baustellen arbeiten sollten, bezogen wir ein kleines Haus. Unsere erste Aufgabe war es, eine Straße zu bauen, die von einer kleinen indischen Ortschaft zum neuen Kinderdorf für tibetische Waisen, dem *Tibetan Children Village*, führen würde.

In der Folge wies man uns verschiedene Baustellen zu. Wir arbeiteten hauptsächlich in der Nähe von Manali im Nachbarbezirk Kullu, dann am Rotang, einem Berg von fast 4000 Metern Höhe, der den Bezirk Kullu mit dem Königreich Ladakh verbindet, mit den Tälern von Spiti und Lahul. Bevor wir abreisten, hatten wir die große Freude, Seine Heiligkeit nochmals bei einer öffentlichen Audienz zu sehen. Ein Lastwagen brachte uns zur Baustelle. Wir fuhren einen extrem gefährlichen Serpentinenweg hinauf, der im Wesentlichen nur aus einer schlammigen Radspur bestand und einige Hundert Meter über dem ohnehin schon hoch gelegenen Tal dahinführte. Die ganze Familie arbeitete: Mein Vater und meine Mutter verdienten vier Rupien pro Tag, mein Bruder eine Rupie, ich eine halbe. Männer und Frauen rückten dem Berg mit Spitzhacken zu Leibe. Steine und Erde wurden in Körbe gefüllt, die wir Kinder ans Fußende des Berges schafften. Bei jedem Schritt riskierten wir, auszurutschen und von unserer Last den Abhang hinuntergerissen zu werden. Der Aufstieg war weit weniger gefährlich, dafür aber sehr anstrengend, da wir stets auf steinigen Pfaden balancieren mussten. Am Ende des Tages waren wir alle vollkommen erschöpft. Wir rollten uns in unseren Zelten zusammen, in denen das Liegen eigentlich unbequem war, doch wir waren so müde, dass uns alles egal war. So arbeitete ich zwei Sommer lang.

Schulaufenthalt

Es stellte sich dann die Frage, wie ich zu ein wenig Schulbildung kommen könnte. Alle Flüchtlingskinder hatten die Möglichkeit zum Schulbesuch. Der Dalai Lama, seine ältere Schwester, die 1964 verstorbene Tsering Dolma, und seine jüngere Schwester Jetsun Pema hielten von Anfang an die Erziehung der Kinder für eine ganz wesentliche Voraussetzung für das Überleben des tibetischen Volkes im Exil. Nach dem Tod von Tsering Dolma widmete Jetsun Pema sich ganz dem immensen Projekt, ein Heim für die zahlreichen tibetischen Waisenkinder zu schaffen. Bis dieser Plan Wirklichkeit wurde, richtete sie verschiedene Krippen, Kindertagesstätten und Schulen ein, die allen offen standen. Die Kindertagesstätte, die *Nursery for Tibetan Refugee Children* (NTRC), nahm Kinder bis zum Alter von acht Jahren auf. Danach mussten sie auf die von der indischen Regierung bereitgestellten Internate gehen. Doch im Laufe der Jahre waren die Anfragen, Kinder in der NTRC aufzunehmen, lawinenartig angewachsen. Bald genügte die Tagesstätte nicht mehr. Und so wurde sie Stück für Stück zum bereits erwähnten Kinderdorf umgebaut, das offiziell 1971 ins Leben gerufen wurde.

Ich hielt mich nur tagsüber in der tibetischen Schule auf. Da ich kein Waisenkind war, durfte ich dort nicht bleiben, auch im Sommer nicht. Man bemühte sich sehr, uns, die wir Tibet ja nie richtig kennengelernt hatten, die Feinheiten der tibetischen Sprache beizubringen, dazu Geschichte, Dichtkunst, aber auch die Legenden und Gesänge unseres Volkes. Da ich zur Schule ging, konnte ich nun besser schreiben als bisher. Sogar ein paar Brocken Englisch schnappte ich auf. Aber eine richtige Schulbildung besaß ich nicht.

Eine wichtige Begegnung

Ich hegte seit jeher den innigen Wunsch, Mönch zu werden. In Phari ließ sich dies natürlich nicht verwirklichen, doch seit unserer Flucht traf ich immer häufiger auf Mönche und Nonnen. Immer wenn ich das Granatrot der Roben und das strahlende Gelb der Westen sah, bekam ich Herzklopfen. Ich sprach mit meinen Eltern über diesen Wunsch, und sie zeigten sich sehr erfreut. Mein Vater entschied, dass ich eines Tages ins Sakya-Zentrum, den Hauptsitz der Sakya-Linie, zum Studieren gehen sollte. Zu dieser Linie gehörte er selbst. Das Kloster war 1964 in der Nähe von Rajpur in der Provinz Uttarakhand gegründet worden. Dort lebten das Oberhaupt der Linie, Kyabje Sakya Tridzin, und viele andere große Sakya-Meister. In den Augen meines Vaters war dies das Beste, was mir passieren konnte. Doch die Dinge lagen nicht so einfach. Die Art und Weise, wie wir lebten, die Tatsache, dass wir unseren Lebensunterhalt verdienen mussten, unsere unsichere Zukunft – all dies sorgte dafür, dass sich mein Lebenswunsch nicht sofort verwirklichen ließ.

Das Lächeln eines alten Mönches

Eine an sich unbedeutende Begegnung jedoch warf unsere sämtlichen Pläne über den Haufen. Im Herbst 1970, wir waren gerade erschöpft von der Baustelle bei Manali zurückgekehrt, ging ich heim vom Markt, wo ich – wie jeden Morgen – ein wenig Milch gekauft hatte. Da trat mir ein alter, gebeugter Mönch entgegen und sprach mich an. Das Gehen fiel ihm schwer, und er stützte sich auf seinen Stock.

»Guten Tag. Möge dir alles Glückverheißende zuteilwerden, mein Kind!«

»Möge auch Euch alles Glückverheißende zuteilwerden, verehrungswürdiger Mönch!«

»He, dein Tonfall und deine Manieren sagen mir, dass du gerade erst hier angekommen bist, nicht wahr? Woher kommst du?«

Da ich immer schon eine kleine Plaudertasche war und den Mann sympathisch fand, antwortete ich genauestens auf die Fragen, die er mir stellte. Und das waren nicht wenige. Ich erzählte ihm alles, was wir erlebt hatten, das schreckliche Leben in Phari, die getöteten Tiere, die Flucht, die Reise durch Bhutan … Ich sagte ihm alles, auch dass ich den Wunsch hatte, Mönch zu werden, und dass mein Vater mich in den Sakya-Hauptsitz von Rajpur schicken wollte, weil unsere Vorfahren lauter Sakya gewesen waren.

»Und wenn ich dir nun sage, dass du hier, in Dharamsala, Mönch werden könntest? Was würdest du davon halten?«

Mir klopfte das Herz bis zum Hals.

»Aber ja, sofort, verehrungswürdiger Mönch. Aber zuerst muss ich mit meinen Eltern reden.«

»Mach dir keine Sorgen wegen deiner Eltern. Ich werde selbst gehen und mit ihnen reden. Wo wohnst du?«

Ich erklärte ihm, wie er unser Haus finden könne, doch er zog es vor, sich mit mir bei Urgyen zu verabreden, dem Mann meiner Tante Acha Bumdro. Sie war die älteste Schwester meiner Mutter. Wir hatten sie hier im Exil wiedergetroffen. Sie verdiente sich ihren Lebensunterhalt mit dem Stricken von Pullovern. Urgyen kümmerte sich um die Druckerei von Dharamsala, die nicht weit vom Kloster des Mönchs entfernt lag. Da der Mönch große Schwierigkeiten beim Gehen hatte, bat er meine Eltern, doch dorthin zu kommen. Und er erklärte mir, er käme aus dem Gadong-Kloster, in dem nur wenige Mönche lebten. Dort sei man bestrebt, die Zahl der Mönche zu erhöhen, daher wäre ich durchaus willkommen.

Das Orakel von Gadong

Ich kehrte in einem Zustand schwer beschreibbarer Erregung zurück nach Hause. Ich versuchte, meinen Eltern von der Begegnung zu erzählen, doch aus meinem Mund ergoss sich nur eine Flut von Worten, und ich begann schier nach Luft zu schnappen. Mein Vater kannte das Kloster Gadong – tibetisch *dga' gdong* – in Lhasa, woher der alte Mönch kam, nicht. Andererseits kannte er ein Kloster ähnlicher Schreibung, *dga' sdong,* das nicht weit von Shigatse lag. Er war also gespannt, aber gleichzeitig froh. Einige Tage später ließ der alte Mönch uns wissen, dass er es vorziehen würde, wenn wir ihn im Kloster aufsuchten. Also gingen mein Vater, Urgyen und ich dorthin. Ich war zwischen Furcht und zuversichtlicher Erwartung hin und her gerissen. Und so war ich beglückt, das freundliche Gesicht des alten Mönches wiederzusehen, der uns voller Wärme empfing. In dem nun folgenden Gespräch erfuhr ich, dass der Mann, mit dem ich gesprochen hatte, kein anderer war als das zweite tibetische Staatsorakel, das große Orakel von Gadong, der Gadong Kuten. Damals sagte mir dies nicht viel, aber dass mein Vater und Urgyen sich ihm gegenüber so respektvoll verhielten, zeigte mir schon, dass er etwas Besonders sein musste.

Er erklärte uns, dass ich, sofern dies mein Wunsch sei, jederzeit ins neue Gadong-Kloster eintreten und dort leben könnte. Doch da sein Kloster noch so klein war, würde ich dort nicht die klassische Mönchsausbildung durchlaufen können. Zu diesem Zweck müsse ich in ein benachbartes Kloster gehen, in das Nechung-Kloster, dem das Gadong-Kloster eng verbunden war. Nechung! Ich hatte diesen Namen noch nie gehört, trotzdem verspürte ich, als ich ihn vernahm, sofort den innigen Wunsch, dorthin zu gehen. Und zu meiner großen Freude sagte mein Vater Ja.

In den Fußstapfen des Buddha

Das Leben, das wir damals führten, kostete uns unendlich viel Kraft. Meine Eltern beschlossen, unter diesen Bedingungen nicht mehr weiter Steine klopfen zu gehen. Also stellte sich wieder die Frage: Was konnten wir Neues anfangen? Wo sollten wir leben? Wir waren aus Tibet geflohen in der Hoffnung, bald dorthin zurückkehren zu können, doch die spärlich tröpfelnden Nachrichten aus dem Land waren durchweg entsetzlich: Zerstörung, Tod, Gefängnis. Die Menschen, die nicht hatten fliehen können, durchlebten die Hölle, während ihr Leiden totgeschwiegen wurde. Die Situation hatte sich noch weiter verschlechtert, seit wir das Land verlassen hatten. Es stand also völlig außer Frage, dass wir dorthin zurückkehren würden. Ob wir nun wollten oder nicht, wir würden uns in unserem Gastland ein neues Leben aufbauen müssen.

Endlich Ferien

Mein Vater hatte darüber nachgedacht, in eines der Flüchtlingslager im Süden zu gehen, das die Exilregierung dank der Großzügigkeit der indischen Regierung eingerichtet hatte. Doch meine Begegnung mit dem Gadong Kuten und mein baldiger Eintritt ins Kloster ließen dies nicht geraten erscheinen. Da wir in Indien waren, im Land des Buddha, beschloss er, dass wir auf einer Pilgerfahrt die heiligen Stätten des Buddhismus besuchen würden: Bodhgaya, wo Prinz Siddharta die Natur der Dinge erkannt hatte und so zum Buddha, zum Erwachten, geworden war; Sarnath, wo er zum ersten Mal gelehrt hatte; Kushinagar, wo er im Augenblick des Todes ins Parinirvana eingegangen war, in den Zustand der höchsten Erleuchtung. Wir wären auch gerne nach Lumbini gefahren, an den Geburtsort des Buddha, der jetzt in Nepal lag, doch wir durften nicht in das kleine Königreich einreisen. Für mich hat sich dies bis heute nicht geändert. Doch wie dem auch sei, wir alle waren Feuer und Flamme für diese Reise. Ich jedenfalls war überglücklich, weil dies unsere erste gemeinsame Reise war, die wir ohne Zwang unternahmen. War unsere Familie zuvor unterwegs gewesen, so nur, weil wir fliehen mussten oder zum Arbeiten in die Berge fuhren. Auf Pilgerfahrt zu gehen, das war für mich ein richtiger Familienurlaub.

Unsere Rundreise begann in Delhi. Dort kamen wir zwar erschöpft an, doch voller Freude, gemeinsam auf den Spuren des Buddha wandeln zu können. Die Inder sahen uns neugierig an, denn zu jener Zeit gab es noch sehr wenige Tibeter in Indien. Zum Großteil blieben sie in den Flüchtlingslagern oder zumindest in deren Nähe. Auch den Dalai Lama kannten damals nur wenige Menschen. Daher begegnete man uns mit einer gewissen Neugierde. Wie lebte man in Tibet? Warum und wie waren wir aus unserem Land geflohen? Und wo beziehungsweise wie lebten wir jetzt? Diese Fragen kehrten stets wieder. Immer wurden sie voller Sympathie und aufrichtigem Interesse gestellt. Eines Tages hielt mich ein Tibeter an, der als Soldat in der indischen Armee diente. Er stellte mir tausend Fragen, und am Ende gab er mir einen Zehn-Rupien-Schein. Für mich war das ein Vermögen. Und ich investierte es augenblicklich in Bonbons und Zuckerwerk aller Art. Dies war sicher eine der vergnüglichsten Expeditionen, die ich seit meiner Ankunft in Indien gemacht hatte. Unsere Reise schien unter einem guten Stern zu stehen.

In Varanasi, der größten heiligen Stadt Indiens, beeindruckte mich die gewaltige Menge von Menschen. Der Ganges, Zehntausende von Pilgern, der Duft des Weihrauchs, der ganze Stadtviertel einhüllte, die zahllosen großen und kleinen Tempel – all dies zeigte mir, wie stark die Frömmigkeit der Menschen war. Von dort aus fuhren wir nach Sarnath. In einem Vorort der heiligen Stadt nächtigten wir in einem tibetischen Kloster. Man stelle sich die Überraschung meines Vaters vor, als er dort unter den Mönchen einen seiner Neffen entdeckte. Diese Reise war wirklich voller Überraschungen. Es war, als würden wir uns hier mit unserer Identität versöhnen: Wir waren Tibeter. Wir hatten unsere eigenen Wurzeln – und eine Religion, in der wir fest verankert waren.

Sarnath – wo alles begann

In Sarnath gab der Buddha seine ersten Belehrungen. Damals – also vor 2500 Jahren – gab es hier nur ein Waldstück, in dem Gazellen grasten. Der Buddha hatte die tiefgründige, weite, strahlende Natur des Geistes erkannt, doch er zweifelte noch, ob er diese Erkenntnis tatsächlich würde weitergeben können. Daher flehten die Götter ihn an: Er habe sein

Land und seine Familie verlassen, um ein Mittel zu finden, wie er sich von allem Leid frei machen könne. Seine Suche sei von Erfolg gekrönt. Daher müsse er seine Entdeckung mit anderen teilen.

Auf seinem Weg war er fünf Asketen begegnet, die wie er auf der Suche nach der Befreiung vom Leid waren. Zu jener Zeit gab es zahlreiche spirituelle Wege in Indien. Der künftige Buddha hatte mit seinen Weggenossen verschiedene Meditations- und Yogatechniken geübt. Er war den Weg der Askese bis ins Extrem gegangen. Er selbst beschreibt den Zustand, den er damit erreichte, so: »Meine Gliedmaßen waren wie die knotigen Schößlinge des Bambus, mein Gesäß wie der Huf eines Büffels ... Wenn ich die Haut an meinem Bauch berührte, fuhr meine Hand über die Wirbelsäule, so nahe waren beide einander ... Wenn ich meine Gliedmaßen rieb, blieben mir die ausgefallenen Haare in der Hand ...«

Im Angesicht des Todes beschloss er, wieder ein normales Leben aufzunehmen. Seine Gefährten fühlten sich von ihm verraten und verließen ihn, da er angeblich vom spirituellen Weg abgewichen war. Aber auf diese Weise wurde er zum Buddha. Nach der Ermahnung durch die Götter beschloss er, sich den Lehren zu widmen. In diesem Augenblick kamen seine fünf ehemaligen Gefährten nach Sarnath. Augenblicklich bemerkten sie seine Gelassenheit und das Strahlen, das von ihm ausging. Sie begriffen, dass seine Suche erfolgreich gewesen war. Und so lehrte er sie die Vier Edlen Wahrheiten, den ersten Zyklus seiner Lehren, die er vierzig Jahre lang bis zu seinem Tod wiederholen sollte.

Seit damals hatte sich der Ort sicher sehr verändert. Doch die Ruinen der Gebäude, die der große König Ashoka nach dem Tod des Buddha dort hatte errichten lassen, nahmen dem Ort nichts von seiner Stimmung. Meine Eltern, mein Bruder und ich beteten lange. Meine Mutter, die weder lesen noch schreiben konnte, hatte von meinem Vater viele Gebete gelernt, und so falteten sie beide die Hände, schlossen die Augen und rezitierten mit tiefer Stimme Wunschgebete für das Glück aller Menschen, für das Glück der Tibeter, die so sehr leiden mussten, und natürlich auch für ihr eigenes.

Die Reliquien des alten chinesischen Mönches

Bevor wir nach Kushinagar fuhren, wo der Buddha seinen letzten Atemzug getan hatte, begaben wir uns nach Nalanda. Auch dort erlebten wir Außergewöhnliches. Auf dem Weg dorthin entdeckten wir einen chinesischen Tempel und beschlossen, dort Opferungen darzubringen und Niederwerfungen zu machen. Ein alter Mönch saß da und rezitierte voller Ruhe seine Gebete, während aus den Räucherbecken Weihrauchduft aufstieg. Wir kamen mit ihm ins Gespräch. Es ging eher um banale Dinge, aber wir waren sehr höflich und respektvoll. Bevor wir ihn wieder verließen, überreichte mein Vater ihm eine bescheidene Opfergabe. In dem Moment, in dem wir den Tempel verlassen wollten, rief er uns zurück.

»Geht nicht fort. Bleibt noch ein wenig«, meinte er. Dann zog er hinter dem Altar ein Gefäß hervor, das wunderbar geschmückt war.

»Ihr dürft nicht gehen, bevor ich euch nicht dies hier gezeigt habe«, fuhr er fort. Dabei öffnete er das Gefäß in einer Haltung grenzenlosen Respekts. Er hielt regelrecht den

Atem an. »Dies sind Reliquien des Erhabenen, des Buddha Shakyamuni. Seht nur!«

Ein Schauder lief uns über den Rücken, als wir einen Blick ins Innere des vergoldeten Gefäßes warfen. Darin lagen winzige kristallklare Perlen, die sich in ihrer Leuchtkraft gegenseitig übertrafen. Der alte Mönch erklärte, ganz zu Anfang sei es nur eine gewesen, aber wie durch ein Wunder seien mit der Zeit immer mehr Perlen aufgetaucht. Ich hörte zum ersten Mal, dass es vorkam, dass Reliquien sich spontan vermehrten. Einige dieser Reliquien nannte man »Mutter-Reliquien«, weil sie andere hervorbrachten, die ihnen ähnelten wie ein Ei dem anderen. Um uns für die kleine Gabe zu danken, wollte er uns mit dem Reliquiengefäß segnen, indem er unser Haupt damit berührte. Dabei rollte eine Perle in meine Hand. Niemand hatte es bemerkt. Ich zeigte sie meinem Vater, der mir bedeutete zu schweigen. Er dachte wohl: Wenn eine Reliquie des Buddha mir in die Hand kullerte, dann würde dies auch seinen Grund haben. Und so schwieg ich.

Sobald wir außer Sicht waren, fädelte mein Vater die Perle auf ein rotes Segensbändchen auf, das ich bei einer Segenszeremonie erhalten hatte und seitdem um den Hals trug. Und so absolvierte ich die gesamte Pilgerreise mit der Reliquie des Buddha um meinen Hals. Nun stellen Sie sich meine Überraschung vor, als ich – zurück in Dharamsala – das Band abnahm und entdeckte, dass aus der einen Perle drei geworden waren! Seit dieser Zeit bewahre ich sie als persönliche Segnung des Buddha auf. Ich möchte noch erwähnen, dass ich 1975 auf demselben Weg nach Nalanda zurückkehrte. Trotz aller Bemühungen konnte ich den kleinen chinesischen Tempel nicht wiederfinden.

Die berühmten Ruinen von Nalanda

Wir kamen also in gehobener Stimmung in Nalanda an. Zu Zeiten des Buddha war dies eine sehr wohlhabende Stadt gewesen. Der Buddha lehrte dort, und einer seiner liebsten Schüler, der weise Shariputra, starb in dieser Stadt. Daher wurde Nalanda bald zum geheiligten Ort. Später wurde dort ein Kloster errichtet, das wegen seiner Universität bald Berühmtheit erlangte. Buddhisten aus aller Welt kamen dorthin, um ihre Studien zu betreiben. Die Universität von Nalanda war nicht einfach ein Komplex von Gebäuden, in denen die Studenten ihre Kurse besuchten, wie dies bei heutigen Universitäten der Fall ist. Nalanda war eine richtiggehende Stadt. Dort lebten Meister und Schüler zusammen und trafen sich zu Kollegien, eingeteilt nach dem Schwierigkeitsgrad der darin erteilten Lehren. Alle waren Mönche. Die Meister mit dem höchsten Ansehen waren jene, die sich um die vier Pforten der Universität kümmerten. Natürlich waren sie nicht in dem Sinne »Pförtner«, dass sie tatsächlich die vier Tore kontrollierten und Besuchern den Einlass erlaubten oder verwehrten. Ganz im Gegenteil, sie gehörten zu den qualifiziertesten Mönchen der Klosteruniversität. Sie waren es, die Anlagen und Eignung eines Schülers prüften und festlegten, welche Studien er nach Möglichkeit betreiben sollte. Nur die weisesten Lehrer konnten die Kandidaten von Nalanda richtig einschätzen.

Auch die tibetischen Meister studierten bei einstigen Nalanda-Meistern, die dort teils große Verantwortung trugen. Leider war die »Klosterstadt«, in der in früherer Zeit mehrere Tausend Mönche lebten, im 12. Jahrhundert zerstört worden. Unsere Pilgerreise führte uns also fast ausschließlich durch Ruinen. Durch diesen stillen Ort zu wandern, in dem vor etwa tausend Jahren alles von Debatten, Lehrreden und Zeremonien widerhallte, war ein besonders eindrucksvolles Erlebnis.

Die Atmosphäre dort war der inneren Sammlung besonders förderlich. Mein Vater erinnerte uns daran, dass der große Gelehrte Naropa, der die geheimen Lehren nach Tibet gebracht hatte und einer der indischen »Väter« der Kagyü-Linie ist, hier gelehrt hatte. Ebenso wie der große Dharmakirti, der die buddhistische Lehre stark beeinflusst hatte, und der »große Vollendete« Virupa, der einer der Väter der Sakya-Linie war. Und so verrichteten wir Gebete und Niederwerfungen und brachten Opfergaben dar, während wir durch die alte Universität wanderten.

Begegnung mit Kyabje Ling Rinpoche

Schließlich erreichten wir Bodhgaya, den Ort, an dem der Buddha sein spirituelles Erwachen gefunden hatte. Dorthin bin ich inzwischen mehrfach zurückgekehrt. Seit unserer Reise damals hat sich vieles verändert. Zu Beginn der Siebzigerjahre gab es nur wenige Einrichtungen für Pilger, deren Anzahl trotz allem schon beträchtlich war. Die Menge umrundete den Mahabodhi-Stupa, der dort vor 2000 Jahren neben jenem Baum errichtet worden war, unter dem der Buddha die Nacht über in Meditation gesessen und Schritt für Schritt alle Grenzen bis hin zur totalen Befreiung überwunden hatte. Wie es die Tradition will, reihten auch wir uns in die Schlangen ein, um die einzelnen heiligen Stätten zu umrunden: den Baum mit der Einbuchtung, wo der Buddha sich ein Kissen aus Gras hergerichtet hatte, und den großen Stupa. All dies war in der Tat sehr bewegend.

Als wir eines Tages gerade den großen Stupa umrundeten, bemerkte ich einen recht alten Lama, der ebenfalls Gebete und Lobpreisungen rezitierte. Dabei machte er regelmäßig Pausen, um Opfergaben darzubringen. Als wir näher traten, erfuhren wir, dass es sich um Kyabje Ling Rinpoche handelte, einen der Lehrer des Dalai Lama. Er war schon in jungen Jahren als Tulku erkannt worden und hatte daher eine außergewöhnliche spirituelle Ausbildung durchlaufen. So hatten seine positiven Eigenschaften und seine tiefgründige Weisheit aus ihm eine der angesehensten Persönlichkeiten nicht nur seiner Linie gemacht. Er gehörte zur Gelug-Schule, wurde aber in ganz Tibet gleichermaßen respektiert. Er war kurz nach dem Dalai Lama 1959 aus Tibet geflohen. 1965 ernannte man ihn zum 97. Ganden Tripa, also zum 97. Führer der Gelug-Linie. Da das Exil die spirituellen Übertragungslinien massiv durcheinandergebracht hatte, war seine Verantwortung beträchtlich gewachsen. Als seine Rolle als Lehrer des Dalai Lama nicht mehr seine dauerhafte Anwesenheit erforderte, war er nach Bodhgaya übergesiedelt, wo sich sein Kloster, Ganden Pelgye Ling, befand. Dort gab er tiefgründige Belehrungen. Für mich war es erstaunlich zu sehen, wie sich dieser bedeutende Mann unter die Reihen der anderen Pilger mischte, gekleidet wie jeder einfache Mönch, ohne das geringste Abzeichen seiner Würde. Heißt es nicht, man dürfe die Lehren »nicht zum Schmuck« annehmen? Dies bedeutet, dass die spirituelle Praxis unser Verhalten zum Besseren verändern soll, sodass sich darin die Achtung für unsere Mitgeschöpfe spiegelt. Sie soll nicht als Schmuck, also als Äußerlichkeit betrachtet werden. Die Lehren sollen tief in uns eindringen. Wir müssen nicht unser äußeres Verhalten ändern, um allen zu signalisieren: »Sieh her, ich bin Buddhist!« Wenn sich tatsächlich äußerlich etwas verändert, so müssen diese Veränderungen aus dem Inneren kommen. Bei Ling Rinpoche war dies in der Tat so: Dieser Mann voll tiefer Weisheit, der so große Verantwortung trug, erschien im Äußeren wie ein ganz gewöhnlicher Mönch.

Er erteilte uns seinen Segen, sprach einige freundliche Worte und fuhr dann in seinen Gebeten fort. Nach einigen Umrundungen, die sie voll tiefer Hingabe absolvierten, kehrten meine Eltern in das Zelt zurück, in dem wir uns zusammen mit anderen Pilgern eingerichtet hatten. Ich wäre gerne noch geblieben und hätten den Stupa noch ein paarmal umrundet. Da traf ich Ling Rinpoche noch einmal. Eine tiefe Freude erfüllte mich, als sei plötzlich alle Angst und alle Furcht aus meinem Herzen gewichen. Ich war ganz beseelt und fühlte mich ihm nahe, wobei ich gleichzeitig ein tiefes Gefühl von Glück und Achtung empfand. Vielleicht lag es ja auch daran, dass ich noch ein Kind war. Wie der Gadong Kuten bemerkte auch er, dass ich erst seit Kurzem in Indien war. Dann legte er seine rechte Hand auf meinen Kopf und segnete mich erneut. Schließlich schlug er mir vor, doch den Stupa einmal mit ihm zu umrunden. Ich war begeistert. Heute noch erinnere ich mich an das Gefühl, das mich in diesem Augenblick ergriff. Er stellte mir tausend Fragen über meine Geburt, über Tibet und mein Leben. Dann verabschiedete er sich von mir, wobei er mir versprach, dass wir uns bald wiedersehen würden.

Ich kam zurück ins Zelt meiner Eltern, ohne selbst zu merken, dass ich immer noch in der eigenartigen Stimmung war, die seine Gegenwart in mir ausgelöst hatte. Ich erzählte meinen Eltern, was in mir vorging, doch sie reagierten eher skeptisch. Dazu muss man wissen, dass ich ein sehr fantasiebegabtes Kind war. Insofern verstehe ich, dass sie meinem Überschwang zunächst einmal misstrauten. Doch schon zwei Stunden später kam Tashi, der Diener und Helfer Ling Rinpoches, ins Lager, um mich zu suchen. Meinen Eltern war die Überraschung ins Gesicht geschrieben. Wahrscheinlich fragten sie sich, was um Himmels willen ich gesagt hatte, dass ein so großer Meister seinen persönlichen Assistenten in unsere bescheidene Bleibe schickte und mich bat, doch zu ihm zu kommen.

Und so begab ich mich in Begleitung Tashis ins Kloster Ganden Pelgye Ling. Ling Rinpoche saß von seinen Helfern umgeben bequem in einem Sessel. Ich führte vor ihm die traditionellen drei Niederwerfungen aus. Er bat mich, mich doch neben ihn zu setzen, und wir nahmen unser Gespräch dort auf, wo wir es abgebrochen hatten. Er wollte, dass ich ihm möglichst genau von Phari erzählte, von der Flucht, vom Exil, von den Straßenbauarbeiten. Ihn interessierte alles, was mein junges Leben bisher ausgemacht hatte. Offensichtlich fand er Vergnügen an unserer Unterhaltung. Ich sprach immer noch den Dialekt der Leute aus Phari und meine kindlichen Auslassungen brachten ihn mehr als einmal zum Lachen. Ich hatte zwar keine Ahnung von Politik, doch mir war klar, dass Ling Rinpoche sich über unser Land informieren wollte. Seit Beginn der Kulturrevolution erfuhr niemand mehr, was in Tibet vorging. Und das Wenige, das zu uns durchdrang, ließ die Sorge nur noch größer werden. Daher wurde jede Gelegenheit genutzt, mehr über die Situation im Land zu erfahren.

Schließlich berichtete ich ihm von meinem innigen Wunsch, Mönch zu werden, weil es mich immer tief berührte, wenn ich jemanden sah, der einem buddhistischen Orden angehörte. Sofort schlug er mir vor, doch in sein Kloster einzutreten. Seit jeher hatte ich mir gewünscht, Mönch zu werden, und nun öffneten sich innerhalb weniger Wochen die Pforten gleich mehrerer Klöster für mich. Und die Menschen, die sie für mich aufstießen, waren außergewöhnliche Persönlichkeiten. Ich dankte Ling Rinpoche und erzählte ihm von meiner Begegnung mit dem aktuellen Gadong-Orakel und dem Versprechen, das ich ihm gegeben hatte. Als er mir zuhörte, malte sich auf seinem Gesicht ein breites Lächeln. Es freute ihn, dass mein Leben als Mönch schon einen Anfang gefunden hatte: »Wie dem auch sei«, meinte er, »ich bin häufig in Dharamsala, und ich versichere dir, dass wir uns bald wiedersehen werden.«

Tashi begleitete mich nach Hause. Ich schleppte stolz an einem großen bhutanesischen Korb, den Ling Rinpoche mit Trockenfrüchten, Kuchen und anderen Süßigkeiten hatte füllen lassen. Waren Pilgerreisen nicht etwas Wunderbares?

3
Mönch im Nechung-Kloster

Sobald ich gegen Ende des Jahres aus Dharamsala zurückgekehrt war, trat ich ins Gadong-Kloster ein. Unser Leben dort hatte allerdings nur wenig Ähnlichkeit mit dem normalen Mönchsalltag. Wir waren im Nazara House untergebracht, einem Cottage im englischen Stil. Es gehörte einer Gruppe von Indern, die es uns für geringes Geld überlassen hatten. Jeden Morgen machte ich mich gleich nach dem Aufstehen auf den Weg zum Nechung-Kloster, das etwa einen Kilometer von Gadong entfernt in einem kleinen Haus eine provisorische Unterkunft gefunden hatte.

Als ich erfuhr, dass Ling Rinpoche sich wieder in Dharamsala aufhielt, lief ich natürlich sofort zu ihm, um ihm voller Stolz zu zeigen, dass ich jetzt endlich Mönch geworden war. Die Wanderung war allerdings nicht ganz ungefährlich, denn der Weg, der zu seinem Haus hinaufführte, ging mitten durch ein Gebiet, in dem es noch allerlei wilde Tiere gab. Daher bat ich eine Frau, die in Gangchen Kyishong arbeitete, mich gegen ein geringes Handgeld zu führen.

Tashi, der Assistent von Ling Rinpoche, erkannte mich erst gar nicht. Es lag wohl daran, dass mein Haar nun geschoren war und ich eine Robe trug. Wobei die Formulierung »eine Mönchsrobe tragen« in diesem Fall nicht ganz zutrifft. Vielmehr hatte ich mir die Kleidungsstücke, die meinen neuen Status ausdrückten, einfach übergeworfen. Mein Mönchsgewand war nicht korrekt gefaltet, und mein *zen*, das Tuch, das die linke Schulter bedeckt, hatte ich auch mehr schlecht als recht hindrapiert. Ling Rinpoche, der es sich auf der Veranda seines Hauses bequem gemacht hatte, empfing mich mit einem schallenden Lachen. Mein Aufzug war in seinen Augen wohl ausgesprochen komisch. Dann erklärte er mir, wie ich meine Robe richtig anlegen musste. Als er, nicht ohne ein abermaliges Schmunzeln, bemerkte, dass ich sie mit einem *khata*, einer zeremoniellen Schärpe, statt mit dem üblichen Gürtel zusammengebunden hatte, schickte er einen seiner Helfer los, um einen solchen zu besorgen. Der Mönch kam mit einem langen orangefarbenen Leibgurt zurück, der Ling Rinpoche selbst gehörte, diesen Gürtel bekam ich nun geschenkt. Welch günstiges Vorzeichen für mein neues Leben! Kurz darauf, es war im Jahr 1972, wurde Ling Rinpoche mein erster Abt. Bei ihm nahm ich die *getsul*, die Novizengelübde. Bei dieser Gelegenheit erhielt ich auch einen neuen Namen: Aus Kalsang Norbu wurde Thubten Ngodup. Diesen Namen trage ich noch heute.

Nechung

Ein Jahr lang marschierte ich täglich von Gadong nach Nechung und wieder zurück. Schließlich blieb ich mit dem Einverständnis meiner Eltern und dem des Gadong-Klosters ganz in Nechung. Ich hatte in der Früh und am Abend viel zu viel Zeit durch dieses Hin und Her verloren, und auch das alte Orakel von Gadong meinte, dass es einfacher für mich wäre, wenn ich künftig im anderen Kloster leben würde. Einmal mehr nahm mein Leben eine einzigartige Wendung. Einst war ich ein Tibeterkind gewesen, das dazu verdammt schien, ein Leben lang unter der Knechtschaft von Menschen zu stehen, die im Namen ihrer Ideologie allen Leid zugefügt hatten, die ihm nahe standen. Nun war ich Mönch geworden und lebte in einem der höchstgeachteten Klöster Tibets, dem Kloster des Staatsorakels Nechung Chökyong.

Jahrhundertealte Wurzeln

Das neu gegründete Nechung-Kloster war nur ein matter Abglanz seines tibetischen Vorbildes. Nur sechs Mönchen war die Flucht gelungen. Auf ihnen lastete nun die ganze Verantwortung. Es gab nur wenig Nachwuchs, nur zwei oder drei junge Mönche lebten im Kloster. In Tibet hatte das alte Kloster einen hohen Rang eingenommen, auch wenn es nicht über viele Mittel verfügt und auch im Hinblick auf die philosophische Ausbildung, die teilweise im benachbarten Drepung absolviert wurde, nicht zu den renommiertesten gezählt hatte. Nechung verdankte seinen Ruhm den

Geschichten, die sich um seinen Ursprung ranken und in unterschiedlichen Versionen erzählt werden.

Eine dieser Geschichten dreht sich um den großen Meister Padmasambhava. Im 8. Jahrhundert, in der Zeit König Trisong Detsens und seines Sohnes und Nachfolgers Mune Tsenpo, drangen tibetische Truppen auf ihren Eroberungszügen bis in das Gebiet der Bhata Hor vor, eines mongolischen Volksstammes, der zwischen dem Norden Tibets und dem Baikalsee siedelte. Dieser Stamm hatte eine überaus mächtige Schutzgottheit namens Pekar. Deren »materielle Stütze« waren eine Ledermaske, eine Tara-Statue aus Türkis sowie eine Chenresig-Statue aus Perlmutt. Padmasambhava, der sich damals in Tibet aufhielt, erkannte kraft seines Weitblickes, dass Pekar die ideale Schutzgottheit für das Kloster Samye sein würde, das gerade gebaut wurde. Also gab Padmasambhava Anweisung, Pekars Kraftobjekte nach Tibet zu bringen. So kam Pekar nach Samye, das auch Netchen, »großer Ort« genannt wurde.

In einer anderen Version heißt es, dass Vairotsana, der auch »der Übersetzer« genannt wird, seinerseits einer der berühmtesten Schüler Padmasambhavas, eines Tages in der Nähe jenes Ortes weilte, an dem sehr viel später das große Drepung-Kloster errichtet werden sollte. Zu seiner großen Überraschung sah er dort zahlreiche wunderbare Erscheinungen um einen Baum herum. Sein Meister, dem er von diesem Erlebnis berichtete, erklärte, bei dem Baum handele es sich um den Wohnsitz von Dorje Dragden, Pekars machtvollem »Statthalter«, der Schutzgottheit, deren Obhut er das soeben fertiggestellte Kloster Samye anvertraut habe. Er prophezeite ferner, dass an dieser Stelle einmal zum Wohle aller Wesen ein Tempel errichtet werden würde. Wenig später wurde unter der Herrschaft Mune Tsenpos, des Sohnes von König Trisong Detsen, ein erster Tempel um den Baum herum errichtet. Zu jener Zeit entstanden also zwei Institutionen, die auf spiritueller Ebene eng miteinander verknüpft waren: der »große Ort« Netchen, wie Samye auch heißt, und der »kleine Ort« Nechung zum Schutz des Baumes. Die Sorge um diesen Tempel mit bescheidenen Ausmaßen, aber einer bedeutsamen Funktion wurde vier Mönchen übertragen, die dem Abt Ba Pelyang unterstanden. In späteren Jahren wurde die Tara-Statue aus Türkis, die ursprünglich von den Bhata Hor stammte, von Samye nach Nechung gebracht, und die Leute begannen, den Tempel als den »kleinen Ort« *(nechung)*, der mit Türkisblättern geschmückt ist *(yulo kö)* zu bezeichnen. Noch heute gibt es in der Nähe des Nechung-Klosters ein Dorf dieses Namens.

Ein Lama, ein Gott und eine Kassette

Eine weitere dieser Geschichten handelt von einer der wichtigsten Gestalten in der Geschichte des tibetischen Buddhismus, nämlich von Lama Shang Tsöndru Dragpa, der im 12. Jahrhundert lebte. Auf ihn geht eine der großen tibetischen Überlieferungslinien, die Tselpa-Kagyü-Linie, zurück. Sofern er nicht auf Reisen war, hielt Lama Shang sich in Tsel Gungthang auf, wo zwei Klöster errichtet worden waren: 1175 Tsel Yanggön und ein Jahr darauf Gungthang Tsuglagkhang. Eines Tages kam er nun nach Samye, um an den heiligen Orten in der Umgebung zu meditieren. In zahlreichen Visionen erschienen ihm jene Meister, die einst das

Kloster gegründet hatten. Am stärksten war zweifelsohne die Verbindung, die er zu Pekar knüpfte. Als dann Lama Shang in sein Kloster zurückkehrte, ging Pekar oder vielmehr dessen »Statthalter« Dorje Dragden als sein persönlicher Beschützer und der seines Klosters mit.

Doch es heißt, dass weder Pekar noch Dorje Dragden ihre Versprechungen hielten. Und so beschloss Lama Shang kurzerhand, sich des Gottes, der sich zu einer echten Belastung entwickelt hatte, wieder zu entledigen, auch wenn er insgeheim bedauerte, zu solch einem Schritt gezwungen zu sein. Mit einem Ritual besänftigte er die Gottheit, dann nahm er ihre sämtlichen »materiellen Stützen«, packte sie in eine Kiste und warf sie in den nahe gelegenen Kyichu-Fluss. In einer anderen Version dieser Geschichte bricht nicht Lama Shang, sondern einer seiner Nachfolger im 15. Jahrhundert mit Dorje Dragden. Und tatsächlich werden die Veränderungen erst in jener Zeit spürbar.

Flussabwärts von Tsel Gungthang lag also – nicht weit entfernt vom Flussufer und den baulichen Anfängen des Drepung-Klosters – ein kleiner, den beiden Schutzgottheiten geweihter Tempel, aus dem einmal das Kolleg von Deyang hervorgehen sollte. Abt dieses Tempels war ein berühmter Mönch, Chogpo Jangchub Palden. Er hatte seine spirituelle Praxis viele Jahre mit ebenso viel Weisheit wie Beharrlichkeit verfolgt und verschiedene übersinnliche Fähigkeiten entwickelt. So besaß er unter anderem die Gabe der Hellsichtigkeit. Dank der sprichwörtlichen Klarheit seines Geistes konnte er sehen, was Lama Shang tat. Daher rief er sogleich seinen Sekretär herbei und trug ihm Folgendes auf: »Morgen gehst du gleich bei Tagesanbruch zum Ufer des Kyichu hinunter. Dort wirst du eine Kassette im Wasser treiben sehen. Die holst du und bringst sie hierher.«

Und so bezog der Helfer am nächsten Morgen am Flussufer Stellung, ohne sich groß den Kopf zu zerbrechen. Er sollte nicht lange warten müssen. Zu seiner Überraschung trieb bald ein Kästchen auf dem Wasser daher, ganz wie sein Meister es vorausgesagt hatte. Der Sekretär fischte es heraus und machte sich auf den Weg zurück zum Tempel. Doch mit jedem Schritt wurde die Kassette schwerer – so schwer, dass er bei Yulokö innehalten musste, um neue Kraft zu schöpfen. Er stellte die Last ab und setzte sich auf den Boden. Gegen einen großen Felsbrocken sinkend seufzte er: »*Lama khyeno*« – »Möge der segenbringende Blick des Meisters auf mich fallen!« Ein Ausruf, der in Tibet sehr gebräuchlich ist und immer dann benutzt wird, wenn man im Westen etwa »Der Herr stehe mir bei!« rufen würde. Viele Jahre später fand man den Ausruf *Lama khyeno* als Reliefschrift auf dem Felsen, an dem der Helfer von Chogpo Jangchub Palden gelehnt hatte. Leider wurde der Stein während der Kulturrevolution gesprengt, sodass nur noch ein Drittel von ihm übrig ist.

Der Helfer von Chogpa Jangchub war ein recht neugieriger Mensch. Er betrachtete diese, gelinde gesagt, merkwürdige Kassette und fragte sich, was sie denn wohl so Wichtiges enthalten könnte, dass sein Meister es unbedingt sehen wollte. Die Tatsache, dass sie immer schwerer geworden war, während er sie trug, ließ ihm keine Ruhe. Vollends verblüfft aber war er, als er seinen Weg fortsetzen wollte und die Kiste nicht mehr aufheben konnte. Er zögerte nicht lange, und nachdem er einmal nach links und einmal nach rechts geblickt hatte, öffnete er sie. Zu seiner Überraschung erblickte er darin nur die Kleider der Schutzgottheit und eine Taube, die auf der Stelle davonflog und sich in einen Baum setzte. Kaum hatte sie den Ast berührt, löste sie sich auf und verschwand. Kleinlaut und beschämt, weil er die Anordnungen seines Meisters nicht befolgt hatte, kehrte der Sekretär zu ihm zurück und berichtete ihm alles. Chogpo Jangchub aber hatte bereits Opfergaben vorbereitet, um der Gottheit in der Kassette, von der er hoffte, dass sie zum Beschützer seines Klosters werden würde, mit einem Ritual einen würdigen Empfang zu bereiten. Und so war er wenig erfreut über das, was sein Assistent ihm berichtete. Sein ganzer Kommentar zu dieser Geschichte war, dass der Baum ein viel zu kleiner Ort *(nechung)* für sie sei. Also ließ er einen Tempel an der Stelle errichten, wo der Baum wuchs, der zur materiellen Stütze für die Energie des Gottes geworden war. Wie nicht anders zu erwarten, erhielt dieser Platz bald den Namen Nechung, »kleiner Ort«. Und der Baum steht immer noch, wenn auch vertrocknet, im Haupttempel des Klosters.

Ein mächtiger Schützer: Dorje Dragden

Es gibt noch viele andere Geschichten, die sich um die Gründung von Nechung ranken. Teils kann man sie in Büchern finden, teils sind sie nur mündlich überliefert. Ihnen allen sind jedoch bestimmte Elemente gemein: zum einen die frühen Ursprünge des Klosters, zum anderen die Rolle, die Schutzgottheiten wie Pekar und Dorje Dragden bei seiner Gründung spielten.

Durch List gebunden

Pekar ist ein sogenannter *chökyong*, ein Schützer (*kyong*) der Lehren Buddhas (*chö*). Als er sich in Tibet befand, wurde bald deutlich, dass er aufgrund seiner Kräfte für alle zur Gefahr werden konnte, sofern Padmasambhava ihn nicht unterwarf. Doch dies war nicht so leicht zu bewerkstelligen. Es heißt, der große Meister musste einiges Geschick aufbieten, denn die direkte Auseinandersetzung mit der Schutzgottheit versprach keinen Erfolg. Man musste ihn also ablenken, um ihn zu schwächen. Und so ließ Padmasambhava ein schön anzusehendes Modell des Klosters Samye anfertigen, um den streitbaren Gott anzulocken.

Ganz in die Betrachtung des detailgetreuen Abbilds vertieft, achtete Pekar nicht auf das, was sich um ihn herum abspielte, und ging in die Falle, die man ihm gestellt hatte. Padmasambhava aber nutzte diesen Moment der Schwäche, um ihn zu unterwerfen. Er ließ ihn einen Eid schwören: Das Kloster Samye würde ebenso wie die Lehre des Buddha, die sich in Tibet allmählich ausbreitete, künftig unter seinem Schutz stehen. Pekar fand – neben anderen Schutzgottheiten – seinen Platz in einem der Tempel des Kloster Samye. Er tat, wie er gelobt hatte, und ermöglichte so die Bewahrung der Lehren.

Zweierlei Gottheiten

Aus buddhistischer Sicht gibt es mehrere Arten von »Schützern der Lehre«. Sie werden in schreckenerregender Form dargestellt: Umgeben von Flammen stehen sie mitunter in einem Meer von Blut oder tanzen auf menschlichen Leibern. Wer mit der buddhistischen Ikonografie und ihrer Bedeutungswelt nicht vertraut ist, für den ist der Anblick dieser Darstellungen mit Sicherheit irritierend. Diese Schutzgottheiten lassen sich in zwei große Familien einteilen. Zunächst einmal gibt es jene Schutzgottheiten, die der von allen Ursachen und Bedingungen des Daseins befreite Geist hervorbringt. Frei von einem »Ich« oder »Selbst« stellen sie in gewisser Weise nur Facetten einer bestimmten Aktivität der Buddha-Natur dar. Auf der anderen Seite gibt es die »weltlichen« Schützer. Sie glauben in irgendeiner Form noch an ein »Ich« oder »Selbst«. Pekar ist ein Vertreter dieser Kategorie. Dank Padmasambhava haben er und andere ihre Kräfte in den Dienst der buddhistischen Lehren gestellt, statt anderen damit Schaden zuzufügen. Doch muss man sie regelmäßig an ihr Versprechen erinnern und ihnen mit großem Respekt begegnen, da sie andernfalls gelegentlich ihr Wort brechen. Deshalb werden sie in jedem Jahr des Affen feierlich zusammengerufen, damit sie ihren Treueschwur erneuern. Aus demselben Grund werden ihnen auch Tempel geweiht.

Wie alle großen weltlichen Götter hat auch Pekar, von einem bestimmten Gesichtspunkt aus betrachtet, seinen eigenen Hofstaat mit »Statthaltern« und »Dienern«. Auch diese haben Padmasambhava gelobt, die Lehren des Buddha zu schützen. Tatsächlich gehört Pekar zu den »fünf Königen«, die jeweils einem der folgenden Aspekte entsprechen: Körper, Rede, Geist, Aktivität und Qualität. Sein »Statthalter« ist Dorje Dragden, der die Energie der Rede vertritt, was ihn nicht weniger bedeutsam als Pekar macht. Er ist in gewisser Weise sein Sprecher, und es ist Dorje Dragden, der nach Nechung gebracht wurde. In seiner Eigenschaft als Statthalter ist er letztlich nicht verschieden von Pekar, ihrer beider Geist ist untrennbar eins. Als Manifestation der Rede der Gottheit besitzt er auch all ihre sonstigen Merkmale. Der Einfachheit halber hat es sich übrigens eingebürgert, Dorje Dragden etwas allgemeiner als Nechung Chökyong zu bezeichnen, was so viel bedeutet wie »Schützer der Lehren von Nechung«.

Schutzgottheit der Dalai Lamas

Gendün Gyatso, der zweite Dalai Lama (1475–1542), hatte mehrere Visionen von Pekar. Es entwickelte sich ein inniges Band zwischen dem Dalai Lama und der Gottheit, die schließlich einwilligte, sein Beschützer zu werden. Später bat der Dalai Lama die Gottheit, ihren Schutz auch auf das soeben errichtete Drepung-Kloster (1416) auszudehnen, das in unmittelbarer Nachbarschaft zum alten Tempel der furchterregenden Gottheit lag. Aus dieser Zeit rührt die Verbindung, die zwischen Dorje Dragden und der Linie der Dalai Lamas besteht und die niemals in Frage gestellt wurde. Im Laufe der Zeit wuchs Drepung zu einer richtiggehenden Klosterstadt heran. Verglichen damit entwickelte sich Nechung, das ein Stück weiter unterhalb inmitten eines Hains schöner Bäume lag, nur bescheiden, doch der Wertschätzung, die das Kloster stets genoss, tat das keinen Abbruch.

Der Aufstieg Nechungs fällt in die zweite Hälfte des 17. Jahrhunderts. Damals gelangte die Gelug-Linie dank der Unterstützung durch mongolische Truppen nach einer langen Periode von Konflikten zwischen den verschiedenen Überlieferungslinien an die Macht. Die Inthronisierung des

5. Dalai Lama, Ngawang Lobsang Gyatso (1617–1682), im Jahr 1642 markierte das Ende der Auseinandersetzungen und die Rückkehr zur Einheit. Im Gefolge dieser Ereignisse veränderte sich auch die Stellung Dorje Dragdens. Die erste Gelug-Regierung hatte ihren Sitz im Drepung-Kloster. Als der 5. Dalai Lama Regierungschef wurde, erweiterte er auch den Aufgabenkreis der Schutzgottheit, die nun eine viel größere Bedeutung besaß als zuvor. Dorje Dragden war künftig für den Schutz der Dalai Lamas, der Regierung und infolgedessen auch für das ganze Land zuständig. Dabei oblag der Schutz Tibets eigentlich ausschließlich der Gottheit Palden Lhamo. Seit dieser Zeit spricht man von Tibet als dem Land, das unter der Obhut der schwarzen Schutzgottheit, Palden Lhamo, sowie der roten, Dorje Dradgen, steht. Wie den meisten Gottheiten wurden auch den beiden bestimmte Farben zugeordnet. Im Gefolge dieser Veränderungen gewann Nechung noch einmal an Ansehen.

Als im Laufe der folgenden Jahre der Potala-Palast erbaut wurde, der als Sitz des Dalai Lama und der verschiedenen Regierungsstellen dienen sollte, blieb die Schutzgottheit von Nechung auch die Schutzgottheit der Regierung. Seitdem wird mit Hilfe eines Mediums, des Nechung Kuten, der »körperlichen Stütze« des Nechung, der Rat der Gottheit eingeholt. Doch diese Ratschläge werden in Anbetracht der Tatsache, dass eine solche Gottheit spirituell noch keine Befreiung erlangt hat, keinesfalls wörtlich genommen. Sie sind nur eines von mehreren Elementen, die man heranzieht, um zu einer Entscheidung zu finden.

Dem Wunsch der Mongolen gemäß führte der Dalai Lama ein Regentensystem ein. Auf seine Initiative hin ordnete der zweite Regent, Trinle Gyatso (1660–1668), die Grundsteinlegung eines neuen Klosters an, das die Bedeutung des Ortes angemessen widerspiegelte. Aber erst unter der Regentschaft von Sangye Gyatso (1679–1703) und der von ihm veranlassten umfangreichen Baumaßnahmen erlebte Nechung seinen eigentlichen Aufstieg (1681–1683). Damals erhielt Nechung den Namen, den es noch heute trägt: Nechung Dorje Drayang Ling, »Nechung, der Garten des Vajra-Wohlklangs«, eine Anspielung auf die strahlende und unzerstörbare Natur des Geistes. Dieser Regent, ein Mann von erstaunlicher Gelehrtheit und scharfem Geist, bestätigte die Gottheit in ihrer Schützerrolle.

Ein offenes Kloster

Pekar bezog der Reihe nach verschiedene Aufenthaltsorte: Sein Hauptwohnsitz wurde Nechung, während in Samye die Schutzgottheit Tseumar stärker in den Mittelpunkt rückte. Nechung wurde auch die Schutzgottheit von Tsel Gungthang, der einstigen Residenz von Lama Shang, sowie von Meru Nyingba. Dort bezog zu Zeiten des 5. Dalai Lama der Nechung Kuten seine Residenz in Lhasa. Wenn bei den großen Zeremonien Dorje Dragden angerufen wurde, zog eine Prozession von Mönchen aus Nechung nach Meru Nyingba, um den Kuten einzuladen. Dieses Kloster nimmt in gewisser Weise eine einzigartige Stellung ein und ist untrennbar mit Nechung verbunden. Es handelt sich dabei um eine der ältesten buddhistischen Einrichtungen Tibets überhaupt. Der erste große König des Schneelandes, Songtsen Gampo, ließ dort einen kleinen Tempel errichten. Der Tradition zufolge soll dort sein Minister Thönmi Sambhota seine Arbeit am tibetischen Alphabet abgeschlossen haben, das er auf der Grundlage des indischen entwickelt hatte. Eine weitere Eigenheit dieses Klosters, die es mit Nechung teilt, ist das sogenannte *sagenying sum*, also seine Zugehörigkeit zu den drei *(sum)* großen Überlieferungslinien der *Sakya*, *Gelug* und *Nyingma*-Kagyü.

Dass mehrere Überlieferungslinien unter dem Dach eines Klosters versammelt sind, stellt eine bemerkenswerte Ausnahme dar. Mag der erste Eindruck, der aufgrund der Verbindung zwischen Dorje Dragden und der Linie des Dalai Lama entsteht, auch ein anderer sein, so ist Nechung doch ein Ort mit einer starken Verbindung zur Nyingma-Linie. Diese Tatsache wurde vom 5. Dalai Lama auch niemals in Frage gestellt, selbst wenn er seiner Linie – deren einflussreichster Vertreter er war – nun Zugang zur Macht verschaffen wollte. Er unterhielt ganz im Gegenteil sehr tiefe spirituelle Beziehungen zu den großen Meistern der alten Schule und ließ die ursprüngliche Zugehörigkeit von Nechung unangetastet.

Der frühere Aufbau

Die Zahl der Mönche nahm allmählich zu. Waren es zu Zeiten von Chogpo Jangchub Palden nur vier gewesen, stieg sie unter der Herrschaft des 5. Dalai Lama zunächst auf 50, dann auf 101, um unter dem 13. Dalai Lama auf 115 anzuwachsen. Im Laufe der Zeit bildete sich eine klare Hierarchie aus. An ihrer Spitze stand damals das Medium von Dorje Dragden, der Nechung Kuten, der den Rang eines Abtes einnahm. Gleich nach ihm kam – seit dem 19. Jahrhundert – Nechung Rinpoche. Unter diesem wiederum stand der Nechung Depa, dem die Verwaltung des Klosters oblag.

Die jeweiligen Inhaber dieser drei Ämter wurden von der Regierung des Dalai Lama in ihre Ämter eingesetzt beziehungsweise darin bestätigt. Die Throne, auf denen der Kuten und Nechung Rinpoche saßen, waren und sind noch heute gleich hoch, doch Nechung Rinpoche kümmerte sich nur dann um die Angelegenheiten des Klosters, wenn der Kuten abwesend war. Der Nechung Depa versah reine Verwaltungsaufgaben, mit spirituellen Belangen war er nicht befasst. Die nächste Ebene bildeten jene Mönche, die den eigentlichen Klosterbetrieb regelten:

– der *dorje lobpön* oder Vajra-Meister, in dessen Zuständigkeit alle Fragen fielen, die mit Ritualen und Einweihungen zusammenhingen;
– der *chötrimpa gekö* oder Disziplinmeister, der für die Einhaltung der klösterlichen Disziplin verantwortlich war;
– der *umze chenmo* oder Großmeister des Gesangs, der die Rituale anleitete, die er bis ins kleinste Detail kannte (insbesondere hinsichtlich der Texte, des Gesangs und der begleitenden Instrumente);
– der *chöpön* oder Meister der Opfergaben und rituellen Zubereitungen, der die Verantwortung trug für die diversen Opfergegenstände und Bilddarstellungen, die bei Ritualen und Zeremonien erforderlich waren.

Ihnen folgten im Rang die Sekretäre und Helfer des Kuten, Depa und so weiter.

Das neue Kloster

Wie bereits erwähnt gelang 1959 nur sechs Mönchen die Flucht aus Tibet. Dort überlebten nur wenige Angehörige der Klostergemeinschaften, und dies unter erschwerten Bedingungen. Das Nechung-Kloster wurde teilweise zerstört. Was stehen blieb, wurde als Lagerhaus für landwirtschaftliche Zwecke genutzt. Sein schöner Innenhof, der an einen Bauernhof erinnert, wurde seiner Kostbarkeiten weitgehend beraubt.

Thubten Phuntsog, unser wandelndes Gedächtnis

Auf den Schultern dieser wenigen Mönche, die es nach Indien geschafft hatten, lastete also die ganze Verantwortung für die Bewahrung des Erbes. Nach einiger Zeit bemerkte ich, dass einer von ihnen, der Vajra-Meister Thubten Phungtsog, eine bewundernswerte Charakterstärke besaß.

Er verkörpert wahrhaftig das Gedächtnis von Nechung. Rückblickend lässt sich sagen: Es ist seiner Energie zu verdanken, dass das Kloster die schwierige Exilsituation gemeistert hat. Er wurde 1920 in der Gegend von Lhasa geboren, trat 1930 ins Nechung-Kloster ein und empfing ein Jahr später seine ersten Mönchsgelübde von Seiner Heiligkeit dem 13. Dalai Lama. Seine erste Ausbildung erhielt er vom Gesangmeister des Nechung-Klosters, doch im Jahr 1939 begegnete er Shugseb Jetsünma Lochen Chonyi Zangmo, einer ganz außergewöhnlichen Frau, die sein »Wurzel-Lama« wurde. Der Wurzel-Lama ist jener Lehrer, der uns zu den höchsten Verwirklichungen führt.[2] Zudem erhielt er noch Unterweisungen von einem der großen Gelehrten des Drepung-Klosters, was seine ohnehin schon umfassende spirituelle Ausbildung noch erweiterte.

Dieser Mann war in jeder Hinsicht außergewöhnlich. Er besaß ein umfangreiches Wissen über die spirituelle Sonderstellung Nechungs. Aus diesem Grund wurde er auch zum Vajra-Meister ernannt. Daneben war er Sekretär des Nechung Kuten. Zunächst maß ich dem keine weitere Bedeutung bei, doch ich begriff recht schnell, dass – selbst wenn dem Kloster mit Nechung Rinpoche ein reinkarnierter Lama vorstand – der Nechung Kuten von noch größerer Bedeutung war.

Thubten Phuntsog setzte alsbald alle Hebel in Bewegung, um Nechung und seine besonderen Traditionen zu bewahren. Mein Lehrer Thubten Sönam[3] hatte die wichtigsten Texte des Klosters aus Tibet herausgeschafft. Später folgte ihm Thubten Trinle, ein Mönch des Nechung-Klosters, der ursprünglich aus Nepal stammte, ins Exil nach. Es war ihm gelungen, mit einer ebenso alten wie kostbaren Statue der Schutzgottheit zu fliehen. Mit dem, was diese drei mitbrachten, konnten die Grundsteine von Nechung neu gelegt werden.

Es fällt oft schwer, sich ein Bild davon zu machen, mit welchen Bedingungen sich die ersten Flüchtlinge konfrontiert sahen. Gewiss haben Indien und die tibetische Exil-

---

2 Siehe Seite 101.
3 Siehe Seite 104.

regierung unschätzbare Hilfe geleistet, aber es war damals buchstäblich nichts da, nichts war gerettet. Dass wir unsere spirituelle Identität bewahren konnten, ist allein dem Segen der Buddhas und der Schützer der Lehre zu verdanken. Dennoch hätte ihr spiritueller Beistand ohne den Mut Einzelner wenig konkrete Ergebnisse gezeigt. Menschen wie Thubten Phuntsog haben eine überaus wichtige Rolle bei der Erhaltung unserer Traditionen gespielt. Beständig verfolgte er sein Ziel und ließ sich von keiner Schwierigkeit entmutigen. Diese Kraft schöpfte er aus der grenzenlosen Hingabe an unsere Schutzgottheit Dorje Dragden, die ihn trug wie der buchstäbliche Fels.

In den Anfangstagen mietete unsere kleine Gemeinschaft ein Haus, das uns als Kloster diente. Doch Schritt für Schritt konnten wir in Gangchen Kyishong in der Nähe der *Library of Tibetan Works and Archives*, der Bibliothek für tibetische Studien, ein Grundstück erwerben. 1977 begannen die ersten Bauarbeiten an der neuen Unterkunft für die Mönche. Mit der Unterstützung einiger Menschen, die nicht dem Kloster angehörten, wurden aus uns Maurer, Zimmerleute und Bauarbeiter. Langsam, wie der Spendenfluss es erlaubte, nahm der Bau Gestalt an. 1979 waren die Arbeiten abgeschlossen. Mit den Gebäuden des eigentlichen Klosters sowie des Tempels wurde nur wenig später, nämlich 1981, begonnen, sie wurden 1984 fertiggestellt. 1985 weihte der Dalai Lama den Komplex offiziell ein.

Eine außergewöhnliche Frau

Unter den Lehrern von Thubten Phuntsog war also Shugseb Jetsünma Lochen Chönyi Zangmo. Zu dieser Frau muss ich einige erklärende Worte sagen, denn Frauen nehmen im tibetischen Buddhismus nach außen hin gewöhnlich keine so prominente Stellung ein. Nichtsdestotrotz kommt ihnen oft eine überaus wichtige Rolle zu und manche, wie Jetsünma Lochen Chönyi Zangmo, sind überaus bemerkenswert.

Bereits früh war Jetsünma Lochen, wie sie meist genannt wird, einer *delog*, also einer Art »Wiedergängerin« begegnet. Diese Frau war in einen scheintodähnlichen Zustand gefallen und daraus wieder erwacht. Von ihr hatte Jetsünma Lochen zahlreiche Lieder über die wahre Natur des Geistes und den illusorischen Charakter des Lebens wie des Todes gelernt. Nach dieser Begegnung – sie war damals noch ein Kind – zog sie von Dorf zu Dorf und lehrte, wohin sie auch kam, das *mani*, das Mantra von Chenresig. Im Laufe der Jahre begegnete sie überaus bedeutenden spirituellen Meistern und wurde ihrerseits zur erfahrenen und geachteten Praktizierenden. Und sie erlebte einen todesähnlichen Zustand: Drei Wochen lang verharrte ihr Körper in einer Art Leichenstarre, nur die Herzgegend blieb warm. Als sie daraus erwachte, beschrieb sie den gesamten »Nachtodprozess« und ihre Visionen der spirituellen Orte, die sie in diesem Zustand gesehen hatte.

Dadurch wuchs ihr Ruhm noch weiter. Sie hatte sich mittlerweile im alten Shugseb-Kloster südlich von Lhasa niedergelassen und galt allgemein als einer der wenigen Menschen, die die Natur des Geistes »in einem Körper und einem Leben« erkannt, also die Buddhaschaft verwirklicht haben. Sie war eine Meisterin des *chö*, jener Praxis, die auch mein Vater so gut beherrschte. Aufgrund ihrer Weisheit zählte sie bald allerlei große Meister zu ihren Schülern. Sie konzentrierte ihre ganze Energie darauf, sowohl innerhalb des Klostersystems als auch für Laienpraktizierende eine weibliche Übertragungslinie zu begründen.

Thubten Phuntsog hatte das große Glück, von ihr als Schüler angenommen zu werden. Sie übertrug ihm einige sehr tiefgründige Belehrungen der Nyingma-Linie.

Ausbildung und Klosteralltag

Mein erster Unterricht hatte wenig mit einer klassischen Mönchsausbildung gemein. Das Leben im Kloster war eher locker organisiert. Schließlich waren wir noch nicht einmal zehn Mönche und kochten sogar gemeinsam unser Essen.

Die Mahlzeiten

Normalerweise nehmen Novizen, vollordinierte und leitende Mönche ihre Mahlzeiten getrennt voneinander ein. In unserem Fall war dies anders, was für uns Novizen den Vorteil hatte, dass wir ständigen Umgang mit den älteren und erfahreneren Mönchen pflegten. Jeweils zwei Mönche versahen reihum den Küchendienst. Wenn ich zusammen mit Kusho Jigme mit dem Kochen dran war, sammelten wir zuerst gemeinsam Brennholz im Wald. Dann ging einer von uns Wasser holen, während der andere loszog, um auf dem Markt Gemüse zu kaufen.

Sticken

Das Erlernen der Rituale und das Textstudium standen zweimal täglich auf dem Stundenplan: am Morgen und am späten Nachmittag. Unsere freien Stunden verbrachten wir mit ausgedehnten Stickarbeiten. Tatsächlich mussten die Klöster im Exil mit beträchtlichen finanziellen Schwierigkeiten fertig werden. In Tibet verfügte jedes Kloster, ob groß oder klein, über Grundbesitz, manche betrieben auch Handel. Sie konnten sich in wirtschaftlicher Hinsicht auf Bauern oder Nomaden stützen, die auf ihre Rechnung arbeiteten. Einzelne Mönche versahen auch Aufgaben außerhalb der Klostermauern und wurden dafür entlohnt. Zu diesen Einnahmen aus Grundbesitz, Landwirtschaft und Handel, die die Grundversorgung des Klosters sicherstellten, erhielten einzelne Mönche, die aus eher wohlhabenden Familien stammten, Zuwendungen in Form von Geld, Lebensmitteln, neuen Roben aus gutem Stoff und so weiter. Darüber hinaus hatten alle Klöster – und dies war ein bedeutender ökonomischer Aspekt – ihre Gönner, die zum Teil sehr reich waren und über einen bestimmten Zeitraum zum Beispiel die Versorgung des Klosters mit Lebensmitteln übernahmen.

Dieses Versorgungssystem war mit dem Exil zusammengebrochen. Die Klöster, die in der alten tibetischen Kultur eine so bedeutende Rolle gespielt hatten, standen nun ohne jede Versorgung da, von einzelnen Sach- und Geldspenden einmal abgesehen. Im indischen Exil ist das Sticken die Haupteinnahmequelle der Klöster geworden. Also verbrachten wir viele Stunden mit dem Sticken von Tagesdecken, Kopfkissen und Tischtüchern. Unsere Produktion verkauften wir an eine Frau aus Frankreich, die wir liebevoll Ama (Mutter) Efung nannten.

Auch in diesen Alltagsdingen erwies sich Thubten Phuntsog als unentbehrlich, denn von ihm lernten wir das Sticken ebenso wie das Kochen. Der Anblick von stickenden Mönchen mag für den einen oder anderen vielleicht überraschend sein. Doch muss man wissen, dass die Stickkunst in Tibet auf eine lange Tradition zurückblickt: Religiöse Prunkgewänder, Kostüme für Tanzzeremonien oder *thangkas* – Rollbilder mit Buddha-Darstellungen – überall werden Stickereien gebraucht. Jeder Mönch lernt zu nähen, und wer sich im Umgang mit der Nadel als besonders geschickt erweist, wird in der Stickkunst unterwiesen. Nechung war in ganz Tibet für die hohe Qualität seiner Stickereien berühmt. Der ehrwürdige Thubten Phuntsog war einer dieser berühmten Sticker gewesen. Jeder Tag, den ich mit ihm verbrachte, enthüllte etwas mehr vom Umfang seines Wissens, ob es nun um Kochrezepte ging, um die kompliziertesten Meditationstechniken, feinstoffliche Energien im Körper, das Modellieren von Opferskulpturen oder um die verschiedenen Kommentare zu den Sichtweisen der Natur des Geistes.

Thubten Sönam, ein unkonventioneller Meister

Unter meinen Lehrern war ein Meister namens Thubten Sönam. Seine Familie stammte aus Tibet, er jedoch war in Darjeeling im Bundesstaat Westbengalen geboren, was ihm den Beinamen Kusho Gyakarla, »der indische Mönch«, eintrug. Der Lebenslauf dieses Mannes war außergewöhnlich. Zunächst hatte er sich aktiv in der indischen Unabhängigkeitsbewegung unter Mahatma Gandhi engagiert. Nach Abschluss seiner Studien trat er ins Nechung-Kloster ein. Da er sowohl Hindi als auch Englisch, Nepalesisch und natürlich Tibetisch beherrschte, fungierte er als Übersetzer, wenn der Nechung Kuten in Lhasa Gesandtschaften aus Großbritannien empfing. Aufgrund seiner Fähigkeiten wurden Thubten Sönam im Laufe der Zeit immer mehr wichtige Ämter übertragen: Kämmerer, Disziplinmeister, Meister der Opfergaben, Helfer des Vajra-Meisters. Neben diesen Funktionen, die ihm Ansehen eintrugen, erlangte er im Kloster eine gewisse Berühmtheit, weil er dort die englische Art des Teetrinkens, also jene mit Milch und Zucker, eingeführt hatte. Er ließ sogar Darjeeling-Tee kommen, damit der Kuten, der diese Sorte sehr mochte, im Kloster immer welchen zur Verfügung hatte. Der englische Tee ist mittlerweile so etwas wie eine Tradition geworden, denn als das neue Kloster in Indien eröffnet wurde, behielt man die Zubereitung mit Tee und Zucker bei. Ich selbst trinke ihn sehr gerne, seit ich ihn das erste Mal probiert habe.

Während der Aufstände gegen die chinesischen Besatzer in Lhasa 1959 wurde Thubten Sönam festgenommen und unter Hausarrest gestellt. Seine Lage war zunächst sehr kritisch, doch er hatte Glück. Da er in Darjeeling geboren war, besaß er die indische Staatsbürgerschaft. Deswegen wurde er 1960, als alle Bhutanesen, Inder und Nepalesen des Landes verwiesen wurden, nach Indien abgeschoben, wo er alsbald ins neue Nechung-Kloster eintrat und wieder seine früheren Ämter übernahm.

Sein Lebensstil war verglichen mit dem, was in einem Kloster üblich ist, einigermaßen eigenwillig. Er lebte in größter Einfachheit. In seiner Zelle gab es statt eines Altars nur ein Buddha-Bild, das an der Wand hing. Auch seine täglichen Opferungen fielen sehr schlicht aus. Er hatte nur eine ganz gewöhnliche Schüssel, die er morgens mit frischem Wasser füllte und am Abend nach seiner letzten Meditationssitzung wieder leerte. Das Wasser aus dieser Schüssel diente ihm zugleich zum Trinken. Dies war allerdings nicht ganz regelkonform, denn gewöhnlich stellt man vor dem Bildnis des Buddha eine Lampe und mindestens sieben Opferschalen auf. Die Schalen stehen sinnbildlich für die verschiedenen klassischen Opfergaben, wie Wasser zum Waschen der Hände, Trinkwasser, Blumen, Weihrauch, wohlriechende Substanzen, wohlschmeckende Speisen und schöne Klänge. Da wir alle ziemlich arm waren, sagte ich zu ihm, er könne seine Opfergaben mehr im traditionellen Sinne gestalten, wenn er ein paar leere Marmeladengläser sammeln und dort platzieren würde. Seine Antwort darauf war deutlich: »Unfug! Das ist völlig unnötig. Bei einer Opferung ist nur wichtig, dass sie von Herzen kommt, der Geist dabei ganz gesammelt ist und man nicht an materiellen Dingen haftet.« Und er war in der Tat ein Mensch, auf den dies zutraf.

Er stand jeden Morgen sehr früh auf, um zu meditieren und seine Gebete zu verrichten. Nachdem er dann ein bescheidenes Frühstück zu sich genommen hatte, hängte er sich seine Tasche um und ging auf Wanderung. Oft ging er bis nach Kachari hinunter, das in der Unterstadt liegt, und kam zum Mittagessen wieder zurück. Nach einer kurzen Ruhepause zog er wieder los und durchwanderte die Straßen zwischen Bagsu Nath und McLeod Ganj. Gegen vier Uhr am Nachmittag schließlich kehrte er ins Kloster zurück, aß um halb sechs zu Abend und legte sich eine Stunde später schlafen.

Viele hielten Thubten Sönam für verrückt oder zumindest für ein bisschen seltsam. Zugegebenermaßen lag in seinem Verhalten durchaus etwas, was einen irritieren konnte. So schritt er bei seinen Spaziergängen stets energisch aus, um – am Ziel angekommen – abrupt innezuhalten und sich in alle vier Richtungen zu drehen, wobei er irgendetwas Unverständliches murmelte. Dann kehrte er ebenso entschlossenen Schrittes wieder zurück. Ich konnte jedoch die Ansicht derer, die ihn für verrückt hielten, absolut nicht teilen, zum einen, weil er mein Lehrer war, zum anderen, weil ich trotz meines geringen Alters und meines geringen Wissens spürte, dass in ihm tiefe Weisheit und große Gelehrsamkeit schlummerten. Und so fasste ich mir eines Tages ein Herz und sprach ihn direkt auf seine merkwürdigen Ausflüge zum Markt an.

»Ehrwürdiger«, wagte ich ihn anzusprechen, »gestern habe ich Euch auf den Markt gehen sehen. Aber statt etwas zu kaufen, seid Ihr einfach mitten auf dem Weg stehen geblieben, habt in alle vier Richtungen geblickt und seid dann umgekehrt. Man sagt, dass Ihr dies sehr oft tut. Ehrwürdiger, ich verstehe das nicht. Warum verhaltet Ihr Euch so?«

Mir war sehr wohl bewusst, dass meine Frage trotz aller höflichen Wendungen, die ich benutzt hatte, äußerst unschicklich war. Man fragt nicht einfach so seinen Meister, welche Gründe er für sein Verhalten hat. Ich machte mich also auf ein ziemliches Donnerwetter gefasst.

»Ihr seid wirklich nur Kinder!«, sagte er mit einem bekümmerten Kopfschütteln. »Ihr versteht gar nichts. Ich gehe auf den Markt, um ein Opfergebet zu sprechen und alles, was ich dort sehe, den Buddhas als Opfergabe anzubieten, damit es Händlern und Käufern Segen bringt. Was sollte ich wohl auf dem Markt kaufen!«

Belehrungen im Kinosaal

Da er Hindi sprach, sah er sich gerne indische Filme an, in denen es unzählige Tanz- und Gesangsszenen gibt, die Schurken gemein und niederträchtig sind und die Guten ihre unschuldigen Opfer. Und doch gehen diese Filme immer gut aus. Manchmal nahm er mich in einen dieser überfüllten Kinosäle mit, in denen sich das Spektakel nicht nur auf der Leinwand, sondern auch im Zuschauerraum abspielte. Jeder gab seinen Kommentar ab, bekam ein Schurke seine verdiente Abreibung, applaudierte das Publikum, bei bekannten Filmsongs sang es mit. Bei solchen Gelegenheiten sagte er mir: »Wenn man sich einen Film ansieht, darf man sich von der Schönheit des Helden oder der Heldin fortreißen lassen. Man muss sich den Film aber mit größter Achtsamkeit und spirituellem Verständnis anschauen und den illusorischen und vergänglichen Charakter aller Phänomene erkennen. Wenn du es so machst, kannst du ins Kino gehen und dein Verständnis der Wirklichkeit vertiefen.« So brachte er mir eine Belehrung des Buddha nahe, in der es heißt: »Betrachte alles Bedingte wie einen Stern, wie eine Sinnestäuschung, eine Lampe, ein Trugbild, wie Tau oder eine Seifenblase, wie Traum, Blitz oder Wolke.«

Thubten Sönam war also ein recht unkonventioneller Lehrer. Kamen Tibeter zu uns, weil sie uns um die Durchführung eines bestimmten Rituals bitten wollten, so war es Brauch, dass für sie ein *torma* angefertigt wurde. Dies ist eine Art Opferkuchen, der aus gerösteter Gerste, *tsampa*, gemacht und mit Butter dekoriert wird, um während der Bittzeremonie dargebracht zu werden. Er kann die verschiedensten Formen haben. Solche Rituale dauerten damals einen ganzen Tag und folgten einem minutiös festgelegten Plan. Dabei wurde rituelle Musik gespielt, man rezitierte Mantras und Lobpreisungen und so weiter. Bei Thubten Sönam lief dies weit weniger kompliziert ab. Er rezitierte nur die wichtigsten Passagen des Textes, die anderen fasste er kurz zusammen und auf diese Weise dauerte so eine Bittzeremonie nur einen Vormittag. Zu Mittag war alles vorbei. Auch die Herstellung der Tormas ging bei ihm blitzschnell: Einige geweihte Bonbons genügten. Er liebte kurze Rituale und kurze Gebete. Nur wenige Mönche verstanden seine Handlungsweise.

Mein Vater stirbt

Meine Eltern hatten wie beschlossen das schwere Leben beim Straßenbau in den Bergen aufgegeben. Ich lebte jetzt im Kloster und mein Bruder war trotz ihrer Vorbehalte in die indische Armee eingetreten. Wie viele andere junge Tibeter hatte sich Penpa Tashi einer Spezialeinheit der Grenztruppen – dem »22. Establishment« – angeschlossen, die 1963 im Gefolge des Indisch-Chinesischen Grenzkrieges gegründet worden war. Diese Einheiten waren im Himalaya entlang der indisch-tibetischen Grenze stationiert und mit deren Schutz beauftragt. Jeder dieser jungen Männer hatte seinen eigenen

Grund, warum er von zu Hause wegging und in die Armee eintrat. Manche taten es, weil sie ihren Familien nicht länger zur Last fallen wollten, andere, weil sie den Kampf mit den Chinesen suchten, wieder andere, um eine Möglichkeit zu finden, ihren Lebensunterhalt zu verdienen. Im Falle meines Bruders waren die Beweggründe schlichtweg finanzieller Natur. Er war Soldat geworden, obwohl er damit unsere Eltern vor den Kopf stoßen musste, da diese als überzeugte Anhänger der vom Buddha gelehrten Gewaltlosigkeit diesen Schritt ihres Sohnes, der nun das Kämpfen und Töten lernen sollte, nur missbilligen konnten. Irgendwann mussten sie einsehen, dass sie ihn nicht umstimmen konnten, und hatten ihm keine Steine in den Weg gelegt.

Übersiedlung nach Bhutan

Mit dem Weggang meines Bruders waren sie zumindest freier, was ihre eigene Lebensplanung betraf. Da sie durch ihre Arbeit auf den Baustellen um Manali die Gegend dort recht gut kennengelernt hatten, beschlossen sie, sich dort als Landwirte niederzulassen. Doch diesem Vorhaben war keine Zukunft beschieden. Inzwischen ist wohl allgemein bekannt, dass eines der zentralen Gebote des Buddhismus lautet, anderen Wesen kein Leid zuzufügen und das Leben in jeder seiner Erscheinungsformen zu achten. Nun ist es aber bei der Feldarbeit selbst mit der größten Achtsamkeit unvermeidlich, dass man beim Pflügen, Säen und Ernten Tiere wie Würmer und Insekten tötet. Dies konnte mein Vater nicht akzeptieren, und so entschloss er sich, die Landwirtschaft wieder aufzugeben. Auf den Rat meiner Tante Acha

Bumdro, die so gut stricken konnte, bestritten meine Eltern einen Winter lang ihren Lebensunterhalt mit dem Verkauf von Wollpullovern, doch im Sommer darauf kehrten sie wieder nach Dharamsala zurück.

Mit zunehmendem Alter litten sie immer stärker unter der Trennung von ihrer Heimat. Wenn wir zusammensaßen, erzählten sie häufig mit tiefer Wehmut von Tibet und von Phari. Ihre Schilderungen führten mir deutlich vor Augen, was ich als Kind immer nur geahnt hatte: die schreckliche Angst, die ständige Furcht und Unsicherheit, denen sie gerade zu Beginn der Kulturrevolution ausgesetzt waren. Sie konnten nicht nach Tibet zurück, und so bereiteten sie 1972 ihre Übersiedlung nach Bhutan vor. Mein Vater war damals 55 Jahre alt, und ich vermute, dass er seinen Tod vorausahnte. Ein Visum für das kleine Königreich zu erhalten war eine äußerst langwierige Prozedur. Obwohl meine Eltern entfernte Verwandte in Bhutan hatten, die sie um Hilfe baten, war ihnen bewusst, dass sie Geduld haben mussten.

Selbst unter den schwierigsten Umständen blieb das Denken meines Vaters stets »dem Dharma zugewandt«, was bedeutet, dass er alles unter einem spirituellen Gesichtspunkt betrachtete. So nutzte er die Zeit, während der er auf das Visum warten musste – mit seiner Erteilung war nicht vor Dezember 1973 zu rechnen –, für eine intensive Meditationspraxis. Mit einer Thermoskanne voll Tee, einem Päckchen Tsampa und Mais als einzigem Proviant ging er jeden Tag in den Wald in der Nähe des Friedhofs von Forsyth Ganj, um dort mitten unter den Affen zu praktizieren. Dies trug ihm seitens der indischen Bevölkerung ein gewisses Renommee ein. Man nannte ihn gar Bhandar Baba, »Affeneremit«.

Ein wahrer Praktizierender

Als die Regierung von Bhutan schließlich das Visum bewilligt hatte, begann mein Vater mit den Vorbereitungen für den Umzug. Doch leider ließ ihn sein Herz zwei Wochen vor dem so lange ersehnten Tag im Stich. In Dharamsala waren nach und nach verschiedene Hilfsvereine entstanden, in denen sich die tibetischen Flüchtlinge ihrer Herkunft entsprechend organisierten. Die Mitglieder des »Vereins der Freunde von Phari« fanden sich reihum am Krankenbett meines Vaters ein, und im Nechung-Kloster hielten wir eine feierliche, bewegende Opferzeremonie für ihn ab. Als ich danach zum Haus meiner Eltern zurückkehrte, fand ich meinen Vater in der Lotushaltung am Boden sitzend vor, während er mit kaum vernehmbarer Stimme Gebetstexte rezitierte. Sein Todeskampf war kurz. Ich wachte die ganze Nacht bei ihm und begleitete ihn mit meinen Gebeten. Am Abend atmete er nur noch schwer und meine Mutter und ich bereiteten uns auf eine weitere Nachtwache vor.

Da er nicht mehr sprechen konnte, gab mein Vater mir ein Zeichen, eines seiner Gebetbücher zu holen und daraus vorzulesen. Ich begann zu lesen, doch da ich fühlte, dass sein Übergang in eine andere Welt bevorstand, erhob ich mich und ging in einen Tempel, um dort ein Lichtopfer darzubringen, das ihm diesen Übergang erleichtern sollte. Als ich zurückkehrte, war mein Vater tot.

Meine Mutter war am Boden zerstört. Da ihre Freunde befürchteten, dass auch ich am Totenbett meines Vaters in Tränen ausbrechen würde, baten sie mich höflich, wieder zu gehen. Dazu muss man wissen, dass nach buddhistischer

Auffassung der Tod ein ganz entscheidender Zeitpunkt ist, der uns wie kein anderer ermöglicht, die Natur des Geistes zu erkennen. Lassen sich die Hinterbliebenen zu einem allzu heftigen Ausdruck ihrer Trauer hinreißen, so kann dies beim Verstorbenen Gefühle der Anhaftung auslösen, die ihn daran hindern, sich aus dem Kreislauf von Geburt und Tod zu befreien. Es ist vollkommen natürlich, angesichts des Todes eines Menschen, der uns nahesteht, ein starkes Gefühl der Trauer zu verspüren und zu weinen, doch sollten wir dies nicht direkt neben seinem Leichnam tun. Haben wir uns diesbezüglich nicht im Griff, ist es besser, den Raum zu verlassen. Dann können wir unseren Gefühlen freien Lauf lassen, ohne den Verstorbenen zu stören. Ich aber erhob Einspruch, bis man mich schließlich zu meinem Vater ließ. Mein Kummer war grenzenlos. Meine Eltern waren alles für mich. Wir hatten miteinander so viel erlebt, und nun gab der Tod meines Vaters mir, der ich noch ein Kind war, deutlich zu verstehen, dass dieses festgefügte Universum und seine Sicherheiten verschwunden waren. In jenem Augenblick begriff ich, wie tief das Band zwischen ihm und mir gewesen war. Als ich schließlich wieder an seiner Seite saß, setzte ich die Lektüre des heiligen Textes an der Stelle fort, an der ich sie unterbrochen hatte.

Er war so gestorben, wie ich ihn nach seinem Infarkt gesehen hatte, nämlich in der Lotushaltung sitzend. Drei Tage lang blieb er in dieser Stellung. Als ich ins Nechung-Kloster eingetreten war, hatte er zu Kalsang, dem Mönch, der mein Lehrer für das Studium der heiligen Texte werden sollte, gesagt: »Ich bringe Euch meinen Sohn. Ihr werdet sehen, dass er dem Kloster eines Tages recht nützlich sein wird.« Diese

Vorhersage und die Art, wie er gestorben ist, beweisen, dass mein Vater Jamyang Kunzang ein wahrer Praktizierender war. Er hatte den Wunsch geäußert, auf jenem Friedhof eingeäschert zu werden, den er immer zum Meditieren aufgesucht hatte. Wir erfüllten seinen letzten Willen. Der Verein der Freunde von Phari besorgte alles, was für die Einäscherung nötig war. Am Morgen wurde sein Leichnam zu der Stunde, die ein Astrologe zuvor bestimmt hatte, aus dem Haus getragen. Die Mönche von Gyuto begannen mit dem Totenritual zu dem ebenfalls berechneten Zeitpunkt. Als die Zeremonie beendet war, streuten sie seine Asche in einen kleinen Bach, der am Friedhof vorüberfloss.

Die Stärke meiner Mutter

Kyizom, meine Mutter, ging nicht nach Bhutan, sondern blieb in Dharamsala, wo sie eine schäbige Unterkunft bezog, die unterhalb des *Tibetan Institute of Performing Arts* (TIPA), der Einrichtung für darstellende Künste, lag. Ihren Lebensunterhalt bestritt sie mit dem Verkauf der Stricksachen, die sie anfertigte. Sie hatte einen offenen Verkaufsstand in Kangra, etwa zwei Wegstunden von ihrer Wohnung entfernt. Da ich ganz in der Nähe untergebracht war, besuchte ich sie regelmäßig. Mein Bruder Penpa Tashi hatte die Erlaubnis erhalten, aus dem Militärdienst auszuscheiden, um sie unterstützen zu können. Er heiratete und zog mit seiner Frau zu meiner Mutter. Zu dritt lebten sie von dem wenigen, was der Handel mit den Stricksachen abwarf. Als mein Bruder später Vater von zwei Mädchen und einem Buben wurde, kümmerte sich meine Mutter um die Kinder, während er und meine Schwägerin den Lebensunterhalt für den gesamten Hausstand verdienten.

Meine Mutter ist mir in ihrem Mut und ihrer Einfachheit stets ein Vorbild gewesen. Sie besaß ein großes Herz, und wann immer es ging, machte sie sich nützlich. Da sie weder lesen noch schreiben konnte, musste sie ein gutes Gedächtnis entwickeln, damit sie sich all die Gebete merken konnte, die ihr mein Vater auf ihren Wunsch hin beigebracht hatte. Diese Gebete rezitierte sie Tag für Tag, sodass auch ihr Geist sich zweifelsohne auf den Dharma richtete.

Erst im Kloster überkam mich der Schmerz über den erlittenen Verlust, in ganzem Ausmaß. Jeder der Mönche hatte sich zwar bereits in irgendeiner Form mit dem Tod konfrontiert gesehen, sei es in Tibet, auf der Flucht oder hier in Indien. Der Tod und die Vergänglichkeit der Erscheinungen im Allgemeinen stehen schließlich im Mittelpunkt der Lehren Buddhas. Doch niemand wird leugnen, dass es sehr schmerzlich ist, die Zerbrechlichkeit unseres Lebens direkt zu erfahren. Selbst Marpa der Übersetzer, der Begründer der Kagyü-Überlieferungslinie, der im 11. Jahrhundert lebte, musste tiefen Schmerz erfahren, als sein Sohn Darma Dodé an den Folgen eines Reitunfalls starb. Andererseits sollten uns die Allgegenwärtigkeit und die Unvermeidlichkeit des Todes Antrieb sein, um zum einen die Natur des Daseinskreislaufs zu erkennen und zum anderen zu begreifen, wie wichtig es ist, diese Einsicht für sich und andere nutzbar zu machen. So schreibt der große Nyingma-Meister des 19. Jahrhunderts, Patrul Rinpoche: »Es ist von enormer, wirklich enormer Bedeutung, nicht untätig zu bleiben. Was wirst du tun, wenn unvermeidlich der Tod ohne Vorwarnung an deine Tür klopft. Es wäre gut, wenn du dich in diesem Augenblick an die Praxis der Lehre erinnern könntest ...«

Nechung Rinpoche

Mein Leben ging weiter im wechselnden Rhythmus von Unterricht, Meditation, Studium und dem Auswendiglernen der Ritualtexte – und natürlich der Stickarbeiten. Unter meinen Lehrern nahm ohne Zweifel Nechung Rinpoche eine besondere Stellung ein. Er war die Reinkarnation einer Reihe bedeutender Meister. Für Buddhisten ist die Wiedergeburt eine erwiesene Tatsache: Durch unsere Handlungen, die wir mit Körper, Rede und Geist ausführen, schaffen wir ein Potenzial, das uns, sobald es stark genug geworden ist, immer wieder unter den entsprechenden Bedingungen eine neue Geburt annehmen lässt. Im Westen hingegen wird das Phänomen der Tulkus, der wiedergeborenen Lamas, eher als Kuriosum betrachtet.

Der erste Nechung-Tulku

Zu allen Zeiten haben fortgeschrittene Meister sich reinkarniert, um den Wesen zu helfen. Aufgrund ihrer hohen spirituellen Verwirklichung können sie den Sterbeprozess kontrollieren und die Art ihrer Wiedergeburt bestimmen. In Tibet ist aus diesem System eine Art Institution geworden, und so entstanden die Linien reinkarnierter Meister oder Tulkus, die einander nachfolgten. Die weltweit berühmteste dieser Linien ist die des Dalai Lamas, die älteste jedoch ist die des Karmapa, der seit dem 12. Jahrhundert das Oberhaupt der Karma-Kagyü-Linie ist. Verglichen damit ist die Linie des Nechung Rinpoche deutlich jünger. Ihre Wurzeln liegen in einer Zeit, in der Tibet einen wahren spirituellen Aufschwung erlebte.

In den Jahren nach 1880 wurde Urgyen Trinle Chöphel, ein bedeutender Meister des Klosters Mindroling und eines der Oberhäupter der Nyingma-Linie, in Nechung inthronisiert. Er hatte eine starke, tiefe Verbindung zum 11. Nechung Kuten, Shakya Yarphel.[4] Die spirituelle Verwirklichung des Meisters, der fortan Nechung Rinpoche hieß, sollte sich alsbald als Segen für das ganze Kloster erweisen. Er erteilte den Mönchen komplexe Belehrungen über die einzelnen Phasen der Meditation sowie über die diversen Formen des inneren Yoga, bei denen der Praktizierende mit den feinstofflichen Energien, den Kanälen und den »ursprünglichen Tropfen« arbeitet, die im Körper zirkulieren.

Im Jahr 1891 begab er sich auf Weisung unseres Schützers Dorje Dragden mit Erlaubnis der Regierung in die osttibetische Provinz Kham. Er sollte von dort ein Bildnis des Padmasambhava holen. Das Besondere daran war, dass es sich dabei um einen Terma handelte, einen spirituellen Schatz. Padmasambhava selbst hatte ihn seinerzeit versteckt, damit er erst gefunden würde, wenn die Zeit reif wäre. Dies war Aufgabe des Tertön, des Schatzentdeckers. Dieses Gemälde nun hatte der Tertön Lerab Lingpa, der auch unter dem Namen Tertön Sogyal bekannt ist und dessen Geburt von

---
4 Siehe Seite 183.

Padmasambhava vorhergesagt worden war, gefunden und Dzongsar Khyentsé Rinpoche zur Verwahrung übergeben. Nechung Rinpoche brachte das kostbare Bild also nach Lhasa, wo es einige Zeit im Tsuglagkhang ausgestellt wurde, dem angesehensten Tempel der Stadt, den Menschen aus dem Westen manchmal auch als die »Kathedrale von Lhasa« bezeichnen. Tibet durchlebte gerade eine sehr schwierige Phase seiner Geschichte, denn China, Großbritannien und Russland kämpften um die Vorherrschaft im Land. Aufgrund des Segens, der auf ihm lag, sollte der Schatz dabei helfen, die Lehren des Buddha zu bewahren und zu verbreiten, das lange Leben der Meister zu erhalten und die Ernten zu sichern. Außerdem gab es Leute, die befürchteten, dass *nagas*, unterirdische Wassergötter, planten, die Buddha-Statue, welche die chinesische Ehefrau Songtsen Gampos im 7. Jahrhundert als Geschenk mit in die Ehe gebracht hatte, zu stehlen und in ihr Reich zu entführen. Durch den Schatz, den Nechung Rinpoche mitgebracht hatte, war diese Gefahr gebannt. Zusammen mit dem Bildnis hatte Nechung Rinpoche, ganz wie das Nechung-Orakel dies prophezeit hatte, einen Text ins Kloster geholt, in dem die Praxis des Guru-Yoga, also des Verschmelzens mit dem Meister, beschrieben wird. Der Text war ein Geschenk Dzongsar Khyentsé Rinpoches an das Kloster. Die darin beschriebene Meditation wurde dort zur regelmäßigen Praxis.

Nechung Rinpoche wurde als neue menschliche Manifestation Könchög Jungnes, eines engen Schülers Padmasambhavas, erkannt. Der Minister von König Trisong Detsen war einer der 25 Hauptschüler des großen Meisters gewesen, von dem er tiefgründige Belehrungen empfangen hatte. Als er starb, löste sein Körper sich in die Lichtstrahlen des Regenbogens auf. Nicht ein einziges Haar blieb zurück. Sehr viel später, im 15. Jahrhundert, wurde seine Reinkarnation im großen Schatzentdecker Ratna Lingpa erkannt. Nechung Rinpoche, die heutige Reinkarnation, ist für uns Tibeter also ein ganz außergewöhnliches Wesen.

Der 13. Dalai Lama bestätigte den 1918 geborenen Thubten Könchog als seine Wiedergeburt. Es folgten die Ausbildung im Kloster Mindroling und regelmäßige Aufenthalte in Nechung. 1951, nach der Unterzeichnung der Verträge von Chamdo, mit der Tibet seine Niederlage gegenüber den kommunistischen Truppen eingestand, schickte Peking mehrere tibetische Mönche nach China. So lehrte Nechung Rinpoche von 1956 bis 1959 als Professor am Institut für nationale Minderheiten in Peking Tibetisch. Als er 1959 nach Lhasa zurückkehrte, waren die Spannungen zwischen den beiden Ländern auf ihrem Höhepunkt, und er kam, wie nicht anders zu erwarten, mit vielen anderen für mehrere Monate ins Gefängnis. Erst 1962 gelang ihm die Flucht nach Dharamsala. Er nahm einen der kostbarsten Kultgegenstände seines Klosters mit: die *sebag mugchung*, die Maske des Dorje Dragden, in der die Schutzgottheit spürbar gegenwärtig ist.

Der Lama, die Göttermaske und der Rabe

Dazu gibt es eine wunderbare Begebenheit, die es verdient, erzählt zu werden. Die Maske wurde gewöhnlich versiegelt aufbewahrt. Wurde ein neuer Dalai Lama inthronisiert, brach der Kuten in Trance die Siegel auf, um dem neuen Herrscher Tibets die Maske zu präsentieren. Dann wurde die Maske von der Regierung neu versiegelt und so bis zur Thronerhebung des nächsten Dalai Lama aufbewahrt. Im Haupttempel von Nechung wuchs ein Baum – jener, in dem Pekar verschwunden war. Hinter diesem Baum standen mehrere Götterstatuen, darunter auch eine von Dorje Dragden.

An ihr war der *sebag mugchung* befestigt, was aber nur wenige Menschen wussten. Einer von ihnen war Nechung Rinpoche. Wie bereits gesagt war die Lage in Lhasa Anfang der Sechzigerjahre ziemlich kritisch. Nach seiner Entlassung lebte Nechung Rinpoche wie ein einfacher Mann in der Stadt und wartete auf eine günstige Gelegenheit zur Flucht. Eines Tages, es war im Jahr 1962, fuhr er mit seinem Rad zum Tempel, wo er – was sehr ungewöhnlich war – nur einen einzigen Mann antraf. Dieser kehrte den Hof. Als er sich umdrehte, erkannte er den Lama und begrüßte ihn mit den Worten: »Rinpoche, Ihr habt einen guten Tag erwischt. Nehmt, nehmt alles, was Ihr wollt, solange noch Gelegenheit dazu ist!« Mit diesen Worten verschwand er.

Nechung Rinpoche hatte einen dieser bhutanesischen Körbe dabei, in denen man normalerweise geröstetes Getreide transportiert. Er nahm die Maske an sich und versteckte sie im Korb. Dann radelte er gemächlich zurück zu seinem Haus, das er mit einem Tulku des Drepung-Klosters teilte. Die Tage vergingen, und die beiden Freunde überlegten, auf welchem Weg sie heimlich außer Landes gelangen könnten. Mit einigem Erstaunen bemerkte er, dass sich seit dem Tag, als er die Maske in seinen Besitz bringen konnte, einer dieser großen tibetischen Raben, die einen so eleganten Gang haben, auf dem Dach seines Hauses niedergelassen hatte. Schließlich kamen die beiden Mönche nach einigem Hin und Her zu dem Schluss, dass es das Beste wäre, über die Straße zu fliehen, die Phari mit Bhutan verbindet, jene Straße, die einige Jahre später auch meine Eltern, mein Bruder und ich nehmen sollten.

Als Bauern verkleidet verließen sie Lhasa auf einem Pferdefuhrwerk und gelangten in diesem Aufzug unbemerkt nach Phari. Von dort ab kannte sich der Drepung-Tulku gut aus. Er wusste, welchen Weg man nehmen musste, um nach Temola und weiter nach Bhutan zu kommen. Allerdings war es schon September, und auf den Bergen lag bereits Schnee. Seltsamerweise war der Rabe ihnen von Lhasa aus gefolgt. Nun flog er voraus und zeigte ihnen den Weg, der unter dem Schnee verborgen lag. Von Zeit zu Zeit hielt er inne, um zu warten, bis sie ihn eingeholt hatten. So gelangten sie schließlich völlig erschöpft, aber wohlbehalten nach Bhutan. Am Grenzübergang angekommen, wurden sie von den Soldaten systematisch durchsucht. Dann verlangten die Soldaten von ihnen, die Siegel der Maske aufzubrechen. Sie weigerten sich, dies zu tun. Als die Soldaten hörten, dass es sich um die Maske Pekars handelte, nahmen sie sicherheitshalber von ihrem Vorhaben Abstand. Genauso geschah es in Indien. Als sie in Siliguri ankamen, nahmen ihnen indische Sicherheitsbeamte die Maske ab, brachten sie aber schon am nächsten Tag zurück, ohne weitere Erklärungen zu verlangen. Die beiden Neuankömmlinge wurden sofort nach Dharamsala geleitet und im Glen Moor Cottage untergebracht, das von ehemaligen Mitgliedern der tibetischen Regierung bewohnt wurde. Die älteren unter ihnen waren tief bewegt, als sie sahen, dass sich ein bildschöner tibetischer Rabe auf dem Dach des Hauses niedergelassen hatte, seitdem die Maske Pekars hier Einzug gehalten hatte. Das Tier war von Verletzungen übersät, und seine Krallen waren wund. Es war der Rabe von Nechung, der allen Gefahren getrotzt und die beiden Mönche bis hierher begleitet hatte. Die Leute aus der Nachbarschaft stellten ihm Wasser und Futter hin. Beides schlang er eilig hinunter. Einige Tage später hatten Nechung Rinpoche und sein Freund eine Audienz bei Seiner Heiligkeit. Diese Gelegenheit nutzten sie, um ihm die Maske zu übergeben. Von diesem Tag an ward der Rabe nicht mehr gesehen. Er verschwand wie durch einen Zauber.

Einer meiner Meister

In Indien angekommen hatte Nechung Rinpoche keinerlei Einkommen, von dem er seinen Lebensunterhalt hätte bestreiten können. So wurde er mit einer neuen Aufgabe betraut: Er wurde Lehrer am Buddhistischen Institut Ladakh in Delhi, in dem sich – anders als der Name es vermuten lässt – Studenten aus allen Regionen des Himalaya zusammenfanden. Dort unterrichtete er tibetische Grammatik und Literatur. Ins Nechung-Kloster kam er nur im Sommer.

Als ich ihn im Sommer 1972 das erste Mal sah, bat er die älteren Mönche des Klosters, sich gut um mich zu kümmern, denn eines Tages, so sagte er, würde ich für das Kloster von großem Nutzen sein, wobei er jedoch völlig offen ließ, wann, in welcher Form und warum. Ich hielt seine Äußerung für die übliche freundliche Begrüßung, wie man sie einem Neuankömmling manchmal zuteilwerden lässt. Die anderen Mönche hingegen nahmen sie durchaus ernst, auch wenn der eine oder andere sich überrascht zeigte. Dass man Nechung Rinpoches Worte so ernst nahm, lag daran, dass er im Ruf stand, hellsichtig zu sein. Außerdem praktizierte er eine spezielle Form der Meditation, die *trabep* heißt, eine Weissagungstechnik mit Hilfe eines Spiegels. Bei dieser Technik muss eine weitere Person zugegen sein, die in einen Spiegel aus poliertem Metall blickt und sagt, welche Bilder sie darin sieht. Leider war keiner der fünf Novizen im neuen Nechung-Kloster in der Lage, in diesem Spiegel auch nur den leisesten Schatten auszumachen. Zum Glück lebte nicht weit vom Kloster ein alter Mann mit einer entsprechenden visionären Begabung. Dieser assistierte Nechung Rinpoche bei seinen Wahrsageritualen.

Später kamen neue Mönche ins Kloster. Einer von ihnen war Kedrup. Er stammte aus der großen Provinz Amdo, die im Nordosten Tibets liegt. Kedrup nun besaß diese Gabe ebenfalls, und so beschrieb fortan er Nechung Rinpoche, was er im Spiegel sah.

Nechung Rinpoche war mir gegenüber immer sehr warmherzig und freundlich, doch manchmal fand ich sein Verhalten auch etwas eigenartig. So fand im Winter 1972 in Delhi die zweite Welthandelskonferenz statt. Nechung Rinpoche bat Thubten Sönam, meinen Lehrer für sakrale Texte, darum, mich in den Ferien zu ihm nach Delhi zu bringen. Er wollte, dass ich etwas von dieser Konferenz mitbekam, denn er war der Überzeugung, es sei für mich wichtig, etwas von der Welt zu sehen. In seinen Augen war diese internationale Zusammenkunft eine gute Gelegenheit, andere Länder und Ansichten kennenzulernen und zu sehen, wie man in anderen Teilen der Welt, fern von Indien, lebte. Und tatsächlich hat sich dieser Ausflug meinem Gedächtnis unauslöschlich eingeprägt. Sind schon Ferien für einen Mönch die große Ausnahme, so ist ein Ausflug in eine große Stadt und ein Aufenthalt beim Rinpoche des eigenen Klosters noch ungewöhnlicher.

Später, als er Belehrungen über die Schutzgottheiten Tsering Chenga gab, ließ er mich plötzlich ohne erkennbaren Grund rufen. Er forderte mich auf, mich neben den ehrwürdigen Thubten Phuntsog, unser wandelndes Gedächtnis, zu setzen und Notizen zu machen. Schließlich forderte er mich zu meiner großen Überraschung – und der aller anderen – auf, neben ihm Platz zu nehmen. Dies war nun völlig unüblich. Thubten Sönam war ebenfalls unter den Anwesenden und bedeutete mir, mich ja zu konzentrieren. Nechung Rinpoche wartete einen Augenblick, dann erteilte er das *lung* für den Text, den er gerade erklärt hatte. Darunter versteht man die rituelle Lesung eines Textes, mit der die Anwesenden die Erlaubnis erhalten, diesen Text zu studieren und die zugehörigen Meditationen zu praktizieren. Nachdem er also das *lung* erteilt hatte, gab er mir ein Zeichen und flüsterte mir ein geheimes Mantra ins Ohr, das nicht im Text stand. Weil er fürchtete, ich könnte es aufgrund meiner Jugend vielleicht vergessen – ich war gerade 16 geworden –, schrieb er es für mich auf ein Stück Papier und bat mich, es gut zu hüten.

Abreise nach Hawaii

Die Welt veränderte sich und mit ihr auch die Verbreitung der Lehren des Buddha. Seit Ende der Sechzigerjahre interessierten sich immer mehr Menschen aus dem Westen für den tibetischen Buddhismus. Da nun viele der großen tibetischen Meister im indischen Exil lebten, war es für die jungen Menschen aus Europa und Amerika relativ leicht, mit der spirituellen Elite Tibets zusammenzutreffen.

Zwei dieser jungen Leute waren die Amerikaner Jesse Sartain und Nancy Gustavson. Die Begegnung mit Nechung Rinpoche, seine unglaubliche Präsenz beeindruckte sie tief. Sie fragten ihn, ob er sich in Hawaii niederlassen wolle, wo er ein tibetisch-buddhistisches Studienzentrum einrichten könne. Nechung Rinpoche akzeptierte die Einladung. 1973 flog er auf die Insel im Nordpazifik und gründete im Wood Valley das »Institut Nechung Dorje Drayang Ling«. Der Ort war sehr angenehm und friedlich. Es gab dort einen japanischen Tempel, der schon lange leer stand und den man sofort zu renovieren begann.

Nechung Rinpoche lebte fortan auf Hawaii und kam nur noch gelegentlich ins Nechung-Kloster nach Indien. Doch bevor er dorthin aufbrach, bat er Thubten Phuntsog, sich persönlich um mich zu kümmern. Und was noch erstaunlicher war: Er schrieb mir sogar aus Hawaii. Als sein erster Brief eintraf, überraschte mich das ebenso sehr wie alle anderen Mönche. Während westliche Briefeschreiber ihre Briefe eher nüchtern mit einem »Sehr geehrter Herr X« oder »Sehr geehrte Frau Y«, bestenfalls noch mit einem »Lieber Herr X« einleiten, ist der klassische tibetische Briefstil sehr blumig. Selbst wenn man »nur« an seine Eltern oder Freunde schreibt, schickt man stets Wendungen voraus wie »An meine überaus wohlwollenden und gütigen Eltern« oder »An meinen Freund, der ein edles Herz besitzt«. Ähnlich begann Nechung Rinpoches Brief an mich mit viel Lob und

Ehrenbezeigungen. Dabei war ich doch nur ein einfacher Mönch unter vielen. Auch der weitere Inhalt seines Briefes war voll solcher Aufmerksamkeiten. Ich erhielt also hin und wieder Briefe von ihm, deren Ton stets höchst achtungsvoll war, besonders als ich 1981 von Seiner Heiligkeit dem Dalai Lama die großen Mönchsweihen erhielt, die aus mir einen *gelong*, einen voll ordinierten Mönch machten. Nechung Rinpoche beglückwünschte mich und gab mir einige sehr wertvolle Ratschläge. Ich habe alle seine Briefe aufbewahrt, was für mich umso wichtiger ist, als sie einige Anmerkungen enthalten, die sich später als wahr herausstellen sollten.

Mit der Zeit wurde mir klar, dass er einer meiner spirituellen Führer war. Gerade als Mönch trifft man auf viele befähigte Lehrer, die einem Unterweisungen geben. Die meisten spielen allerdings eher die – sehr wertvolle – Rolle des Wissensvermittlers. Der zündende Funke aber, der den Geist des Schülers völlig umkrempelt, springt nicht bei jedem Lehrer über. Der spirituelle Führer ist es, dessen Vorbild, dessen Präsenz und Lehrstil ein ganz besonderes Feuer in uns entfachen. Dieses Feuer der Inspiration ermöglicht uns erst, voller Vertrauen in unsere meditative Praxis immer tiefer zu gehen. Ling Rinpoche hatte diese Flamme in mir zum Lodern gebracht, Nechung Rinpoche ebenfalls. Doch auch wenn die Beziehung zwischen Lehrer und Schüler der Lebensnerv des Buddhismus ist, so darf man sie nicht blindlings oder aus sentimentalen Motiven eingehen. Man muss sich stets die Worte des Buddha ins Gedächtnis rufen: »Glaube nichts, nur weil ein Weiser es gesagt hat, weil es allgemein für richtig gehalten wird, weil es in einem Buch steht, weil es als göttliche Offenbarung gilt oder weil ein anderer es glaubt. Glaube nur, was du selbst als richtig erkannt und durch deine gesicherte Erfahrung bestätigt hast.« Genau dies ermöglicht der spirituelle Führer, denn durch ihn öffnen wir uns unserer inneren Führung.

Nechung Rinpoche starb am 31. August 1984 in seinem 64. Lebensjahr. Alle, die ihn gekannt hatten, trauerten tief um ihn. Keiner zweifelte daran, dass er sich bald wieder inkarnieren würde.

Mönch und Künstler

Im Nechung-Kloster gebot die Tradition, dass sich ein Mönch nach Abschluss seiner klassischen Ausbildung für eine von zwei »Karrieren« entschied: Entweder verlegte er sich auf das *sungzang*, also Musik und Gesang zu den Ritualen, sowie auf die Ausführung der Rituale selbst. Oder er entschied sich für den ebenfalls künstlerischen Weg des *chöshang*, zu dem das Anfertigen von Tormas und anderen Skulpturen, aber auch die Malerei und das Zeichnen gehören.

Die Mönchsmusiker

Das Nechung-Kloster war in der Tat bekannt für seine künstlerisch begabten Mönche. Die *sungzang*-Klasse sprach vor allem die musikalisch begabten Mönche an. In ihr lernten sie den Gebrauch der verschiedenen Ritualinstrumente: Muschelhorn und Trommel, dann die Blasinstrumente *dongchen, gyaling, kangling* und schließlich die Zimbeln – flache, *silnyen* genannte, und gewölbte, die *rölmo* heißen. Die Blasinstrumente werden im Allgemeinen paarweise gespielt und erfordern eine spezielle Atemtechnik. Um zum Beispiel die *gyaling* ertönen zu lassen, ein Doppelrohrblatt-Instrument, muss man die Zirkularatmung beherrschen, die es dem Musiker erlaubt, auch beim Einatmen einen Ton zu erzeugen. Unter der Anleitung des Gesangmeisters beziehungsweise seines Helfers lernten die Mönche, die verschiedenen Melodien zu singen und den richtigen Ton für das jeweilige Ritual zu treffen – von einer rezitativen hin zu einer eher melodiösen Art des Gesangs.

Für diese Ausbildung benötigte man neben der musikalischen Begabung auch ein ausgezeichnetes Gedächtnis, denn man musste sich nicht nur die Melodien und Instrumentalbegleitung der Lieder merken, sondern auch die Texte, zumindest die wichtigsten. Hierfür waren Jahre der Ausbildung erforderlich. Die begabtesten Schüler konnten Gesangmeister werden. War dieses Amt besetzt, saßen sie während der Zeremonien neben dem aktuellen Gesangmeister.

Skulpturen und Mandalas

Da ich ein gewisses handwerkliches Geschick besaß, riet man mir zu der anderen »Mönchskarriere«. Im esoterischen Buddhismus bilden Kunst und spirituelle Praxis eine untrennbare Einheit. Im Laufe meiner Ausbildung lernte ich die korrekten Proportionen, die eine Abbildung des Buddha haben muss, aber auch alle schmückenden Attribute. Im Gegensatz zur westlichen Kunst steht die buddhistische Kunst im Dienst der Religion, und es gelten strenge Regeln für den Aufbau, die keinerlei Raum lassen für Improvisation. Dies ist nicht Ziel dieser Kunstform.

Alles – Formen, Farben, Gesten – besitzt eine genaue Bedeutung und bezieht sich auf einen bestimmten Aspekt des Geistes. Deswegen wurden in Tibet manche Bildwerke nur einmal im Jahr gezeigt oder, wie die Abbildungen der zornvollen Aspekte der einzelnen Gottheiten, verhängt. Dies geschah nicht aus Geheimniskrämerei, sondern diente der Vermeidung von Fehlinterpretationen. Solche Bilder waren nicht für jene gedacht, die ihre Bedeutung nicht kannten, da solche Menschen leicht mit Verstörung reagieren, wenn sie mit dieser Seite des Geistes konfrontiert werden.

Zu den zahlreichen künstlerischen Techniken, die ich lernte, gehörte auch das Anfertigen von Mandalas. Diese geometrischen Formen sind ziemlich schwer zu zeichnen, da sie sehr kompliziert sein können. Die Schwierigkeiten enden gewöhnlich nicht mit der zeichnerischen Ausführung, denn wir Mönche mussten jedes noch so kleine Detail auswendig lernen. Ein Mandala ist die symbolische Darstellung des Palastes einer »Gottheit« samt ihrem Hofstaat. Es geht dabei um bestimmte Formen des Buddha, also um die Aspekte des erleuchteten Geistes. Im Tibetischen wird das Mandala als *kyilkhor* bezeichnet, was »Mittelpunkt und Umfang« bedeutet. Schon dies ist ein klarer Verweis auf die Natur des Geistes, der zugleich Mittelpunkt und Umfang ist. Von einem anderen Standpunkt aus betrachtet besitzt der Geist aber weder Mittelpunkt noch Umfang. Da sie sich in ihrer Existenz gegenseitig bedingen, existieren weder Mittelpunkt noch Umfang aus sich selbst heraus.

Im konkreten Sinn stellt ein Mandala einen Palast dar, in den man von oben durchs Dach hineinschaut. Im Zentrum des Palastes hat die Gottheit ihren »Sitz«. Zwei Schnittachsen durch den Mittelpunkt teilen den Grundriss in vier Viertel, die den vier Himmelsrichtungen entsprechen. Um den Mittelpunkt herum werden sodann mehrere konzentrische Kreise gezogen. Hier hat das Gefolge der zentralen Gottheit seinen Platz. Um den äußersten Rand des Mandalas herum führt wie ein Burgwall ein Ring aus Feuer, Lotusblüten, Stupas oder Gräbern, je nachdem, ob die zentrale Gottheit friedlicher oder zornvoller Natur ist. Diese Mandalas spielen eine ganz wesentliche Rolle bei Einweihungszeremonien, in denen der Schüler die Erlaubnis erhält, die Meditation auf die zentrale »Gottheit« des Mandalas, die einem bestimmten Aspekt des erwachten Geistes entspricht, zu praktizieren. Das Malen eines Mandalas ist also nicht nur eine Frage des künstlerischen Talents, sondern auch einer möglichst authentischen Meditationserfahrung.

Zu lernen, wie man Tormas formt, stellt eine ganz eigene Herausforderung dar. Manche Tormas sind wahre Skulpturen und sehr komplex. Sie werden traditionell mit mineralischen Pigmenten gefärbt. Manche sind eher schlicht, und ihre Anfertigung benötigt kaum Zeit, andere dagegen sind von großer Vielfältigkeit und verlangen eine erhebliche Genauigkeit. Viele Tormas werden nur für ein einziges Ritual gebraucht, andere werden gesegnet und dann verzehrt, wieder andere werden als symbolische Opfergaben oder als Sinnbild für einen bestimmten Aspekt der Buddha-Natur auf den Altar gestellt. In Tibet konnten Tormas, die zum Beispiel für die Neujahrsfeierlichkeiten hergestellt wurden, eine Höhe von mehreren Metern haben. Da das Klima dort kalt und trocken ist, musste man sich wegen der Haltbarkeit keine Gedanken machen. In Indien hingegen musste man die Torma-Herstellung verändern, da sie in dem heißen Klima gleich zerfließen.

Meine Ausbildung dauerte mehrere Jahre. Schließlich erklärte man mich zum fortgeschrittenen Schüler, sodass ich Pema Lhundrup, dem Meister der Opfergaben, als Assistent zugewiesen wurde. Beim Bau des Klosters arbeitete ich mit ihm an der Anfertigung des – im unverfälschten tibetischen Stil gehaltenen – architektonischen Dekors. 1984, nach Abschluss der Bauarbeiten, wurde ich selbst zum Meister der Opfergaben ernannt.

1984 – ein schwarzes Jahr

Der Abschluss der Baumaßnahmen wurde allgemein freudig begrüßt, denn nun konnten wir endlich so leben, wie man es als Mönch eigentlich tun sollte. Für mich jedoch begann dieses Jahr mit großem Schmerz. Während der kommenden Monate sollte der Tod mein Begleiter sein, denn mehrere Menschen, die mir sehr teuer waren, starben.

Der Tod von Kyabje Ling Rinpoche

Im September 1983 erlitt Ling Rinpoche einige schwere Herzanfälle. Obwohl alles medizinisch Mögliche unternommen wurde, verstarb er am 25. Dezember in Dharamsala im Haus seines Schülers Kalsang Yeshi. Sein Tod war außergewöhnlich und zeigte deutlich, welch hohe spirituelle Verwirklichung er erreicht hatte. Alle seine Helfer und alle, die ihm nahestanden, versammelten sich um sein Lager. Als er zum letzten Mal ausatmete, trat ein breites Lächeln auf sein Gesicht. Bis zum 7. Januar, also volle 13 Tage, verweilte er so in der Lotushaltung sitzend – lächelnd und gelöst.

Viele Menschen vernahmen damals melodische Klänge, die vom Himmel herabzukommen schienen oder das Haus umspielten, während sich rundherum ungewöhnlich geformte Wolken auftürmten. Ein leichtes Erdbeben erschütterte die Stadt – all dies gilt als Zeichen, dass ein hoch verwirklichter Mensch seinen Körper verlassen hatte. An dem Morgen, als er seine Nachtod-Meditation abgeschlossen hatte, malte sich um den Mond eine strahlende Aureole. Dann begann es in großen, an weiße Blüten erinnernden Flocken zu schneien.

Der Tod Thubten Sönams

Auch mein Meister Thubten Sönam starb in diesem Jahr, und die Umstände seines Todes waren nicht weniger außergewöhnlich. Trotz seines hohen Alters schien Thubten Sönam bei guter Gesundheit zu sein. Doch Anfang 1984 klagte er zunehmend über Beschwerden, die von Wasseransammlungen im Gewebe herrührten.

Eines Tages bat er mich, ihm einen bestimmten Text zu holen. Dieser enthielt spezielle Mantras, mit denen man anderen auf besonders wirksame Weise helfen kann. Er bat mich, ihm gegenüber Platz zu nehmen. Dann begann er, mir den Text und die Praxis genau zu erklären. Letztere kann nur direkt vom Lehrer auf den Schüler übertragen werden. Sobald der Schüler die Einweihung und die Übertragung erhalten hat, muss er in Klausur gehen. Hat er diese abgeschlossen und die Praxis gemeistert, kann er sehr effizient die Schmerzen anderer lindern, indem er diese besonderen Mantras rezitiert und auf die schmerzende Stelle pustet.

An jenem Tag setzte Thubten Sönam sich gegen drei Uhr nachmittags in der Meditationshaltung zurecht, wandte sich nach Osten und gab mir mit einfachen Worten zu verstehen, dass er bald sterben werde. Er bat mich ausdrücklich, jedem zu sagen, dass er nach seinem Tod keine Opfergaben wünsche, denn, so sagte er: »Ich habe in meinem Leben genug Opfergaben angefertigt. Und außerdem: Wenn man seinen Weg im Dunkeln sehen will, braucht man keine Lampen hinter, sondern vor sich.« Ich konnte nicht glauben, was er da sagte, denn nichts deutete darauf hin, dass er ernsthaft krank war. Und doch hörte er ungefähr um halb sechs Uhr am Abend auf zu atmen. Sofort gab ich den anderen Mönchen Bescheid und setzte sie über seinen letzten Willen in Kenntnis. Die erfahreneren Mönche stellten bald fest, dass er in ein weit fortgeschrittenes Stadium der Meditation eingetreten war. So verharrte er drei Tage lang. Erst danach wurde die Verbrennungszeremonie angesetzt. Wie er es gewünscht hatte, verzichteten wir auf Opferungen, alles lief mit der größten Schlichtheit ab. Ich für meinen Teil ließ 14 Tage lang zwei bescheidene Butterlampen auf meinem Altar leuchten.

Und noch einen Todesfall gab es, der auf den Lauf meines Lebens bedeutende Auswirkungen haben sollte. Lobsang Jigme starb, der 16. Kuten, dem ich mich immer sehr verbunden gefühlt hatte.

4
Das Orakel des Staates Tibet und des Dalai Lama

Seit meiner Geburt habe ich außergewöhnliche Dinge erlebt. Ich kam in einem besetzten Land zur Welt, in dem ich Tag für Tag Zeuge schrecklicher Grausamkeiten wurde. Meine Familie umgab mich mit Liebe und Fürsorge, war jedoch selbst Willkür und Demütigung ausgesetzt. Im Exil in Indien, wo wir wenigstens in der Nähe Seiner Heiligkeit des Dalai Lama weilten, war ich dann Mönch geworden. Mein Dasein als Mönch hatte meinem Leben gleichsam einen Schub gegeben. Es war, als stünde ich unter einer Art machtvollem Segen, und so hatte ich das Glück, außergewöhnlichen Menschen wie Ling Rinpoche und Nechung Rinpoche zu begegnen. Auch wenn die Tatsache eher nebensächlich ist, so war ich trotz allem erstaunt, welche Verbindung die beiden Meister zwischen mir und sich geschaffen hatten.

Vorzeichen

Unsere Schutzgottheit Dorje Dragden habe ich schon immer hoch geachtet. Obwohl ich mich als Kind durchaus fürchtete, wenn ich den Trancezuständen der Orakel von Gadong oder Nechung beiwohnte, verlor sich diese Furcht schnell. Von dem Augenblick an, als ich im Alter von etwa zwölf Jahren das Kloster von Nechung entdeckte, flößte es mir stets den höchsten Respekt ein. Und doch hätte ich mir nie träumen lassen, dass diese Verbindung, die aus früheren Leben herrühren musste, einmal diese besondere Gestalt annehmen würde. Das erste Zeichen dieser meiner Zukunft ereignete sich vor einem speziellen Hintergrund, und ich muss ein wenig ausholen, um ihn zu schildern.

Eine Maske fällt

1899, als Demo Rinpoche, der vormalige Regent Tibets, starb, fiel der erste Schatten auf Tengyeling, das sein Stammkloster gewesen war. Demo Rinpoche stand im Verdacht, einen Anschlag auf das Leben des 13. Dalai Lama unternommen zu haben. Als der Dalai Lama 1910 durch den Einmarsch chinesischer Truppen – wie sein heutiger Nachfolger – gezwungen war, nach Indien ins Exil zu gehen, schien Tengyeling sich auf die Seite der Eindringlinge zu stellen. Von 1912 an stellte der Dalai Lama eine Armee tibetischer Widerstandskämpfer auf, Tengyeling aber weigerte sich, diese zu unterstützen. Als der Dalai Lama gegen Ende des Jahres 1913 nach Lhasa zurückkam, zögerte er nicht, Maßnahmen gegen das Kloster zu ergreifen: Ein Teil der Mönche wurde der Gemeinschaft verwiesen, der Rest auf andere Klöster verteilt. Die Gebäude wurden zum Teil niedergerissen. Der Wiedergeburt von Demo Rinpoche wurden seine Würden genommen, und er wurde in der Hierachie zurückgestuft. Daraufhin beschloss eine der Schutzgottheiten von Tengyeling, Tseumar, Rache zu nehmen und künftig nicht mehr durch den Mund eines Mediums zu sprechen, wie dies bis dahin der Fall gewesen war.

Mit der Zeit kam jedoch alles wieder ins Lot, und ein neuer Demo Rinpoche wurde inthronisiert. Man rühmte ihn, weil er Tseumar in jeden beliebigen Körper rufen konnte. 1959 wurde er von den Chinesen in Tibet ins Gefängnis geworfen und erst 1980 wieder freigelassen. Da er der Verbindung, die er zu Tseumar hatte, stets treu geblieben war, dachte er, eine Statue dieser Gottheit könne dem Dalai Lama hilfreich sein. Er sprach über diese Idee mit einem anderen Lama, der in Nepal lebte: Drubthop Rinpoche. Zusammen heckten sie schließlich einen Plan aus, wie sie eine solche Statue anfertigen und nach Indien schaffen lassen könnten. Demo Rinpoche wandte sich an verschiedene Künstler. Einen davon beauftragte er schließlich damit, die Statue zu modellieren und sie nach Nepal zu bringen. Bedauerlicherweise wurde der Mann an der Grenze von der chinesischen Polizei abgefangen.

Doch Demo Rinpoche gab nicht auf. Er führte ein Ritual durch, zerschlug die Statue, ließ sie zu Staub zermahlen und schickte den Künstler mit dem kostbaren Paket erneut nach Nepal. Dieses Mal gab es keine Schwierigkeiten beim Passieren der Grenze. In Nepal schuf der Künstler die Statue unter Anleitung von Drubthop Rinpoche neu. Nach ihrer Weihe übergab man sie dem Tibet-Büro in Kathmandu, unserer »Botschaft« in Nepal, deren Vertreter sich damit auf den Weg nach Dharamsala machte. Doch die Statue von Tseumar sollte weiteres Ungemach erleiden. Als der Vertreter des Dalai Lama sie zum Transport in eine Holzkiste legte, brach dabei ein Stück von der Kopfbedeckung der Gottheit ab. So nahm Drubthop Rinpoche schließlich alles selbst in die Hand: Er ließ die Statue reparieren und brachte sie persönlich nach Dharamsala.

Sie wurde ins Nechung-Kloster gebracht, wo die Mönche schon zahlreich versammelt waren, um die Skulptur, deren Weg hierher so kompliziert gewesen war, zu sehen. Als man die Kiste öffnete, erwartete uns allerdings eine böse Überraschung: Ein Finger Tseumars war abgebrochen, und die Schädelschale für das Trankopfer war ebenfalls in Scherben gegangen. Da Drubthop Rinpoche die Statue dem Dalai Lama bereits zwei Tage später übergeben sollte, war guter Rat teuer. Da ich der Spezialist für Skulpturen und Dekor vor Ort war, übergab man sie mir. Zunächst musste ich Ton finden, der in Beschaffenheit und Farbe dem ähnelte, aus dem die Statue in Tibet hergestellt worden war. Dies war recht schwierig, doch es gelang, und so konnte ich mich an die Reparatur machen. Während ich daran arbeitete, trat der damalige Kuten, Lobsang Jigme, ins Zimmer, um Tseumar zu bewundern. Es standen nur wenige Sachen in dem Raum, zum Beispiel eine Buddha- und eine Padmasambhava-Statue auf dem Altar. Darüber hing eine kleine Maske von Dorje Dragden. Diese fiel urplötzlich herunter, obwohl die Schnur, an der sie befestigt war, keineswegs gerissen war. Außerdem zerfiel ohne jeden erkennbaren Grund der Torma, der zum

Neujahr vom Kloster gefertigt worden war, auf dem Altar. Gewöhnlich halten diese kleinen Teigskulpturen mindestens ein Jahr. Kurz darauf starb der Kuten. Ich nahm diese Zeichen damals als schlechtes Omen. Ich war noch lange nicht am Ende des Weges angekommen, der aus mir das machen sollte, was ich heute bin.

Merkwürdige Empfindungen

1985 wollte Seine Heiligkeit der Dalai Lama die große Kalachakra-Einweihung geben. Kalachakra bedeutet »Rad des Lebens«. Diese Einweihung ist mit komplexen Belehrungen verbunden, die auf verschiedenen Ebenen wirken. Der äußere Aspekt der Kalachakra-Einweihung besteht darin, dass sie uns erlaubt, die vielfältigen Beziehungen zwischen dem unendlichen Universum und unserem Dasein zu verstehen: das Vergehen der Zeit sowie kosmische und astrologische Zyklen und so weiter. Der innere Aspekt der Einweihung gibt uns einen Einblick in die feinstoffliche Struktur des Körpers, seine Energiekanäle, seine feinstofflichen »Winde«, die »Tropfen«, welche die Keimzelle aller Energie sind, die den Körper durchfließt. Auf einer noch subtileren Ebene erhalten wir durch die Kalachakra-Einweihung Hinweise, die uns die verschiedenen Phasen der Meditation besser verstehen lassen, die Verbindung zwischen Geist und Körper, sodass wir das Blei unseres gewöhnlichen Daseins in das Gold des Erwachens verwandeln können.

Eine Kalachakra-Einweihung erleben zu können ist ein sehr seltenes Ereignis, da sie lange Vorbereitungen erfordert und die zugehörigen Zeremonien mehr als eine Woche in

Anspruch nehmen können, auch wenn es kürzere Formen gibt. Wenn der Dalai Lama also höchstpersönlich die Kalachakra-Einweihung erteilt, lässt sich dies kein Buddhist entgehen. Daher wollten einige Mönche unseres Klosters nach Bodhgaya pilgern, wo die Einweihung ein paar Tage vor dem Mönlam, den tibetischen Neujahrsfeiern, gegeben werden sollte.

Diese Tradition war 1409 von Je Tsongkhapa, dem Gründer der Gelug-Linie, ins Leben gerufen worden. Bei dieser Gelegenheit gibt der Dalai Lama normalerweise eine Belehrung. Seit wir im Exil lebten, hatte es in Lhasa keine Mönlam-Feiern mehr gegeben, bei denen sich manchmal Zehntausende von Mönchen versammelt hatten. Doch jede spirituelle Linie des tibetischen Buddhismus wollte diese Tradition einer jährlichen Versammlung aufrechterhalten. Und Bodhgaya war aufgrund seiner spirituellen Vergangenheit der ideale Ort dafür.

Am zweiten Tag des ersten Monats im tibetischen neuen Jahr, dem Holz-Ochse-Jahr – das dem 22. Februar 1985 westlicher Zeitrechnung entspricht – zelebrierten die Mönche des neuen Drepung-Klosters das Lhatse-Gebet, wie sie es jeden Monat taten. Bei dieser Zeremonie wird Dorje Dragden angerufen, bevor der Kuten in Trance versinkt. Da die Mönche die Zeremonie aufgrund der Mönlam-Feierlichkeiten nicht tagsüber durchführen konnten, wurde sie auf den Abend verlegt. Meine Gefährten und ich hatten uns um den großen Stupa versammelt, wo wir die Gesänge und Melodien des Rituals gut hören konnten. Bei dieser Gelegenheit ergriff mich ein merkwürdiges Gefühl, wie ich es in dieser Form noch nie erlebt hatte. Es beunruhigte mich so sehr, dass ich es nie vergessen werde. Heute aber weiß ich, was damals vor sich ging: Genau die gleiche Empfindung überfällt mich heute, wenn die Gebete angestimmt werden, die mich für die Präsenz von Dorje Dragden öffnen und die Trance einleiten.

Kurz darauf hatte ich das große Vergnügen, Alexander Berzin wiederzusehen, einen amerikanischen Schüler von Serkhong Rinpoche, der dem Dalai Lama bei den im tibetischen Buddhismus üblichen philosophischen Debatten assistierte. Alexander lebte die meiste Zeit in Dharamsala, wo er seine Studien betrieb. Er kannte den früheren Kuten, Lobsang Jigme, gut, da dieser eng mit Alexanders Lehrer befreundet war. Als wir uns in Bodhgaya begegneten, kam er mit einem breiten Lächeln auf mich zu und sagte: »Kalsang La, welche Ehre, dass Sie zum neuen Kuten bestimmt wurden! Ich gratuliere!« Ich war vollkommen verblüfft. Natürlich war mein »bürgerlicher« Name Kalsang, trotzdem begriff ich nicht, was Alexander mir da sagte. Natürlich hielt ich mit meinem Erstaunen nicht hinter dem Berg, woraufhin Alexander mir erklärte, er habe von Gyen Kalsang Sönam, dem Sekretär des früheren Kuten, erfahren, dass der neue Kuten Kalsang hieß. Für mich gab es keinen Zweifel, dass Alexander etwas falsch verstanden haben musste, doch diese Äußerung verwirrte mich entschieden.

Ströme von Blut

Die Tradition verlangt, dass der Dalai Lama am 15. Tag an den Mönlam-Zeremonien teilnimmt. An diesem Tag bringen die Teilnehmer Opfergaben dar, insbesondere Repräsentationen der acht Glück verheißenden Symbole. Deren

Darstellungen begegnet man immer wieder, in erster Linie in Tempeln, aber – zusammen oder einzeln – auch auf Möbeln, Stickereien und Wandbildern. Manchmal werden sie sogar als Schmuck getragen. Der Sonnenschirm schützt vor allem Übel.

Die beiden goldenen Fische stehen für die spirituelle Befreiung. Die Vase ist Sinnbild des Reichtums, der Lotus symbolisiert die Reinheit von Körper, Rede und Geist. Das nach rechts gewundene Muschelhorn ist Sinnbild der Lehren Buddhas, die Befreiung verheißen. Der Glücksknoten steht für die Einheit von Weisheit und Methode, wobei »Methode« die Praxis symbolisiert, die zur Befreiung vom Leiden führt. Das Siegesbanner steht für den Triumph der Lehren Buddhas über die Kräfte des Negativen. Das »Rad der Lehre« mit seinen acht Speichen schließlich erinnert an die Bedeutung der spirituellen Praxis.

Das Büro für religiöse Angelegenheiten der Exilregierung, dessen Generalsekretär damals Garje Khamtrul Rinpoche war, ein hoher Lama der Nyingma-Linie, kümmerte sich um die religiösen Zeremonien und bereitete den Rahmen für die *chödze* genannten Opfergaben vor. Am Vorabend der Zeremonie mussten die Verantwortlichen allerdings feststellen, dass man für die *chödze* in Dharamsala keine Räume geschmückt hatte. Dies war ein echter Notfall. Man beschloss, das nötige Dekor auf ein Stück Stoff zu malen, das dann hinter dem Altar aufgehängt werden sollte. Daher bat Khamtrul Rinpoche mich um Hilfe. Und so brach ich sofort nach Bodhgaya auf, um Farben zu kaufen, die für das Malen auf Stoff geeignet waren. Ich musste von Laden zu Laden laufen, doch am Ende fand ich, was ich suchte.

Ich kam also sehr spät zurück, machte aber trotzdem noch die nötigen vorbereitenden Zeichnungen, bevor ich mich schlafen legte. Am nächsten Morgen wusch ich mir wie üblich das Gesicht, doch als ich nach dem Abtrocknen das Handtuch in Augenschein nahm, sah ich, dass es voller Blut war. Ich blutete aus Mund und Nase und hatte es noch nicht einmal bemerkt. Meine Freunde rieten mir, mich sofort hinzulegen. Dann sagten sie Khamtrul Rinpoche Bescheid, damit jemand anderer meine Aufgabe übernehmen und die nötigen Bilder anfertigen konnte. Ich blutete den ganzen Tag. Meine Hoffnung, dass es bald aufhören würde, erfüllte sich nicht. Am Abend kamen meine Freunde wieder und bestanden darauf, dass ich einen der Ärzte aufsuchen sollte, die sich hier um die vielen Menschen kümmerten, die zur Zeremonie gekommen waren und in dieser Zeit in einer Art Zeltstadt lebten. Kein Arzt konnte mir sagen, woher diese unvermittelten Blutungen kamen. Man verordnete mir Injektionen, konnte mir aber nichts weiter raten, als mein eigenes Blut wieder zu trinken, um den Blutverlust ansatzweise auszugleichen. Auch das half nicht. Ich blutete und blutete, und sobald ich versuchte, das Blut wieder zu mir zu nehmen, musste ich mich heftig erbrechen.

Einer der freiwilligen Helfer, der sich Gomang Chomphel nannte, hatte die Idee, mir Eis auf die Stirn zu legen. Man musste es aus der Privatküche Seiner Heiligkeit besorgen, doch das Eis verschaffte mir wirklich Erleichterung. Die Blutungen aber konnte es auch nicht stillen. Erst nach zwei Tagen hörten sie schließlich von selbst auf. Ich hatte die ganze Zeit im Gebet verbracht und hielt dabei meinen Blick auf den Stupa gerichtet, da ich sicher war, dass nun mein letztes Stündlein geschlagen hatte. Trotzdem fürchtete ich mich nicht. Eher im Gegenteil: Ich verspürte tief in mir großen Frieden. Mein Geist war vollkommen ruhig.

Die Opfergaben der Affen

In dieser Zeit hatte ich auch einen seltsamen Traum, der mich in einem eigenartigen, fast ekstaseähnlichen Zustand zurückließ. Ich träumte von einer riesigen Treppe, auf der sich zahlreiche schöne Affen aufhielten, friedliche Tiere, die dort zu meinen Ehren eine Willkommenszeremonie durchgeführt hatten. Sie trugen lauter Früchte in den Armen. Einer von ihnen nahm mich an der Hand und führte mich voller Respekt bis ans Ende der Treppe. Die letzte Stufe erweiterte sich zu einer Plattform. Dort erblickte ich einen wunderschönen Baum, dessen Stamm hohl war. Der Affe geleitete mich ins Innere, wo ich eine tiefe Freude empfand. Ein mir völlig neues Gefühl des Lichtes und der Weiträumigkeit bemächtigte sich meiner. In diesem Zustand erwachte ich. Das Gefühl der Glückseligkeit, das ich empfand, klang noch lange nach. Erst später erfuhr ich, dass die Symbole, die ich im Traum gesehen hatte, charakteristisch sind für die Aktivität und den Segen der Schutzgottheiten des Dharma.

Träume und Visionen

Während des Aufenthaltes in Bodhgaya fühlte ich mich sehr schwach. Ich hatte nahezu vollständig den Appetit verloren, was zweifelsohne eine Folge der Blutungen war. Mein körperlicher Zustand wurde durch die zahlreichen Visionen, die ich hatte, nicht gebessert: Ich sah häufig den Kuten in Trance. Trotz meiner Träume und des Wohlgefühls, das mich danach unweigerlich überkam, beunruhigten mich diese Visionen, wie man sich wohl unschwer vorstellen kann. Meine Gefährten beschlossen damals, ihre Reise nach Nepal fortzusetzen. Ich aber, dem die Freunde dringend empfahlen, nach Dharamsala zurückzukehren, wollte sie unbedingt begleiten. Je weiter wir uns von Bodhgaya entfernten, desto besser ging es mir. Meine Unpässlichkeiten und Sorgen schienen sich aufzulösen. Später erfuhr ich, dass dies recht häufig vorkommt, wenn eine Gottheit sich anschickt, einen Menschen zum Medium zu erwählen. Dann nämlich reinigt die Gottheit sozusagen das Gefäß, aus dem heraus sie wirken wird.

Ein Jahr später, 1986, wurde ich gebeten, doch die Ausschmückung des neuen Klosters Thubten Dorje Drag, das man in der Gegend von Simla im Bundesstaat Himachal Pradesh errichtet hatte, zu vollenden, mit der man vor zwei Jahren begonnen hatte. In Tibet war dieses Nyingma-Kloster eng mit dem Nechung-Kloster verbunden gewesen, weil in Thubten Dorje Drag die Meditationsanweisung, die man »Schatz des Nordens« nennt, aufbewahrt wurde. Diese Meditation wird im Nechung-Kloster regelmäßig praktiziert. Die Chinesen haben das ursprüngliche Kloster in Tibet bis auf die Grundfesten zerstört. Und so hatte man im Exil unter der Aufsicht von Taklung Tsetrül Rinpoche ein neues Kloster aufgebaut, damit diese kostbaren Belehrungen, die von dem Tertön Rigdzin Gödem (1337–1408) entdeckt worden waren, weitergegeben werden konnten. Rigdzin Gödem wurde auch »Wissenshalter mit dem Geierschopf« genannt, was er seinem eigenartigen Haarwuchs verdankte, der dem

Federschmuck eines Geiers ähnelte. Auch in diesem Kloster träumte ich wieder von einem Kuten in Trance.

Die Zukunft im Spiegel

Ein wenig später machte sich die Präsenz von Dorje Dragden anlässlich eines Besuches in dem kleinen Königreich Ladakh bemerkbar. Ich war auf Bitten von Bakula Rinpoche dorthin gekommen. Dieser schmale, zerbrechlich wirkende Mann verfügte über eine außergewöhnlich starke Persönlichkeit. Er wurde 1917 als Sohn eines fürstlichen Geschlechts in Ladakh geboren. Seine Heiligkeit der 13. Dalai Lama hatte ihn als die 20. Inkarnation von Bakula erkannt, einem der engsten Schüler des Buddha Shakyamuni. Bakula war einer der »16 Arhats«. Wie der Schüler des Buddha, der für sein beispielhaftes Leben bekannt war, führte auch Bakula Rinpoche ein sehr reines Leben und hatte kaum je unter gesundheitlichen Problemen zu leiden, obwohl er so fragil wirkte.

Er hatte die Klosteruniversität von Drepung besucht und dort mit spielerischer Leichtigkeit sogar die schwierigsten Examen abgelegt. Bakula Rinpoche war ein hoher spiritueller Meister, doch er hatte stets auch politische Verantwortung getragen, seit ihn der erste Staatschef des unabhängigen Indien, Pandit Nehru, 1949 darum gebeten hatte. Neben seiner politischen Tätigkeit setzte er sich unablässig für die Erhaltung und Verbreitung der Lehren Buddhas ein. Das Königreich Ladakh hatte ihm so viel zu verdanken, dass man ihn schon bald den »Architekten des modernen Ladakh« nannte. Als ich ihn kennenlernte, hatte er bereits begonnen, sich für die Wiederbelebung des Buddhismus in der Mongolei und in den mongolischen Gebieten der ehemaligen Sowjetunion einzusetzen. Dank seiner Tätigkeit begann der Buddhismus dort allmählich wieder Fuß zu fassen.

Bei seinen Aktivitäten war Bakula Rinpoche auf ein im Grunde simples Problem gestoßen. Da er den Ärzten in Ladakh die verschiedenen spirituellen »Übertragungen« des Yuthok-Nyingtik-Zyklus geben wollte, die für heilerische Aktivitäten von Bedeutung sind, brauchte er eine Person als Assistenten, die alle rituellen Vorbereitungen treffen und alle nötigen Dekorationen vornehmen konnte. Ich weiß nicht recht, wie er auf mich gekommen ist, aber er ließ mich zu diesem Zweck rufen.

Bakula Rinpoche leitete zwei Klöster: Pethup, das Hauptkloster, und Samkhar Gonpa in der Nähe der Hauptstadt Leh. Dort lebte ich damals. Ich schlief in einem Raum im ersten Stock. Eines Nachts hatte ich einen Traum, dessen Bilder so gestochen scharf und detailliert waren, dass ich sie noch heute vor meinem inneren Auge sehe wie einen Film im Fernsehen. In diesem Traum begab ich mich mit mehreren anderen Mönchen auf eine Pilgerreise. Die Stimmung unter uns war ausgelassen und herzlich. Wir wanderten durch eine schöne grüne Landschaft. Ein Bach plätscherte ruhig durch die Ebene. Einige meiner Gefährten hatten an dessen Ufer Halt gemacht. Sie wagten nicht, das Wasser zu überqueren, weil sie fürchteten, ihre Sachen könnten nass werden. Ich aber fand den Bach weder besonders tief noch allzu breit. Ich holte am Ufer Schwung und war ohne Schwierigkeiten mit einem langen Schritt hinüber. Dies machte den anderen Mut, und sie taten es mir nach. Schon bald fanden wir uns alle am anderen Ufer wieder und konnten unseren Weg fortsetzen.

In diesem Moment entdeckte ich in den Ausläufern des Gebirges, das uns umgab, einen kleinen Tempel, wie man sie häufig in Tibet sieht. Er war von bescheidenen Ausmaßen, aber sehr schön und fügte sich gut in die Landschaft ein. Das Bild hatte etwas zutiefst Inspirierendes. Zwei schmale Säulen flankierten den Eingang. Seltsamerweise waren die Säulen mit Spiegeln und den traditionellen fünf Zeremonienschals, den *khatas*, geschmückt. Als ich mich einem dieser Spiegel näherte, hörte ich eine Stimme, die sagte: »Wer vor diesem Spiegel voller Andacht betet, wird darin seine Zukunft erblicken.« Neugierig stellte ich mich vor den Spiegel und verrichtete meine Gebete. Zu Anfang sah ich darin nur mein Gesicht und jene meiner Begleiter. Dann aber verschwamm alles vor meinen Augen. Schließlich begann sich das furchterregende Antlitz von Yamantaka abzuzeichnen. Diese Gottheit ist die zornvolle Form von Manjushri, der personifizierten Weisheit. Er hat einen Stierschädel, riesige, hervorquellende Augen und ein weit geöffnetes Maul. Seine ganze Gestalt ist von Flammen umgeben. Nachdem Yamantaka wieder verschwommen war, trat der Kopf von Nechung Chökyong hervor. Sein Gesicht überlagerte das meine. Als ich mich so sah, rief ich unwillkürlich aus: »Aber wer ist das denn?« Da antwortete eine Stimme hinter mir: »Das ist Nechung Chökyong.«

Dann stieg ich auf das Dach des Tempels, auf dem sich Mönche und andere Gläubige zum Gebet versammelt hatten. Ein Mönch wandte sich an mich und erklärte mir, dass das Gebet, das sie alle verrichteten, ein ganz besonderes sei, da es zur Erfüllung der eigenen Wünsche führe. Ich schloss die Augen. Als ich sie wieder öffnete, waren Himmel, Mauern und Säulen des Tempels verschwunden. Stattdessen sahen mich die Augen des Buddha an, wie man sie auf dem großen Stupa von Bodhnath in Nepal bewundern kann. In diesem Augenblick fragte mich einer meiner Gefährten, was ich denn sehe. Ich beschrieb die wunderbare Szene. Daraufhin erklang eine weitere Stimme und sagte: »Das sind die Augen von Chenresig, Bodhisattva des Mitgefühls, die Augen der Weisheit.« Bei diesen Worten erwachte ich unvermittelt. Es war vier Uhr morgens.

Ich fühlte mich leicht, freudig und voller Frieden. So blieb ich liegen bis halb sieben Uhr in der Früh. Als ich Bakula Rinpoche von meinem Traum erzählte, hörte er mir aufmerksam zu. Dann meinte er, dass sich über meinem Zimmer tatsächlich ein kleiner Tempel auf dem Dach des Klosters befinde. Er selbst habe dort einen Thangka von Nechung Chökyong aufgehängt, den ihm der 13. Dalai Lama zum Geschenk gemacht hatte. Erst später, als mein Leben bereits die entscheidende Wendung genommen hatte, verriet Bakula Rinpoche mir, dass er damals schon begriffen habe, dass die Schutzgottheit mich als Kuten wollte. Doch was für ihn offensichtlich war, entzog sich meinem Blick noch immer.

Dies ist für dich

Doch die Zeichen und Träume, die auf meine Zukunft hinwiesen, kamen immer regelmäßiger. Eines Nachts träumte ich beispielsweise, ich stünde dem Nechung-Kloster gegenüber, doch seine Umgebung war nicht jene, die ich kannte. Es lag in einer grasgrünen Wiese, auf der da und dort Pilze wuchsen. Ich sammelte einige davon und brachte sie auf dem

Altar als Opfergabe dar. Später erklärte man mir, dass dieser eher bedeutungslos scheinende Traum in Wirklichkeit ein gutes Vorzeichen war. In einem anderen Traum sah ich den vormaligen Kuten, Lobsang Jigme, auf mich zukommen. Er trug den rituellen Spiegel und die Maske der Nechung-Gottheit. Dann blieb er vor mir stehen und erklärte: »Das ist für dich. Ich überreiche es dir.«

Dieser Traum beunruhigte mich, weil die Atmosphäre in Nechung damals sehr angespannt war. Es war schon lange her, dass der Kuten verstorben war. Die Spannung, die das Warten auf den neuen Kuten mit sich brachte, brach sich inzwischen überall Bahn. Immer wieder kam es zu Gerüchten, in denen der eine oder andere Mönch in Trance gesehen worden sein sollte. Immer wieder griffen die Ordensbrüder dieselbe Frage auf: »Warum ließ Dorje Dragden sich so lange Zeit, um sich erneut zu manifestieren?« Was mich anbelangte, so hatten sich die Ängste, die Dorje Dragden mir einflößte, wenn ich ihm im Traum oder bei anderen Gelegenheiten begegnete, in Nichts aufgelöst.

»Die Zwei, noch mal die Zwei und die Zehn«

1986 weihte Seine Heiligkeit uns in eine besondere Form des Chenresig ein, die man Tamdrin Yangsang nennt. Dies ist ein zornvoller Aspekt des Bodhisattva, der ihn von Flammen umgeben zeigt. Diese verbrennen unsere Unwissenheit und Verblendung, die uns immer wieder in den Zyklus von Tod und Wiedergeburt eintauchen lassen. Die Zeremonie wurde im neuen Kloster Sera abgehalten, das in Bylakuppe im südindischen Bundesstaat Karnataka wiedererrichtet worden war. Damals wie heute ziehen die Belehrungen des Dalai Lama Tausende von Mönchen, Nonnen und anderen Gläubigen an. Das Kloster Nechung hatte ebenfalls einen Vertreter geschickt: Dorje. Unter den zahlreichen Mönchen und Nonnen war auch ein Mönch aus dem Drepung-Kloster in Tibet, der bereits des Öfteren in Trance gefallen war. Und so dachten alle, ihnen voran Khamtrul Rinpoche, er sei vielleicht der neue Kuten.

Dorje, unser Abgesandter, wurde bald krank, und so musste er Ama Trapa konsultieren, ein weibliches indisches Medium, das in einem der großen tibetischen Flüchtlingslager in Bylakuppe lebte. Diese Frau nun gab Dorje eine keineswegs mystische Erklärung für seine Erkrankung. Sie sagte ihm vielmehr, seine Decke sei mit Keimen verseucht, und er müsse sie nur wechseln, dann würde er sofort genesen. Dorje gehorchte und wurde augenblicklich gesund. Da er die Frau für vertrauenswürdig befand, begab er sich zu Khamtrul Rinpoche und schlug ihm vor, sie zu konsultieren, um mehr über den neuen Kuten zu erfahren. Khamtrul Rinpoche stimmte zu, und so begab Dorje sich zur Behausung von Ama Trapa. Doch er stellte ihr die Frage nicht direkt, sondern schrieb sie auf ein kleines Stück Papier, das er ihr in die Hand drückte. Sie las den Zettel nicht einmal. Stattdessen nahm sie ihren Wahrsagespiegel zur Hand und erklärte: »Sie sind gekommen, weil Sie etwas über den neuen Nechung Kuten erfahren möchten. Der Nechung Kuten ist ein Mönch, und er ist bereits unter euch. Er lebt in eurem Kloster. Er ist schlank und ich sehe drei Zahlen, die mit ihm zu tun haben: die Zwei, noch einmal die Zwei und die Zehn. Das ist alles.«

Dorje kehrte sofort zu Khamtrul Rinpoche zurück, um

ihm die Botschaft von Ama Trapa zu überbringen. Sie hatte zwar nicht gesagt, wer der neue Kuten sein würde, doch sie hatte immerhin genügend Hinweise geliefert, um die Gemüter zu beruhigen. Der Kuten war bereits da. Man musste nur warten, bis Dorje Dragden sich durch ihn manifestierte. Es war also an der Gottheit selbst, sich zu entscheiden. Natürlich war dies damals noch niemandem klar, doch Ama Trapa sollte vollkommen Recht behalten.

Der 31. März 1987

Kurz darauf begannen die Feierlichkeiten zum tibetischen Neujahr, dem Jahr des Feuer-Hasen, dessen Beginn nach westlicher Zeitrechnung auf den 28. Februar 1987 fiel. Auch in diesem Jahr wurde Seine Heiligkeit erwartet, der während der Festlichkeiten Belehrungen über *lamrim*, den Stufenweg, halten sollte. Diese fußen auf einem außerordentlich wichtigen Text, den Je Tsongkhapa, der Begründer der Gelug-Linie, verfasst hatte. Viele Mönche aus dem Drepung-Kloster hatten sich auf den Weg gemacht. Keiner wollte die Erläuterungen des Dalai Lama zu diesem bedeutsamen Werk, das alle Stufen der spirituellen Entwicklung bis zur vollkommenen Erleuchtung beschreibt, versäumen.

Vorzeichen der ersten Trance

Nach dem 30. März dieses Jahres sollte mein Leben sich grundlegend verändern. An diesem Tag traf der Dalai Lama ein, kurz nachdem die Gebete, die stets vor den Belehrungen verrichtet werden, begonnen hatten. Ich aber wurde von einer Welle plötzlichen Unwohlseins erfasst, wie ich es noch nie erlebt hatte, gefolgt von einem heftigen Erregungszustand, bei dem ich am ganzen Körper heftig zitterte.

In dieser Verfassung bewegte ich mich, ohne es selbst zu wollen, auf den Thron des Dalai Lama zu. Ich kämpfte gegen meinen Körper an, der sich meiner Kontrolle zu entziehen schien. Der innere Konflikt, den ich dabei erlebte, war unbeschreiblich. Ich verbrachte den ganzen Vormittag damit zu versuchen, meine Bewegungen unter Kontrolle zu halten, und musste mich intensiv konzentrieren, um auch nur sitzen bleiben zu können. Zur Pause, als alle Welt sich erhob, um sich die Beine zu vertreten, zu essen oder zu trinken, wurde ich von einer neuen Welle der Beklommenheit überfallen. Ich war unfähig, auch nur einen Finger zu rühren.

Sobald Seine Heiligkeit zurückgekehrt war, ging der Kampf gegen die unwillkürlichen Bewegungen wieder los, die mich mit derselben Macht ergriffen wie am Vormittag. Ich zog mir den *zen* über, die Stola, die alle Mönche tragen, in der Hoffnung, mich so eher beruhigen zu können. Den anderen sagte ich, ich hätte eine starke Migräne. Das änderte zwar nichts an meinen Zuständen, doch die unwillkürlichen Bewegungen ließen nach, sodass einer meiner Gefährten sich sogar vergewisserte, ob ich nicht eingeschlafen sei. In diesem Augenblick hatte ich nur eine Hoffnung: dass die Belehrungen bald ein Ende nähmen. Am Ende dieses fürchterlichen Tages ging ich, nachdem der Dalai Lama die Örtlichkeiten verlassen hatte, zu seinem Thron, um diesen mit der Stirn zu berühren. Es war, als würde eine Welle von Licht durch mich hindurchgehen. Diese Welle hüllte mich ganz ein, doch dieses Mal war sie sanft und liebevoll, voller Frieden und Segen. Die Buddhas, Chenresig, Padmasambhava – alle ließen mich ihrer Liebe teilhaftig werden. Ihre Bilder, die rund um den Thron hingen, wurden in meinen Augen lebendig. Sie schienen von einem Mitgefühl beseelt, dem niemand widerstehen konnte.

Dieses Gefühl überwältigte mich so stark, dass ich mich bald beruhigt fühlte. Und ich zog einen einfachen, aber wichtigen Schluss daraus: Was mir an diesem Tag widerfahren war, konnte, wenn es in diesen Strom von Segen mündete, nicht nur schrecklich sein. Und so kehrte ich ganz gelassen ins Kloster zurück. Meine Anspannung, mein innerer Aufruhr hatten sich gelegt.

Ich fühlte mich in meinen Sinnen ein wenig gedämpft, aber insgesamt recht wach. Vielleicht war ich es ja, den alle Welt suchte. Darauf formten sich in meinem Herzen spontan die Worte eines Gebets: »Wenn dies der Fall sein sollte, dann wäre es eine großartige Gelegenheit, den Lehren des Buddha zu dienen. Wenn es wirklich wahr sein sollte, dann würde ich mein Bestes für die Lehren und für Tibet tun. Mögen alle Hindernisse beseitigt werden!« Ich ließ meine Gefährten vorangehen. Als ich das Nechung-Kloster erreichte, stellte ich fest, dass Khamtrul Rinpoche mir einen kleinen Stupa dagelassen hatte, dessen Spitze abgebrochen war. Ich sollte ihn reparieren und am nächsten Tag zurückbringen. Und so verbrachte ich einen Großteil der Nacht mit dieser heiklen Arbeit, die enorm viel Konzentration erforderte. Ich hatte das Gefühl, mein Geist, die Bewegungen meiner Hände und der Stupa seien eins. Ich ging sehr spät zu Bett, doch ich war vollkommen entspannt.

Der Regenbogen über dem Tempel

In dieser Nacht hatte ich wieder einen besonderen Traum. Wieder erblickte ich das Nechung-Kloster inmitten grüner Wiesen. Sie waren von Pilzen übersät, die nicht schöner hätten sein können. In meinem Traum war es früher Morgen, und die Mönche von Drepung führten das Lhatse-Ritual durch. Ich sah, wie ich mit Leichtigkeit die Mauern hinaufkletterte. Auf dem Dach des Klosters bot sich mir ein unglaubliches Schauspiel: Ein Regenbogen spannte sich von dort aus weit in den Himmel hinein und tauchte alles in irisierendes Licht. Wie im vorhergehenden Traum sammelte ich auch dieses Mal eine große Menge dieser schönen Pilze, um sie als Opfergabe darzubringen. Dann erwachte ich mit einem tiefen Wohlgefühl aus dem Schlaf.

Die erste Trance

Wir schrieben den 31. März 1987. Wie in meinem Traum sollten an diesem Tag die Mönche aus Drepung nach Nechung kommen, um die rituellen Lhatse-Gebete zu verrichten. Die beiden Klöster hatten im alten Tibet in nächster Nachbarschaft zueinander gelegen, doch hatten auch spirituelle Verbindungen zwischen ihnen bestanden. Chamyang Chöje, der Gründer des Drepung-Klosters, hatte den Schützer von Nechung angefleht, auch Schutzgottheit für sein Kloster zu werden. Daraus war eine Tradition entstanden: Am 2. Tag jedes Mondmonats kamen die Drepung-Mönche nach Nechung, um unseren Schützer zu feiern und, sofern es nötig war, den Kuten um Rat zu bitten. Dies hatte sich jedoch im Exil geändert, da das Drepung-Kloster in Südindien wieder aufgebaut worden war, während man das Nechung-Kloster im Norden hatte neu entstehen lassen. Und so führte man diese Rituale nicht mehr im selben zeitlichen Abstand durch, wie die Tradition es gebot.

Die Drepung-Mönche hielten das Ritual im eigenen Kloster vor einer bildlichen Darstellung der Schutzgottheit ab. In Dharamsala aber, wo sie den Neujahrsfeierlichkeiten beiwohnten, konnten die Repräsentanten der Drepung-Kollegien von Gomang und Losel Ling das Ritual so gestalten, wie es in Tibet üblich gewesen war. Seit dem Tod des Kuten im Jahr 1984 wurden die Feierlichkeiten in abgekürzter Form vor einer Statue von Dorje Dragden durchgeführt, in einem Raum neben dem Haupttempel, der einzig dieser Gottheit geweiht ist.

Dieses Mal hatte der Abt von Drepung gegen einigen Widerstand durchgesetzt, dass das Ritual in voller Länge ausgeführt wurde, um der Gottheit zu zeigen, wie sehr man wünschte, sie möge sich doch endlich erneut in menschlicher Gestalt manifestieren. Am Vorabend der Zeremonie gab es ein Anrufungsritual, bei dem die traditionellen Instrumente gespielt wurden: die langen Hörner und die kürzeren, *gyaling* genannten Schalmeien. Die Mönche bereiteten alles so vor, als würde das Orakel sich in Trance begeben. Am Tag der Zeremonie oblag es mir, der Gottheit geweihte Getränke – schwarzen Tee und Weihrauch – darzubringen. Ich betrat den Raum, in dem sich bereits die Vorsteher der Drepung-Kollegien Gomang und Losel Ling aufhielten. Bei ihnen waren vier Mönche, sie rezitierten die Gebete zur Anrufung Dorje Dragdens. Kaum eingetreten, überfiel mich wieder das mittlerweile vertraute Unwohlsein. Ich konnte mich kaum mehr bewegen, geschweige denn den Raum verlassen. Also stellte ich die Opfergaben in eine Ecke. Dann bat man mich, die mit Safran vermischten Getreidekörner segnen zu lassen, die der Kuten gewöhnlich als Opferung in die Luft wirft. Da ich nicht wusste, wie ich dies tun sollte, riet mir Kalsang, mein Schreiblehrer, die kleinen Getreidepäckchen in meine Stola einzuwickeln und diese vor die Statue zu legen. Als Thubten Phuntsog mich dabei sah, schien er irritiert. Ich aber entgegnete ihm auf ungewollt heftige Art:

»Was soll denn das Ganze überhaupt? Das ist doch alles lächerlich! Es gibt sowieso keinen Kuten mehr. Warum also diese ganzen Opferungen?«

Thubten Phuntsog war von meinem Verhalten schockiert. Er wurde richtig wütend: »Es handelt sich hier um Symbole. Alles ist symbolisch gemeint ... die Opferungen, die Person, die sie darbringt, die Gottheit, die sie empfängt, all das existiert nur im Geist. Doch dem Ritual muss trotzdem Genüge getan werden!«

Ich hörte ihn kaum. Ich wollte nur noch weg, hinaus, so schnell wie möglich, so weit wie möglich. Doch meine Beine gehorchten mir nicht. Es war, als hielte mich eine riesige Hand zurück. Schließlich brachte ich genügend Kraft auf, um durch eine verborgene Seitentür zu verschwinden. Ich hoffte, meine Gefährten zu finden. Doch diese hatten sich bedauerlicherweise schon längst in den Tempel begeben. Der erste Teil der Zeremonie war vorüber. Nun begann die Anrufung der Gottheit. Ich riss ein Weihrauchgefäß an mich und stürzte in den Raum zurück, in dem die Zeremonie für Dorje Dragden stattfand. Dort überfielen mich die Zuckungen wieder. Ich hatte das Gefühl, ein gewaltiger Stromschlag träfe mich. Dann sah ich noch einen weißen Blitz. An das, was danach geschah, kann ich mich nicht mehr erinnern. Ich erlebte meine erste Trance und offenbarte mich gegen meinen Willen als der 17. Kuten von Nechung. Dies geschah am zweiten Tag des zweiten Monats des tibetischen Jahres. Und die Zahl, unter der ich im Kloster registriert war, war die Zehn. Ama Trapa hatte also Recht behalten: Zwei, Zwei und Zehn – das waren die Zahlen des Kuten.

Ein merkwürdiges Geräusch

Allerdings ist es schon interessant zu erfahren, was nach diesem Blitz geschah. Ich selbst weiß davon nichts, mir ist nur mein Unwohlsein im Gedächtnis geblieben. Lobsang Toldan erinnert sich an die Ereignisse: »Ich stand ein wenig verborgen hinter der Tür. Während der *chendren*, der Anrufung, vernahm ich ein Geräusch. Als würde ein Tischler Holz sägen oder etwas reparieren. Es ging *tri ... tri ... tri ... tri ...* Gyen Kalsang stand immer noch ins Gebet versunken vor dem Thron. Er schien traurig. Ich dachte, das habe vielleicht mit seinen Erinnerungen an den vorherigen Kuten zu tun. Während meine Gedanken zu den Gebeten und der Musik zurückkehrten, hörte ich, wie Kalsang Norbu – Thubten Ngodup – einen Laut ausstieß. Ich wandte mich ihm zu. Da erst merkten wir alle, dass er in Trance gefallen war.

Kusho Jampa hielt seine rechte Hand, ich nahm die linke. Ich spürte, wie sie steif wurde und anschwoll. In diesem Augenblick kam Kusho Nyerpa – Thubten Phuntsog – an meine Seite und bat mich, Kalsang sofort die Uhr abzunehmen, damit der Druck des Uhrbandes ihm keine Probleme bereite. Auf die Idee war ich noch gar nicht gekommen, und ich tat, wie mir geheißen. Wir hatten Kalsang gerade erreicht, als das erste ›Haoooh‹ aus seinem Mund kam. Er atmete stoßweise, dann hörten endlich die Anrufungsgebete auf. Innerhalb weniger Minuten endete auch die Trance. Ich spürte, wie Kalsangs Hand wieder normal wurde.«

Auch andere Menschen hörten diesen seltsamen Laut, als ich in Trance fiel: *tri … tri … tri*. Nach so langen Jahren des Wartens war die Aufregung im Kloster groß. Überall flüsterten die Mönche sich voller Respekt zu: »Nechung ist zurück! Dorje Dragden ist wieder da.« Die Trance war nur kurz gewesen. Trotzdem wurden das Büro für religiöse Angelegenheiten und der Privatsekretär des Dalai Lama informiert. Ich kam wieder zu mir und hatte keine Ahnung, was passiert war. Nur der Blick von Thubten Phuntsog, der mir gegenüber mit einem Mal sehr milde war, sagte mir, dass etwas Außergewöhnliches geschehen sein musste. In meinem Innersten allerdings war ich nun wieder vollkommen im Gleichgewicht: Alle Träume, alle Vorzeichen, die auf die Präsenz von Dorje Dragden hindeuteten, hatten endlich einen Sinn erhalten. Trotzdem fühlte ich mich nicht besonders gut. Ich fror ziemlich und war leicht benommen.

Gespräch mit dem Dalai Lama

Zwei Tage später wurde ich von Seiner Heiligkeit empfangen. Vor Respekt wagte ich kaum zu atmen. Er aber war vollkommen natürlich und begrüßte mich sehr herzlich. Bald waren wir in ein freundliches, wohlwollendes Gespräch verwickelt. Er sprach mich direkt und ohne große Umschweife an und bat mich, ihm doch zu beschreiben, was mir widerfahren war. Also erzählte ich ihm alles, meine Träume, meine Vorahnungen und Visionen, das Unwohlsein, das Nasenbluten, alles, auch die kleinsten Einzelheiten, an die ich mich erinnerte.

Er hörte mir aufmerksam und konzentriert zu. Zu bestimmten Punkten, die ihn näher interessierten, stellte er mir Fragen. Er wollte von mir eine so exakte Beschreibung wie nur irgend möglich. Da erst begriff ich, wie wichtig es für den Dalai war, dass es endlich einen neuen Nechung Kuten gäbe. Er fragte mich, wie ich über die Sache denke. Ich antwortete, dass ich, sofern ich wirklich der neue Kuten sein sollte, dieses Amt zum Wohle der Wesen ausüben wolle, um so der Lehre zu dienen. Dann würde ich diese Aufgabe ohne Zögern übernehmen wollen.

Auf seinen Rat hin ging ich in Klausur und unterzog mich einem »Retreat«. In der buddhistischen Tradition bedeutet ein Retreat keineswegs den vollkommenen Rückzug von der Welt, selbst wenn dies auf der körperlichen Ebene der Fall ist. Man stellt jede Art weltlicher Aktivität ein. Daher erlaubt das Retreat die Konzentration von Körper, Rede und Geist auf die spirituelle Praxis. In meinem Fall sollte das Retreat Dorje Dragden den Weg ebnen, um sich durch mich zu manifestieren, wenn er dies denn wünschte. Sobald man sich vom Trubel des Alltags losgelöst hat, entspannt sich der Geist, wodurch seine tiefgründige Natur klarer hervortritt und Visionen und Träume sich einstellen können. Außerdem sollte das Retreat die Kanäle reinigen, in denen die feinstoffliche Energie im Körper zirkuliert.

Ich machte also ein Retreat, bei dem ich mich auf die von Tamdrin Khamsum Silnön niedergelegte Praxis konzentrierte, auf Hayagriva – »der die drei Welten niederwirft«. Hayagriva ist ein zornvoller Aspekt des Bodhisattva Chenresig, des personifizierten Mitgefühls. Er hat eine einfache Form: ein Kopf, zwei Arme, zwei Beine. Es mag einem merkwürdig vorkommen, dass das Mitgefühl von einer Gottheit in einem Flammenkreis repräsentiert wird, doch sollte man dabei an eine Mutter denken, die zum Wohle ihres Kindes durchaus gelegentlich in Zorn gerät. Die Liebe bleibt die gleiche, auch wenn sich der Ton ändert. Doch durch einen Wutausbruch wirkt sie umso eindringlicher.

Mein Reinigungs-Retreat

Im Retreat gab es jeden Tag vier Meditationssitzungen. Ich stand um fünf Uhr morgens auf und begann eine halbe Stunde später mit der Meditation. Während dieser ersten Sitzung übte ich mich in der »Erzeugungsphase«. Dabei verschmilzt der Meditierende immer mehr mehr mit Hayagriva. In der Zeit von sieben bis halb acht Uhr am Morgen nahm ich das Frühstück ein und widmete mich meinen Studien. Dann gab es eine weitere Meditationssitzung bis um elf Uhr. Danach aß ich, unternahm weitere Studien und legte dann von halb zwei bis um halb fünf Uhr am Nachmittag noch eine Meditationssitzung ein. Bei den beiden Sitzungen tagsüber wurde das Mantra Hayagrivas rezitiert. Am Abend führte ich zwischen sechs und acht Uhr eine Sitzung durch, bei der Opfergaben dargebracht sowie Wunsch- und Langlebensgebete für die spirituellen Lehrer rezitiert wurden.

Der Dalai Lama hatte mich der Obhut von Khamtrul Rinpoche und Denma Lochö Rinpoche anvertraut. Letzterer war ein hochstehender Lama der Gelug-Schule, ein naher Schüler von Ling Rinpoche, der seit Kurzem Abt von Namgyal Dratsang war, dem persönlichen Kloster Seiner Heiligkeit. Der brillante Mönch aus dem Gyurme-Kloster wurde hoch geschätzt. Nicht wenige Mönche dort wünschten, er würde seine Ausbildung vervollständigen, um Schritt für Schritt an den Gipfel zu gelangen und zum Ganden Tripa zu werden, dem Vorsteher seiner Linie. Doch dies war nicht sein Ziel. Entgegen allen Erwartungen verließ er sein Kloster. Da er wissen wollte, ob seine Entscheidung richtig war, ersuchte er meinen Vorgänger um ein Orakel. Dieser äußerte sich kategorisch: Es sei absolut unabdingbar, dass er sein angesehenes Kloster verließ. Danach legte Denma Lochö Rinpoche dieselbe Frage noch dem Kuten von Gadong und anderen Orakeln vor. Alle äußerten sich in derselben Richtung. Und so verließ er Gyurme. Doch seine spirituelle Verwirklichung machte sich schnell auch im Exil bemerkbar, wo er entscheidend dazu beitrug, dass seine Tradition erhalten blieb.

Khamtrul Rinpoche und Denma Lochö Rinpoche suchten mich also regelmäßig auf und befragten mich zu meinen Erfahrungen während der Sitzungen und zu meinen Träumen. Alles konnte einen Hinweis auf die Aktivität des Schützers von Nechung darstellen. Danach besprachen sie unter sich, was ich ihnen erzählt hatte, und erstatteten Seiner Heiligkeit Bericht.

Schließlich wurde ich erneut eingeladen, in den Palast zu kommen, wie wir die Sommerresidenz des Dalai Lama in

Dharamsala nannten. Dort wurde das vorbereitende Ritual für die Trance des Kuten durchgeführt. Wieder fiel ich in Trance, dieses Mal in Gegenwart Seiner Heiligkeit. Einige Tage später brachte man mich vor den Kashag, den Ministerrat der Exilregierung. Auch dort fiel ich in Trance, sobald die entsprechenden Rituale abgehalten wurden. Und so gab es in den Augen aller Beteiligten keinen Zweifel mehr: Ich war der neue Kuten.

Thronerhebung als Kuten von Nechung

Die Regierung ernannte mich nun offiziell zum Kuten. Mein Kloster beauftragte die Astrologen des Mentsi Khang, des Instituts für tibetische Medizin und Astrologie, das günstigste Datum für meine offizielle Inthronisation zu bestimmen. Während dieser Zeremonie wurde ich als Orakel des Dalai Lama und des tibetischen Staates eingesetzt. In der tibetischen Astrologie geht es weniger um die psychologische Dimension der Person als um die Energien, die das Dasein bestimmen. Und so werden für bestimmte Ereignisse und Vorhaben günstige oder ungünstige Daten berechnet, sei es für die Gemeinschaft – in diesem Fall finden die Daten Eingang in den Kalender – oder für den Einzelnen. Nachdem sie ihre komplexen Berechnungen angestellt hatten, erklärten die Astrologen, dass meine Inthronisation am 4. September 1987 stattfinden sollte.

An diesem Tag begab ich mich um neun Uhr morgens in Begleitung meines in Dharamsala wiedergefundenen Onkels, Wangchuk Pasang, und des Schatzmeisters des Klosters, Thubten Sherab, ins Büro des Dalai Lama, wo dieser mich freundlich empfing. Wir machten drei Niederwerfungen vor ihm und rezitierten ein Langlebensgebet für ihn, das vom Nechung-Orakel verfasst worden war. Dann brachten wir ihm verschiedene symbolische Opfergaben dar, unter anderem ein Mandala, welches das ganze Universum darstellt, eine der bekannten zeremoniellen Schärpen und ein Bild von Dorje Dragden. Auch Seine Heiligkeit überreichte mir eine solche Schärpe und ein Segensbändchen. Dann bot uns der Privatsekretär des Dalai Lama Tee und Reis an. Wir aßen und tranken und plauderten ein wenig mit Seiner Heiligkeit, der wie immer sehr liebenswert war.

Nach diesem eher informellen Treffen wurden wir zum Tsuglagkhang gebracht, dem großen Tempel in Dharamsala. Auch dort brachten wir seidene Schärpen als Opfer dar: für den Buddha, für Padmasambhava, Chenresig, Palden Lhamo und andere wichtige Gottheiten Tibets. Schließlich begaben wir uns zur alten Residenz von Ling Rinpoche und Serkhong Rinpoche, um den Reliquien dieser hoch angesehenen Meister unsere Verehrung zu erweisen. Auch dort erhielt ich eine der zeremoniellen Schärpen sowie Tee und Reis. Wenn ich daran denke, dass Ling Rinpoche mich vor 15 Jahren dort lauthals lachend empfangen hatte, weil ich so schlecht gekleidet war ... Vielleicht waren seine Freundlichkeit und seine Wärme ja darauf zurückzuführen, dass er längst wusste: Das Kloster sollte mich eines Tages als Nechung Kuten zurückkehren sehen.

Zurück im Nechung-Kloster empfingen uns die Mönche mit rituellen Klängen. Zwei von ihnen kamen aus dem tibetischen Mutterkloster, ein paar andere bildeten eine Delegation des Nechung-Tempels in Hawaii. Ich verbeugte mich dreimal vor dem Tempel, dann hängte ich zeremonielle Opferschärpen an den Thron des Dalai Lama und brachte auch dem Buddha sowie Dorje Dragden welche dar. Darauf führte man mich zum ersten Mal zum Thron des Kuten. Der Generalsekretär der Regierung, Ngawang Chösang, überreichte mir als offizieller Regierungsvertreter ein universelles Mandala und eine Zeremonienschärpe, ebenso der Abt des Gomang-Kollegs am Drepung-Kloster. Nun kamen die Staatssekretäre aller Ministerien sowie die Vertreter der verschiedenen Klöster sowie des Namgyal Dratsang, des persönlichen Tempels Seiner Heiligkeit, und des Gadong-Klosters. Die Repräsentanten defilierten an mir vorbei, um mir eine der traditionellen, Glück verheißenden Schärpen zu überreichen. Nach den offiziellen Vertretern der einzelnen Institutionen kamen die restlichen Anwesenden mit ihrer Schärpe.

Dies war die offizielle Zeremonie. Im Anschluss daran zog ich mich in einen Raum zurück, in dem ich meine Familie, meine Freunde und andere mir nahestehende Menschen empfangen durfte. Auch sie hatten Geschenke und Schärpen gebracht. Natürlich war meine Mutter von Anfang an bei der Zeremonie zugegen. Ich wusste, dass sie tief bewegt war. Aber das ginge wohl allen Eltern bei einer solchen Gelegenheit so. Trotzdem war sie nicht der Mensch, der sich so etwas anmerken lässt. Sie wusste, dass ich mir ihrer Freude bewusst war, und das genügte ihr.

Von diesem Moment an verlief mein Leben in gänzlich anderen Bahnen. Da ich nun Kuten war, verlor ich mit der Inthronisation meine Aufgabe als Zeremonienmeister der rituellen Opferungen und wurde zum Abt und zur spirituellen Autorität des Klosters. Damals wusste ich noch nicht, was dies bedeutete. Nur schemenhaft ahnte ich die große Verantwortung, die auf mir ruhte, bin ich doch weder ein großer Gelehrter noch ein großer Weiser. Eben aus diesem Grund habe ich seither stets versucht, mich zu vervollkommnen. Da ich nun die Verantwortung für das ganze Kloster trug, musste ich alle Rituale leiten, solange meine Aufgaben mich nicht an einen anderen Ort führten. Denn ich nahm keine meiner neuen Aufgaben auf die leichte Schulter.

Die Opfergaben, die mir persönlich am Tag der Inthronisation überreicht worden waren, benutzte ich, um für meine Mutter, meinen Bruder und dessen Familie eine neue Unterkunft zu finden. Ich mietete für sie in der Nähe des Nechung-Klosters eine moderne Wohnung mit fließendem Wasser. Doch meine Mutter wollte finanziell weder von mir noch von anderen Menschen abhängig sein. Und so verkaufte sie weiterhin ihre Strickwaren, um ihren Lebensunterhalt zu sichern. Mein Bruder und meine Schwägerin kümmerten sich um sie.

Der Buddhismus und seine Orakel

Es ist fast unmöglich, genau zu sagen, wie viele Orakel und lokale Gottheiten es in Tibet gegeben hat. Sicher waren es mehrere Hundert. So weit man in der Geschichte unseres Landes auch zurückgehen mag, es gab immer schon Medien, mit deren Hilfe die lokalen Gottheiten von den Menschen befragt wurden.

Die sichtbare und die unsichtbare Welt

In der tibetischen Tradition ist die Welt nicht auf ihre sichtbare Dimension begrenzt. Es gibt verschiedene Ebenen der Existenz, daher sind die Wesen, die unsere Welt bevölkern, ohne Zahl. Einige dieser Wesen stehen mit den Elementen in Verbindung, andere mit Energien, die zu einem bestimmten Ort gehören. So haben bestimmte Lokalgottheiten einen Wohnsitz, einen Ort, dem sie innig verbunden sind: Dies können Quellen sein, aber auch Berggipfel, Höhlen, Felsen, Wälder, Lichtungen, Bäume und vieles mehr. Alles kann den Gottheiten als »Stütze« dienen und zahlreiche Legenden berichten von ihren mehr oder weniger friedvollen Aktionen.

In den meisten Fällen bleiben diese Gottheiten dem Auge verborgen. Das bedeutet aber nicht, dass es sie nicht gibt. Es ist in etwa so wie mit unserem Planeten im Allgemeinen: Erst wenn wir von einem Land ins andere, von einem Kontinent auf einen anderen reisen, werden wir uns bewusst, dass es auch anders geartete Wesen gibt, die dort leben. Als sich das Reisen noch nicht so einfach gestaltete, war es leicht zu glauben, wir seien allein auf der Welt. Was die Geistwesen angeht, die unsere Welt bevölkern, so können wir sie erst dann wahrnehmen, wenn sich unsere Wahrnehmung ändert.

In diesem Sinne ist unsere Welt mit einem Radioempfänger vergleichbar: Man muss nur die Wellenlänge ändern, um einen neuen Sender zu empfangen. Was unseren Planeten angeht, so müssen wir nur unseren Blickwinkel verändern, um uns der Existenz anderer Lebensformen gewahr zu werden. Aus Gründen, deren Kenntnis sich mir entzieht, sind manche Männer oder Frauen in der Lage, mit anderen Lebensformen, wie diese Lokalgottheiten es sind, in Kontakt zu treten. Diese nennt man »Medium«.

Unterworfene Gottheiten

Die traditionellen Sagen berichten, dass Padmasambhava, als er in unser Land kam, ständig mit solchen Lokalgottheiten aneinandergeriet, da diese immer wieder versuchten, ihn in seiner Aktivität zu behindern. Daher musste er sie auf seinen Reisen unterwerfen. So kam er auch nach Samye und Umgebung. Dort wollte er ein neues Kloster errichten. Dies war aber nur möglich, indem er die stärksten Lokalgottheiten bezwang. Einer der bekanntesten Texte, die von diesen Taten Padmasambhavas berichten, trägt den Titel *Padma Kathang*. Darin findet man Geschichten wie die folgende, die erzählt, wie Padmasambhava auf seiner Reise nach Zentraltibet einen weiblichen Dämon unterwarf:

> Dann begab er sich nach Kharnag, in die Schwarze
> Festung, die in der Ebene von Namthang lag.
> Die weiße Göttin der Gletscher, Nammen Karmo,
> schleuderte Blitze gegen ihn.
> Doch der Meister zog mit dem Finger einen Kreis
> um sie und warf sie in den See.
> Voller Schrecken floh sie und verbarg sich in der
> Tiefe des Sees von Palmo Palthang.
> Dabei begann der See zu kochen und Blasen
> zu werfen, sodass ihr Fleisch von den Knochen
> getrennt wurde.

Der Meister schleuderte seinen Vajra-Dolch und
 traf ihr rechtes Auge.
So kehrte sie an die Oberfläche des Sees zurück
 und flehte ihn an:
»O Vajra-Meister mit der Schädel-Mala, ich stehe
 in deiner Schuld!
Ich schwöre, dass ich keine Hindernisse mehr
 schaffen werde und dein Geist in Frieden verweilen
 kann.
Was du auch immer anordnen magst, ich bin deine
 Dienerin.«
Dann übereignete sie ihm ihre Lebenskraft und
 legte den Schwur ab.
Er gab ihr den geheimen Namen »Die Gehäutete,
 Leuchte des reinen Türkises«.
Und er vertraute ihr einen wichtigen Schatz an.

Diese Gottheiten, die in unserer Tradition häufig als Diener einer höheren Gottheit betrachtet werden, bleiben friedvoll, wenn man sie nicht erzürnt. Erregt man jedoch ihren Zorn, dann, so heißt es, sprechen sie Flüche aus, welche die Ursache vieler Seuchen und Erkrankungen sind. Rechung beispielsweise, der Hauptschüler des großen Milarepa – der im 12. Jahrhundert lebte –, erkrankte an Lepra, weil er beim Pflügen eine Erdgottheit verletzt hatte. Von der Luftverunreinigung heißt es, dass wir durch sie den Lebensraum der Luftgeister zerstören. Dieser Glaube an Lokalgottheiten zieht, so naiv er scheinen mag, eine Haltung nach sich, deren Verlust wir heute, da die Welt unter einer enormen Umweltverschmutzung leidet, in ihrer ganzen Tragweite erkennen:

Im alten Tibet wurde die Natur von allen respektiert. Sogar Goldminen wurden nur an der Oberfläche ausgebeutet, um die Berggottheiten nicht zu verärgern. Diese Einstellung sieht den Menschen als nur eine Ausdrucksform des Lebens unter vielen anderen. Nimmt eine dieser Ausdrucksformen Schaden, so leidet auch der Mensch darunter.

Zahllose Probleme

Gelegentlich ergreifen Gottheiten Besitz von einem Menschen, um durch ihn zu sprechen. Allerdings gilt es, solche Fälle mit Vorsicht zu prüfen. Zum einen garantiert nichts, dass es tatsächlich eine Gottheit ist, die spricht. Es könnte sich bei dem Medium auch um einen Menschen handeln, der an schweren geistigen Störungen leidet. Oder es ist ein Betrüger, der – weil er für einen Mittler zwischen Göttern und Menschen gehalten wird – die Leichtgläubigkeit der Leute ausnutzt und sich üppige Opfergaben ergaunert. Auf diese Weise würde er nicht nur seinen Lebensunterhalt, sondern auch Achtung und Respekt gewinnen.

Die zweite große Gefahr ist eher spiritueller Natur. Aus buddhistischer Sicht besteht kein Zweifel, dass diese Gottheiten existieren, doch sie gehören immer noch der Welt der zyklischen Existenz an. Wir können sie um Schutz oder Hilfe bitten, doch wir nehmen nicht Zuflucht zu ihnen. Wir müssen sie also als das betrachten, was sie in Wahrheit sind. Sie können ganz außerordentliche Fähigkeiten besitzen, können Menschen Krankheiten schicken oder sie heilen, können gute oder schlechte Ernten bewirken. Aber sind nicht auch Tiere in gewisser Weise außergewöhnlich? Der Höhenflug des Adlers, die Ausdauer und Kraft des Schneeleoparden gehen weit über das hinaus, was ein Mensch vermag. Trotzdem haben diese Fähigkeiten keinerlei Auswirkung auf den Geist.

Wenn man den Pfad des Buddha betritt, gibt es eine kleine Zeremonie, die man als »Zufluchtnahme« bezeichnet. Während dieser Zeremonie erkennt man die spirituelle Kraft der »Drei Juwelen« an. Die Drei Juwelen sind Buddha, Dharma und Sangha. Zuflucht zum Buddha zu nehmen bedeutet, dass man dessen spirituelle Errungenschaften anerkennt und versteht, dass der Erleuchtungszustand, der Zustand des Buddha, die vollkommene Befreiung des Geistes bedeutet. Dharma meint die Lehre in all ihren Formen, ob nun schriftlich, mündlich oder symbolisch übermittelt. Wenn wir Zuflucht zur Lehre nehmen, bedeutet dies, dass wir erkennen, dass diese Belehrungen uns bei der geistigen Befreiung von Nutzen sein können. Der Sangha wiederum ist die Gemeinschaft der Praktizierenden. Wenn wir zum Sangha Zuflucht nehmen, heißt dies: Wir stützen uns auf die anderen Praktizierenden, um Fortschritte zu machen. Die Zuflucht erfordert eine enorme geistige Wachsamkeit. Alles an ihr ist auf die spirituelle Erleuchtung ausgerichtet. Daher hat es keinen Sinn, zu etwas nicht Erleuchtetem Zuflucht zu nehmen. Ebenso wenig Sinn hat es, zu den Drei Juwelen Zuflucht zu nehmen, wenn man seine Denkweise nicht ändern will. Dies wäre, als würde ein Gefangener den Schlüssel ins Schloss seiner Gefängnistür stecken und ihn zweimal umdrehen. Dabei ist es eben dieser Schlüssel, mit dem er die Tür öffnen könnte.

Die Gottheiten, so machtvoll sie auch sein mögen, gehören – wie wir selbst – einer Existenzform an, die man als

»bedingt« bezeichnet. Sie ist bedingt und geprägt durch den Glauben an ein »Ich« oder »Selbst«. Wenn wir also Zuflucht nehmen zu solchen Gottheiten, vertrauen wir uns gewissermaßen einem Blinden an, der uns von unserer Blindheit befreien soll – ein sinnloses Unterfangen. Aus spiritueller Sicht ist das Problematische an Orakeln, dass der Mensch dazu neigt, die Verantwortung für das eigene Leben den Gottheiten zu überlassen, also Zuflucht bei den Göttern zu suchen. Ein Orakel aber ist kein spiritueller Meister. Die Gottheiten, die das Orakel geben, dürfen nicht mit dem Buddha verwechselt werden.

Die Natur der Gottheit, die vom Menschen Besitz ergreift, ist also noch nicht frei von Verblendungen. Dies muss man wissen, wenn man »Kontakt aufnimmt«. Die Beziehung zur Gottheit ist zum einen von hohem Respekt geprägt, zum anderen muss man sich bewusst sein, dass man auch von einem Orakel keine Wunder erwarten kann. Die eingeladene Gottheit ist wie ein reicher und mächtiger Nachbar, den man um einen Gefallen bittet. In solchen Angelegenheiten ist ein gewisses Fingerspitzengefühl vonnöten. Man sollte sich auch daran erinnern, dass Dank durchaus angebracht ist, weil sich sonst Reichtum und Macht auch gegen einen selbst wenden können. Doch wir sollten auch die Grenzen unseres Nachbarn erkennen und nichts erwarten, was er uns nicht geben kann. Außerdem kann keine Kraft der Welt das Heranreifen unseres »Karma« verhindern, dem Gesetz von Ursache und Wirkung. Wenn ein Ereignis also auf unser Karma zurückgeht, dann können wir es nicht am Eintreten hindern. Das Einzige, was wir in diesem Fall tun können, ist, mit dieser speziellen Situation nach bestem Vermögen umzugehen, auch wenn wir keineswegs Herr der Dinge sind. Dies ist also der geistige Hintergrund, vor dem wir Tibeter unsere Orakel befragen: Wir nutzen, was es uns geben kann, um im gegebenen Moment die bestmögliche Entscheidung zu treffen. Das Orakel nimmt uns die Entscheidung nicht ab.

Die großen Orakel Tibets

Als erstes Orakel trat Nechung auf, dann Gadong und schließlich Tseumar. Letztere sind zwar keine Staatsorakel, können aber trotzdem bei wichtigen Angelegenheiten befragt werden, da die Gottheit, die sich durch das Medium ausdrückt, durchaus nicht nur lokale Bedeutung hat.

Dies ist auch bei Lhamo Yudönma der Fall. Kalsang Lhamo habe ich recht bald kennengelernt. Sie dient der mächtigen Dorje Yudönma als Medium, die zu den zwölf Tenmas gehört, den Gottheiten, die Padmasambhava unterworfen hat. Sie wurde in Tibet geboren, war jedoch 1959 – wie meine Eltern und ich Jahre später – über Bhutan nach Indien geflohen. Sie wurde nicht mit den neuen Lebensbedingungen fertig und erkrankte schwer. Ein Jahr lang litt sie und musste sogar im Krankenhaus behandelt werden. Eines Tages traf sie Kyabje Düjom Rinpoche, der damals das Oberhaupt der Nyingma-Linie war. Der berühmte Meister prophezeite ihr, dass sie einmal das Medium von Dorje Yudönma sein würde, und sie akzeptierte diese Vorhersage. Einige Zeit verging. 1973 kam sie nach Dharamsala, wo sie Kyabje Trijang Rinpoche kennenlernte, einen der Lehrer des Dalai Lama. Auch er bestätigte ihr, dass sie in Kontakt mit der Göttin treten werde.

Früher wandte sich die tibetische Regierung zunächst an das Nechung-Orakel, wenn sie Rat einholen wollte, und erst danach an das Gadong-Orakel. Gelegentlich wurden auch das Orakel von Lhamo Tsangpa (das Orakel des Panchen Lama), das von Tseumar (das Orakel des Klosters Samye) und das Orakel der Tenmas von Drepung befragt. Manche Orakelämter werden gleichsam in der Familie vererbt, weil die Gottheit immer nur Mitglieder dieser Familie als Medium auswählt. So ist dies beim Gadong- und Lhamo-Tsampa-Orakel sowie bei den Tenmas von Drepung. Die anderen, das Nechung- und das Tseumar-Orakel, können aus den unterschiedlichsten sozialen Schichten und den verschiedensten Orten in Tibet kommen.

Die Medien von Nechung, Gadong und Lhamo Tsangpa nahmen innerhalb der Regierung einen offiziellen Rang ein. Das Orakel der Tenmas, das immer eine Frau war, wurde in den Rang der *lhacham* erhoben, den üblicherweise die Frauen der Minister einnahmen. Die menschliche »Stütze« von Lhamo Tsangpa ist vor wenigen Jahren gestorben und nun warten alle darauf, dass der neue Kuten hervortritt. Das Orakel der Tenmas von Drepung hält sich im Augenblick in Tibet auf. Und was Tseumar angeht, so hat sich die Gottheit seit Jahren nicht mehr manifestiert.

Meine Vorgänger

Warum bin ich nun Kuten geworden? Ich kann diese Frage letztlich nicht beantworten. Ich weiß nur, dass es in gewisser Weise ein ganz natürlicher Vorgang war, so als hätte ich diese Anlage immer schon in mir getragen. Es gibt regelrechte Kuten-Linien, so wie es Linien wiedergeborener Lamas gibt, die man als Tulku bezeichnet. Und doch gibt es zwischen den Kuten und den Tulkus einen großen Unterschied. Ein Tulku hinterlässt gewöhnlich vor seinem Ableben Hinweise auf seine erneute Wiedergeburt. Diese Hinweise ermöglichen es, seine Wiedergeburt zu finden. Man folgt diesen Hinweisen, findet die Kinder und unterzieht sie dann bestimmten Prüfungen, um festzustellen, ob sie tatsächlich die gesuchte Wiedergeburt sind.

Die Tulkus

Wir alle wissen heute, wie die jetzige Inkarnation des Dalai Lama entdeckt wurde. Man hatte drei Kinder gefunden, auf die die Hinweise der verstorbenen Dalai-Lama-Inkarnation zutrafen. Die Visionen des Regenten, die Ratschläge des Panchen Lama und des Nechung-Orakels erlaubten, die Auswahl noch zu verfeinern. Dann legte man dem künftigen politischen und spirituellen Oberhaupt Tibets Gegenstände vor, die dem 13. Dalai Lama gehört hatten. Diese lagen zwischen ähnlichen Objekten, die teilweise viel ansehnlicher und hübscher waren. Er erkannte jedes einzelne Stück ohne das geringste Zögern.

So etwas geschieht häufig, wenn es um einen Tulku geht. In diesen Linien gibt es eine Art Bewusstseinskontinuität, aufgrund derer die Erinnerungen an das alte Leben – gerade in der frühen Kindheit – noch recht lebendig ist. Diese schwinden mit der Zeit, doch gerade Tulkus, die noch Kinder sind, zeigen mitunter erstaunliche Gedächtnisleistungen. Manche erkennen Menschen, die im früheren Leben zu ihrem Umfeld gehörten. Sie erzählen Geschichten aus der früheren Existenz, erinnern sich an Orte, die sie gesehen haben. Manchen sind Texte bekannt, die sie noch nie gesehen oder gelesen haben ... Die Geschichte der buddhistischen Überlieferung ist voll von solchen Vorkommnissen. So weiß man beispielsweise, dass die Menschen, die nach dem Tod des 13. Dalai Lama in der Gegenwart seines toten Körpers meditierten, irritiert waren, weil sein Kopf sich immer wieder nach Nordosten wandte. Heute weiß man, dass der aktuelle, der 14. Dalai Lama, nordöstlich von Lhasa entdeckt wurde.

Auch heute noch geht man so vor, um die Tulkus zu finden. Wenn ein Tulku keine Hinweise hinterlässt, weil er davon ausgeht, dass die »Zeichen für seine Wiedergeburt klar und deutlich hervortreten werden«, dann führen die Meditationsmeister mit der höchsten Verwirklichung bestimmte Meditationen aus, die sie Bilder oder Visionen des Ortes sehen lassen, an dem die Wiedergeburt des verstorbenen Meisters zu finden ist. Gewöhnlich halten sie ihre Eingebungen dann in einem Brief fest. Mit diesem Brief wird eine Suchkommission losgeschickt, um den Tulku zu finden.

Der Kuten wird von seiner Gottheit gewählt

Der Kuten von Nechung tritt auf andere Weise hervor. Die Gottheit manifestiert sich ausschließlich im Körper eines erwachsenen Menschen, während der Tulku als Kind erkannt wird. Eine weitere Besonderheit ist es, dass der Nechung

Kuten nur selten mit einem bestimmten Kloster in Verbindung steht, wohingegen der Tulku gewöhnlich mit einer bestimmten Linie oder gar einem Kloster verbunden ist. Nur mein Vorgänger und ich hatten schon vor unserem Hervortreten als Kuten eine Verbindung zum Nechung-Kloster. Die Schutzgottheit selbst ist es, die die Wahl des Kuten trifft, und zwar völlig unabhängig davon, wem dies gefällt und wem nicht.

Für mich steht weitgehend fest, dass die Tatsache, heute Kuten zu sein, auf Wunschgebete zurückgeht, die ich in früheren Existenzen verrichtet habe. Vielleicht war ich auch schon früher einmal Kuten. Es gibt zumindest einige Hinweise, die darauf hindeuten: die Tatsache, dass ich schon als Kind Mönch werden wollte, obwohl zunächst einmal nichts dafür sprach; die intensive Neigung zu Dorje Dragden; der Nachhall, den die erste Erwähnung des Nechung-Klosters in meinem Inneren auslöste. All dies zeigte deutlich, dass ich eine alte und machtvolle Verbindung mit Nechung und dem Leben als Mönch hatte. Wie der Buddha sagt: Wenn wir wissen wollen, was wir in früheren Existenzen getan haben, müssen wir nur genau betrachten, was wir jetzt sind. Wenn wir wissen wollen, wie wir in künftigen Existenzen leben werden, müssen wir den Blick auf das richten, was wir heute tun. Ich für meinen Teil weiß nicht, wer ich in früheren Leben war und was ich getan habe, doch ich bin sicher, dass es in irgendeiner Form mit Nechung zu tun hatte, da ich heute sein Medium bin. In allem anderen bin ich ein durch und durch gewöhnlicher Mensch und führe ein eher schwieriges Leben, wie alle im Exil lebenden Tibeter es heute tun.

Erstes Foto von Thubten Ngodup mit seiner Mutter.

Erstes Foto von Thubten Ngodup als Mönch mit seinen Eltern.

1972. Von links nach rechts: Der Vater von Thubten Ngodup, Thubten Ngodup, sein Onkel, seine Tante, deren Schwiegermutter und Thubten Ngodups Mutter.

Foto aus dem Nechung-Kloster in Dharamsala mit Seiner Heiligkeit dem Dalai Lama. Thubten Ngodup steht zu seiner Rechten.

Lobsang Jigme, das vorherige Nechung-Orakel.

Das Nechung-Kloster in Tibet, das beim Einmarsch der chinesischen Kommunisten 1959 zerstört wurde, ist teilweise wieder aufgebaut worden.

Kopfschmuck und Kleidungsstücke des Nechung-Orakels.

Die Trance beginnt, das Medium wird von seinen Helfern angekleidet.

Die Züge Thubten Ngodups verändern sich unmerklich, wenn die Trance beginnt.

Auf dem Höhepunkt der Trance.

Trotz des enormen Gewichts der Kleidungsstücke führt das Medium voller Anmut beinahe tänzerische Sprünge aus. Daneben im Sitzen das Orakel von Gadong, dessen Medium kein Mönch ist.

Die Helfer führen das Medium zum Dalai Lama: Der Schützer Nechung Chökyong spricht.

Die Helfer ziehen sich respektvoll zurück, damit der Schützer Tibets und der Dalai Lama sich unterhalten können.

Wenn Thubten Ngodup nach der Trance erwacht, weiß er nichts mehr von dem, was er während dieses Zustandes gesagt hat: Seine Eindrücke ähneln jenen eines Menschen, der am Morgen nach einem Traum erwacht.

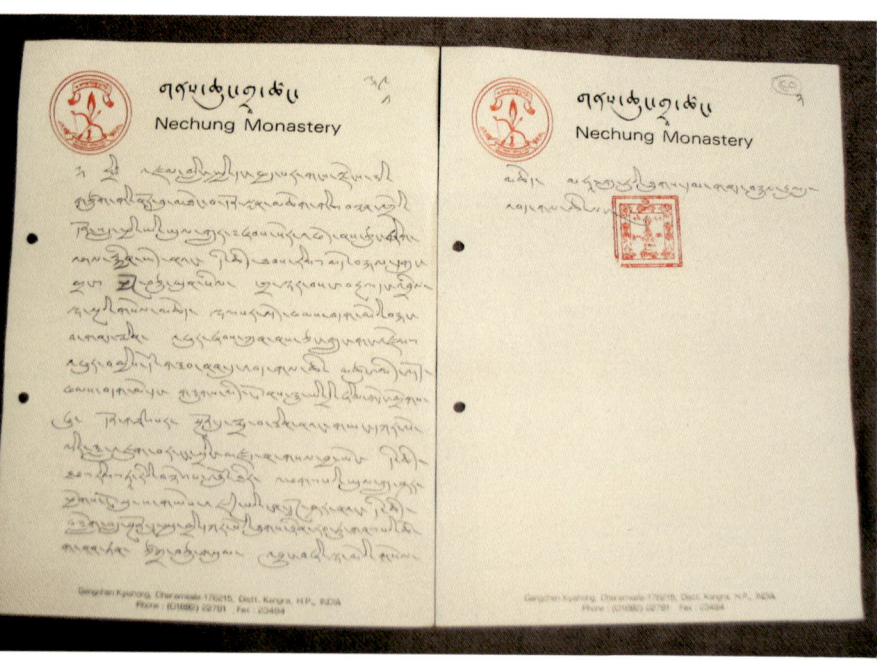

Was die Schutzgottheit Nechung Chökyong während der Trance äußert, wird von entsprechend spezialisierten Mönchen aufgeschrieben. Das Foto zeigt eine solche Mitschrift. Die Gottheit bedient sich einer sehr altertümlichen, poetischen Sprache, die sich vom heutigen Tibetisch unterscheidet.

Thubten Ngodup auf dem Dach des Klosters.

Januar 2000: Begegnung mit dem 17. Karmapa, dem Oberhaupt der Karma-Kagyü-Schule, der sowohl vom Dalai Lama als auch von den chinesischen Behörden als Wiedergeburt des letzten Karmapa anerkannt wurde. Hier befindet er sich nach seiner Flucht aus seinem Stammkloster Tsurphu in Tibet zum ersten Mal in Dharamsala.

Mit dem jungen Tulku Ling Rinpoche.

In Korea. Von links nach rechts: Tenzin Champa und Tenzin Rinchen, Panjam Sunim, Thubten Ngodup, Chinop Sunim, Thubten Chedup und Ngawang Rigdzin.

Gebet im Kloster

Thubten Ngodup bei sich zu Hause in Dharamsala mit seinem Tibet-Spaniel Norsang.

Bildnachweis

Fotos auf den Bildteil-Seiten 1, 2, 3, 4, 10, 11 oben:
Persönliches Archiv von Thubten Ngodup; Archiv des Nechung-Klosters.

Fotos auf den Seiten 5, 6, 7, 8 oben, 9, 11 unten und 12:
Françoise Bottereau-Gardey.

Die Linie der Kuten

Die früheren Kuten unterschieden sich stark voneinander. Einige waren weniger bedeutend als andere, manche blieben sogar völlig unbekannt. Im Nechung-Kloster ist es Thubten Phuntsog, der es sich zur Aufgabe gemacht hat, die Erinnerung an die einzelnen Kuten zu bewahren. Durch seine Nachforschungen sind wir heute in der Lage, die einzelnen »Inhaber« dieser Funktion zu benennen und mehr über sie in Erfahrung zu bringen. Ohne ihn hätte das Kloster des Staatsorakels im Exil sicher nicht so einfach seine Tradition aufrechterhalten können. Im Folgenden gebe ich einen kurzen geschichtlichen Abriss der uns bekannten Kuten.

Die erste offizielle Trance, die man der Schutzgottheit zuschreibt, fand 1544 statt, als Sönam Gyatso, der 3. Dalai Lama (1543–1588), gerade zur Welt gekommen war. Der 1. Kuten hieß Lobsang Palden. Eines Tages bekam er Besuch von Lama Sungrabpa, dem Privatsekretär des verstorbenen Dalai Lama, der ihn um Hinweise bat, wie man denn die neue Wiedergeburt seines verstorbenen Meisters finden könne. In der Trance verkündete der Kuten, dass Gendün Gyatso etwa hundert Wiedergeburten angenommen habe. Gleichzeitig aber sagte er, dass die Inkarnation, die in Tölung nahe Lhasa lebe, die wichtigste sei. Diese solle man suchen. Aufgrund dieses Hinweises wurde Sönam Gyatso entdeckt.

Seitdem spielen die Kuten eine wichtige Rolle bei der Entdeckung der Wiedergeburt des Dalai Lama. Von den Nachfolgern Lobsang Paldens sind hingegen nur der Name und der Geburtsort bekannt. Es entzieht sich unserer Kenntnis, wann und unter welchen Umständen sie zum Kuten wurden.

Der 2. Kuten, Jampa Gyatso, wurde auch Ringangpa genannt, weil er aus Rinchen Gang kam.

Der 3. Kuten, Nangso Gönor, war kein Mönch, sondern ein *nangso*, ein Regierungsmitglied, als er seine erste Trance erlebte.

Über den 4. Kuten, Sepo Sönam, wissen wir etwas mehr, weil er dem 5. Dalai Lama (1617–1682) nahestand. Er erteilte ihm viele Ratschläge, vor allem im schwierigen Jahr 1650, als Tibet und Bhutan in Konflikt gerieten. Der Dalai Lama selbst erinnert sich an eine seiner Trancen, während derer er wichtige Punkte in Bezug auf Tibet klärte und bedeutsame Prophezeiungen machte. Diese Trance fand während des *shotön* statt, des »Joghurtfestes«, das vom Drepung-Kloster veranstaltet wurde. In dieser Zeit machte der 5. Dalai Lama, der eine starke Verbindung zum Nechung-Kloster hatte, den Kuten des Dorje Dragden zum Staatsorakel und versetzte ihn in dieses Kloster.

Der 5. Kuten hieß Tsewang Pelbar und übte dieses Amt fast zehn Jahre lang (1679–1689) aus. In dieser Zeit wachte der Regent Sangye Gyatso über das Wohlergehen des Nechung-Klosters und ließ dort Statuen der verschiedenen Aspekte des Buddha aufstellen. Die Zahl der Mönche wurde auf fünfzig festgelegt. Beim Tod des 5. Dalai Lama 1682 gab der Kuten eine Prophezeiung über dessen Wiederkehr ab. Er selbst starb 1689 im Alter von 58 Jahren.

Der 6. Kuten war Lobsang Legjor Gyatso. Er erlebte seine erste Trance 1690, kurz nach dem Tod von Tsewang Pelbar. Doch wir wissen nicht, wann er aufgehört hat, der Kuten des Nechung zu sein. Er kam aus der Gegend von Kongpo. Zu seiner Zeit wuchs das Nechung-Kloster auf die Zahl von

101 Mönchen an. Dank der Tätigkeit von Sangye Gyatso sammelte das Kloster auch viele Reichtümer an. Es gibt sogar eine bildliche Darstellung von Lobsang Legjor Gyatso in Trance, sie wird im Nechung-Kloster in Tibet verwahrt.

Der 7. Kuten, Tsangyang Tamdrin, erlebte seine erste Trance im Jahr 1725. In Texten wird er häufig unter dem Namen Kuten Lobsang Tashi erwähnt. In der ersten Hälfte seines Lebens war er dem 7. Dalai Lama Kalsang Gyatso (1708–1757) sehr verbunden. Er erfuhr viele Trancezustände. Um den Wünschen des Dalai Lama genügen zu können, führte er in Nechung die Praxis der »13 Manifestationen von Yamantaka« und das Ritual der »Brennenden Opfergaben«, *jinseg*, für die Weihen ein. Dies geschah aufgrund einer speziellen Übertragung, die das Gelug-Kolleg für höhere tantrische Studien von Gyuto erhalten hatte. Von dieser Zeit an begaben sich zu den Tagen, an denen die Yamantaka-Praxis ausgeübt wurde, je zwanzig Mönche von Gyuto, angeführt von ihrem Abt, ins Kloster des Kuten. Tsangyang Tamdrin erfuhr so viel Anerkennung, dass man dem Nechung-Kloster seinetwegen sogar ausgedehnte Ländereien im Osten Tibets, in der Gegend von Dartsedo – das heutige Kamling – in der östlichen Provinz Kham übereignete. Diese Gebiete wurden später der chinesischen Provinz Sichuan zugeschlagen. Der Kuten starb 1747 an Altersschwäche.

Der 8. Kuten hieß Ngawang Gyatso und kam aus eben jenem Dartsedo, das an der Grenze zwischen der tibetischen Provinz Kham und China liegt. Er gehörte zum Gar-Dratsang-Kloster, das vom Kamsum Silnön gegründet wurde. Dieser war eine Inkarnation eines Schatzentdeckers namens Rigdzin Gödem, der die sogenannten Nördlichen Schätze auffinden half. Er war auch der Tulku, der dem Kloster Thubten Dorje Drag vorstand, in dem diese Belehrungen aufbewahrt werden. Das Kloster Gar Dratsang hatte eine enorme spirituelle Bedeutung: Es war das östlichste der zur Tradition der Nördlichen Schätze gehörigen Klöster und stand unter dem Schutz der Herrscherfamilie von Chagla, einem der kleinen, aber mächtigen Fürstentümer der Provinz Kham.

Ngawang Gyatso reiste nach Zentraltibet. Dort erlebte er 1747 seine erste Trance. Der vorherige Kuten starb in einer Zeit, die für Tibet enorme politische Verwerfungen mit sich brachte. Miwang Phola, der Tibet nahezu zwanzig Jahre lang beherrscht hatte, war alt geworden. Die engen Verbindungen zu China, die unter anderem beinhalteten, dass der Herrscher Tibets symbolisch als Mündel des chinesischen Kaisers betrachtet wurde, fanden keineswegs die Zustimmung aller Tibeter. Jeder rechnete damit, dass es nach seinem Tod zu heftigen politischen Auseinandersetzungen kommen würde, die Tibet in Opposition zu seinem mächtigen Nachbarn bringen würden. Daher war es so enorm wichtig, den nächsten Nechung Kuten bald zu finden: um den Problemen, die sich abzeichneten, wirksam begegnen zu können.

Vor dem Hintergrund dieser angespannten Situation schrieb der 54. Ganden Tripa, der den Namen Ngawang Chogden trug, ein Gebet für die schnelle Wiedermanifestation der Nechung-Gottheit. Dieses Gebet wurde anlässlich der Feierlichkeiten zum neuen Feuer-Hasen-Jahr (1747) rezitiert. Die Mönche von Nechung nahmen dieses Gebet in ihre tägliche Praxis auf. Als Ngawang Gyatso im Beisein des Dalai Lama in seine erste Trance fiel, zweifelte niemand mehr daran, dass Tibet erneut einen Nechung Kuten hatte.

Daher war Ngawang Gyatso dem Kloster Thubten Dorje Drag tief verbunden. Als er in Zentraltibet lebte, knüpfte er enge Kontakte mit dem Tulku des Klosters, Kalsang Pema Wangchug, der als Taklung Tsetrül Rinpoche bekannt wurde. Dieser wurde Ngawang Gyatsos »Wurzel-Lama«, also die Quelle seiner Inspiration und Unterweisung. Dieser außergewöhnliche Meister war sowohl ein visionärer Mystiker als auch ein recht praktisch orientierter Klostervorsteher, der viel Unterstützung vom 7. Dalai Lama empfing. Mit dessen Hilfe stieg sein Kloster zu unglaublichem Ruhm auf.

Die Verbindung zwischen den beiden Männern sorgte für einen noch engeren Kontakt zwischen den Klöstern Dorje Drag und Nechung, wobei auch die Ausführung der Zeremonien einer Reform unterzogen wurde. Seit der Lebenszeit dieses Kuten zählt sich Nechung, was Zeremonien, Meditation und Retreat-Tradition angeht, zu den Klöstern der Nördlichen Schätze. Einer meiner Lehrer, Taklung Tsetrül Rinpoche, ist Halter dieser wichtigen Belehrungen.

Ngawang Gyatso entwickelte sich bald zum Experten in den verschiedenen Formen der Belehrungen, die der Buddha uns hinterlassen hat. Der Ruhm seiner spirituellen Ausstrahlung verbreitete sich weit über die Region von Lhasa hinaus. Verschiedene Klöster standen unter seiner Verantwortung. Unter diesem Kuten wurden nicht nur die Verbindungen zum Kloster Tsel Gungthang verstärkt, in dem einst die Schutzgottheit Pekar gelebt haben soll, sondern auch die Bande zum Kloster Meru Nyingba. Die Güte des Dalai Lama bescherte dem Nechung-Kloster große Yak-, Pferde- und Schafherden, was die Einkommenssituation enorm verbesserte.

Über den 9. Kuten, Yulo Köpa, ist nicht viel bekannt. Man weiß nur, dass er seine Funktion noch im Jahr 1822 ausübte, als er offenkundig schon recht betagt war. Sein Beiname lässt vermuten, dass er aus dem kleinen Weiler Yulo Kö in der Nähe des Nechung-Klosters stammte. Jedenfalls wurde er bei den Neujahrsfeierlichkeiten 1822 geadelt und in den Rang eines *khenchung* erhoben. Auf diese Weise fand seine spirituelle Stellung auch offiziell Anerkennung.

Sein Nachfolger war Kalsang Tsültrim, der 10. Kuten. Er füllte dieses Amt von 1837 bis 1856 aus. Seit seiner Gründung hatte das Nechung-Kloster sich sehr verändert. Es lag zwar immer noch inmitten eines kleinen Hains unterhalb der Klosterstadt Drepung, doch man hatte anbauen müssen, um die wachsende Zahl der Mönche unterzubringen. Dank vieler Spenden und der Einkünfte aus dem Grundbesitz des Klosters konnte Kalsang Tsültrim die Gebäude renovieren lassen. Darüber hinaus überwachte er die Archivierung aller wichtigen Texte, die sich im Laufe der Jahrhunderte im Kloster angesammelt hatten. Es waren so viele Mönche hinzugekommen, dass man neue liturgische Texte drucken lassen musste. 1849 trug ihm sein segensvolles Wirken den Titel eines *khenchen* ein, der in der Hierarchie der Regierungsämter an vierter Stelle steht.

Khedrup Gyatso, der 11. Dalai Lama, kam 1838 zur Welt. Schon in jungen Jahren erwies er sich als so klug und weise, dass man von ihm mit Fug und Recht erwartete, ein in geistlichen wie weltlichen Dingen gleichermaßen geschickter Führer zu werden. Wie es die Tradition erfordert, wurde er, kurz bevor er das 18. Lebensjahr erreicht hatte, inthronisiert. Bedauerlicherweise stand es mit seiner Gesundheit nicht zum Besten und so wurden die Orakel befragt, selbstverständlich auch der Kuten Kalsang Tsültrim. Doch trotz aller Ratschläge starb der Dalai kurz nach Erreichen seines 18. Geburtstages. Kalsang Tsültrim verschied kurz nach ihm.

Ein großer Kuten: Lhalung Shakya Yarphel

Der 11. Kuten gehört wohl zu den beeindruckendsten Persönlichkeiten in der Geschichte dieses Amtes, sowohl was das Alter angeht, das er erreichte, als auch, was seine Art zu leben betrifft. Die Familie Lhalung in Tibet bewahrt noch heute sein Andenken. Es gibt von ihm mehrere Darstellungen in Trance. Man weiß, dass er während der kurzen Regierungszeit des 10. Dalai Lama, Tsültrim Gyatsos (1816 – 1837), zur Welt kam. Seine Geburt wurde von mehreren Omen begleitet, die auf ein außergewöhnliches Leben für dieses Kind hindeuteten. Wie ich bereits sagte, sind die Kuten nicht wie Tulkus. Die Geschichte der Geburt von Shakya Yarphel erinnert allerdings sehr an das, was man von den Tulkus weiß.

Seine Mutter war hochschwanger. Eines Tages sah sie auf dem Feld einen Erdklumpen, der eine eigenartige Form aufwies. Sie ging hin, nahm den Klumpen auf und bemerkte, dass es sich um einen Stein handelte. Sie trug ihn nach Hause, wusch ihn und entdeckte, dass der Schmutz sich wie eine schützende Hülle um einen wunderschönen Stein von etwa vierzig Zentimetern Durchmesser gelegt hatte, der aussah wie ein Türkis. Statt ihn jedoch zu verkaufen, wie jedermann es vermutlich getan hätte, beschloss Shakya Yarphels Mutter, den Stein im Potala-Palast als Opfergabe darzubringen.

Kurz darauf spürte sie, wie sich ihre Niederkunft ankündigte. Die Sonne ließ mit ihren ersten morgendlichen Strahlen gerade den Gipfel östlich von ihrem Haus erstrahlen. In diesem Augenblick erfüllte ein weiches Licht den Raum, in dem sie sich aufhielt. Die Schönheit dieses hellen Scheins berührte alle Menschen um sie herum. Sie hatte sich von ihrem Bett erhoben, weil sie den Anblick genießen wollte. In dem Moment, in dem die Strahlen der Sonne auf ihren Körper fielen, brachte sie ihren Sohn zur Welt.

Shakya Yarphel war ein intelligentes und lebhaftes Kind und trat schon als kleiner Junge in das Drepung-Kolleg Deyang ein. Erst spät, nämlich im Jahr 1862, stellte sich während der Regierungszeit des 12. Dalai Lama, Trinle Gyatsos (1856–1875), heraus, dass er der neue Kuten war. Die Regierung verlieh ihm den offiziellen Rang des Nechung-Orakels. Von da an nahm er aktiv am politischen Leben Tibets teil, da Dorje Dragden durch seinen Mund nützliche Ratschläge äußerte. Bald darauf bekam das Nechung-Kloster neue weltliche Gönner. Da war beispielsweise die Familie Drachi Phunrabpa. Einer ihrer Vorfahren hatte dem Kloster hohe Summen gespendet.[5] Noch heute sind die Bande zu dieser Familie stark.

Damals durchlebte Tibet eine schwierige Periode seiner Geschichte. Seit 1804, seit dem Tod des 8. Dalai Lama, Jampel Gyatsos (1758–1804), herrschten im Land keine stabilen Verhältnisse mehr. Es gab Konflikte sowohl im Innern als auch mit den Nachbarn. Da vier Dalai Lamas nacheinander

---

5 Siehe dazu den Bericht von Drachi Phunrabpa Lobsang Dargye auf Seite 217 ff.

einen frühen Tod starben, mussten die Regenten die Führung übernehmen. Als Trinle Gyatso 1875 »seinen Körper verließ und in die Reinen Länder überging«, betete daher die gesamte Bevölkerung Tibets für eine schnelle Wiederkehr ihres geistigen und politischen Oberhauptes. Man befragte die Orakel. Vor allem vom Nechung Kuten wurde viel erwartet, denn hieß es nicht immer, er sei das Orakel, durch das der Schützer der Dalai Lamas spreche? Nun war das Land in eine Krise geraten und brauchte sein tibetisches Regierungsoberhaupt.

Man befragte Shakya Yarphel also mehrere Male. Und tatsächlich erhielt man während seiner Trancen viele Ratschläge. Zunächst einmal hieß es, der Mann, der den Dalai Lama suchen solle, müsse ein Mönch ohne Fehl und Tadel sein. Er müsse sowohl eine einwandfreie Ethik als auch große Weisheit besitzen. In diesem speziellen Fall müsse er mit dem Kloster Ganden, dem Sitz der Gelug-Linie, besonders verbunden sein. Des Weiteren sollte die Suche sich auf die Region von Dhagpo konzentrieren, das im Südosten der Hauptstadt Lhasa liegt. Das Orakel gab schließlich Hinweise, die Rückschlüsse auf den Namen der Eltern des neuen Dalai Lama zuließen.

Die Regierung hielt sich an die Ratschläge und beauftragte Lobsang Dargye von Ganden, den früheren Abt des großen Klosters Gyurme, mit der Suche. Lobsang Dargye war spezialisiert auf die tantrischen Aspekte des Buddhismus, die »geheimen« Lehren. Da seine Weisheit überall gerühmt wurde, war er zweifelsohne der richtige Mann für die Leitung der Suche. Und doch: Der Kuten war zwar sehr präzise gewesen, aber man brauchte noch weitere Hinweise. Also befragte man auch die anderen Orakel. Daraufhin begab Lobsang Dargye sich ans Ufer des Lhamo-Latso-Sees, wo der 2. Dalai Lama das Kloster Chökhorgyel errichtet hatte. Denn auf der Oberfläche des Sees hatten sich nach langer Meditation schon häufig Spiegelungen gezeigt, die halfen, die neue Inkarnation des Dalai Lama zu finden. Lobsang Dargye zog sich also in das Kloster zurück, um zu beten und zu meditieren. In der Nacht des siebten Tages sah er eine Mutter, die ihren Sohn in den Armen hielt. Ihr Mann blickte sie liebevoll an. Lobsang Dargye sah das Haus und erfuhr in seiner Vision sogar den Namen der Eltern. Der Nechung Kuten bestätigte die neuen Einsichten. Und so schickte man den Suchtrupp los, um den 13. Dalai Lama zu finden.

Angeführt von Lobsang Dargye ritt der Suchtrupp bis nach Dhagpo. Dort fand man im bescheidenen Haus eines Holzfällers einen Jungen, der im Frühjahr 1876 zur Welt gekommen war. Die Visionen des Abtes und der Orakel bestätigten sich: Das Haus ähnelte dem, das Lobsang Dargye auf der Oberfläche des Sees gesehen hatte, der Vater des Jungen nannte sich tatsächlich Kunsang Rinchen und die Mutter Lobsang Dölma, wie der Abt es in seiner Vision erfahren hatte. Auf Befragung bestätigte der Nechung Kuten in Trance, dass es sich bei dem Jungen tatsächlich um den 13. Dalai Lama handelte. Der Junge erhielt den Namen Thubten Gyatso und wurde zum »Großen Dreizehnten«, wie man ihn bereits während seiner für Tibet so wichtigen Regierungszeit (1876–1933) nannte.

Als der Dalai Lama 18 Jahre alt wurde, übernahm er nicht etwa die Regierungsgeschäfte, sondern verfolgte weiterhin seine spirituelle Ausbildung. 1895, als er den höchsten Grad der theoretischen religiösen Ausbildung gemeistert und die vollständigen Mönchsgelübde abgelegt hatte, wandte Thubten Gyatso sich an das Nechung-Orakel, weil er wissen wollte, ob er die Regierungsverantwortung auf sich nehmen sollte oder nicht. In Trance legte der Kuten dem Kashag eine zeremonielle Schärpe vor, die dieser dem Dalai Lama überreichen sollte. Daraufhin verbeugten sich alle Minister vor dem Dalai Lama, womit dieser sein offizielles Regierungsamt übernahm. Der damalige Regent Demo Rinpoche vom Kloster Tengyeling zog sich zurück. Die Beziehungen zwischen Shakya Yarphel, dem Kuten, und dem Dalai Lama gestalteten sich sehr eng. Dies lag unter anderem daran, dass sie einen außergewöhnlichen Meister zum gemeinsamen Lehrer hatten, nämlich den Tertön Sogyal, den man auch Lerab Lingpa nennt. Lerab Lingpa folgte den Hinweisen des Kuten und entdeckte verborgene Belehrungen, die sein Lehrer dann nach Anweisung von Shakya Yarphel auf den Dalai Lama übertrug.

Im Februar 1899 äußerte der Kuten in Trance eine schreckliche Warnung: Das Leben des Dalai Lama sei in Gefahr. Er müsse sehr vorsichtig sein. Und Thubten Gyatso tat gut daran, sich an die Worte Dorje Dragdens zu halten, denn er erkrankte mit bedauerlicher Regelmäßigkeit. Er wurde schnell müde, obwohl er noch jung war, und erschien auch kurz vor einem Schwächeanfall noch äußerst munter. Also wandte man sich erneut an den Kuten, um zu erfahren, welcher Natur das Übel war, unter dem der Dalai Lama litt. Entgegen allen Erwartungen erklärte Shakya Yarphel, dass hierbei schwarze Magie im Spiel sei. Er verlangte, dass man ein Paar Stiefel, das im Besitz von Lerab Lingpa war, auseinandernehme. Die verwunderten Ratsmitglieder fragten, um welche Stiefel es sich handele. Lerab Lingpa begriff sofort, welches Paar gemeint war. Er hatte es von einem Lama aus Nyarong, woher auch er selbst stammte, geschenkt bekommen. Der Lama hieß Shaö Trulku. Er hatte ihm die Stiefel geschenkt und gebeten, dass man sie dem Dalai Lama überreiche. Das war weiter nichts Ungewöhnliches: Da nur wenige Zugang zum Dalai Lama hatten, baten viele Menschen die Personen aus seiner unmittelbaren Umgebung, ihm diese oder jene Opfergabe darzubringen, um seinen Segen zu erbitten oder ihm eine wichtige Botschaft auszurichten.

Der Meister von Thubten Gyatso hatte jedoch ein merkwürdiges Gefühl, was diese Stiefel anging. Das Geschenk erschien ihm seltsam. Warum sollte jemand dem Dalai Lama Stiefel schenken wollen, und seien sie noch so schön? Also beschloss er, sie erst einmal beiseitezulegen. Die Zeit verging, und eines Tages überkam ihn die Lust, sie anzuprobieren. Sobald er sie am Fuß hatte, begann er, aus der Nase zu bluten. Für Lerab Lingpa war die Sache klar: Es gab eine Verbindung zwischen den Blutungen, den Stiefeln und seinem merkwürdigen Gefühl. Daher deponierte er das merkwürdige Geschenk irgendwo, wo es seiner Ansicht nach keinen Schaden anrichten konnte.

Nach den Anweisungen von Shakya Yarphel nahm man die Stiefelsohlen auseinander. Sie bestehen normalerweise aus mehreren Lagen Leder. In diesen Stiefeln aber fand man etwas, was alle erbeben ließ: ein Unglück bringendes Pentakel, in das mit verschiedenen, ebenso Schaden bringenden Substanzen Name und Geburtsdatum von Thubten Gyatso eingraviert waren. Nun war alles klar: Die Krankheiten und zunehmenden Schwächeanfälle des Dalai Lama kamen also von diesem Schadenszauber. Jemand wollte ihn tatsächlich töten.

Man stellte Untersuchungen an. Bald gestanden der frühere Regent Demo Rinpoche und seine Verbündeten ihre Schuld ein. Sie wurden festgenommen und unter Hausarrest gestellt oder ins Gefängnis gesteckt. Der Großteil der Verantwortlichen für diesen Anschlag verstarb relativ schnell entweder durch einen scheinbar natürlichen Tod oder durch Selbstmord. Zu ihnen gehörte auch Shaö Trulku, der Magier, der, obwohl man ihn bis aufs Blut auspeitschte, offenkundig keinerlei Schmerzen empfand. Man erzählte sich in Lhasa, seine Zauberkraft sei so stark, dass die Haut unter seinen Wunden sich in den Stunden nach der Auspeitschung neu bildete. Eines Tages schaffte er es, ein kleines Messer an den Gefängniswachen vorbeizuschmuggeln. Damit versuchte er, sich die Kehle durchzuschneiden. Der Wächter schritt zwar ein, kam aber zu spät, denn Shaö konnte aus dem Fenster springen.

Das Komplott gegen den Dalai Lama aufgedeckt zu haben war die letzte große Tat von Kuten Shakya Yarphel. Neben seiner Funktion als Orakel, die ja letztlich nicht von ihm abhing, oblagen ihm wichtige Aufgaben im Nechung-Kloster. Er hatte als Meditierender eine tiefe Verwirklichung erlangt und wurde dafür sehr gerühmt. Er war Schüler des 8. Taklung Tsetrül, des Rigdzin Pema Wangyel des Klosters Dorje Drag, und erhielt von diesem bedeutsame Belehrungen. Das Kloster wurde in dieser Zeit reich mit Spenden bedacht. Er ließ neue Druckstöcke anfertigen für die grundlegenden Texte der Tradition der Nördlichen Schätze, der er angehörte.

Auch die Meditationsanweisungen, die er vom Tertön Sogyal erhalten hatte, ließ er drucken. Als er im Jahr 1900 starb, begann für Tibet die entscheidende Phase seiner Geschichte.

Ein einzigartiger und wundersamer Mann: Lobsang Sönam

Auch der 12. Kuten mit Namen Lobsang Sönam war ein außergewöhnlicher Mensch, obwohl er eher Opfer als Hauptdarsteller seiner einzigartigen Geschichte wurde. Während der Neujahrsfeierlichkeiten des Eisen-Ochsen-Jahres, im Februar 1901, fiel ein Mann in Trance: Dorje Dragden hatte seinen neuen Kuten gewählt, dem sofort sein neues Amt übertragen wurde. Die politische Situation jener Zeit war mehr als besorgniserregend. Das Abkommen über die Grenzen Sikkims hatte für mein Land dramatische Folgen.[6] 1904 zog die Regierung den Kuten zu Rate, während in Lhasa und in allen anderen, von Tibetern bewohnten Gebieten Gebete angestimmt wurden, um das Land angesichts der angloindischen Invasion zu schützen. Die Ratschläge von Dorje Dragden wurden jedoch falsch interpretiert. Es folgte die vernichtende Niederlage der tibetischen Armee. Da Lobsang Sönam sich noch nie getäuscht hatte, zogen die Tibeter mit großem Selbstvertrauen in die Schlacht. Einige waren nur mit Amuletten »bewaffnet«. Doch bereits das erste große Gefecht, das

---

[6] 1890 wurde zwischen Großbritannien und Mandschu-China ein Abkommen über die südlichen Grenzen Tibets zu Sikkim geschlossen. Dieser Vertrag wurde von Tibet nicht anerkannt. Das Gleiche galt für die Handelsvereinbarung von 1893, deren Unterzeichnung enorme Spannungen zwischen Tibet und dem von Großbritannien beherrschten Indien zur Folge hatte und zum Krieg von 1904 führte.

in Guru stattfand, endete mit einem Massaker. In den tibetischen Reihen gab es mehr als 500 Tote, doch die Kämpfenden waren sich des Schutzes der Götter so sicher, dass sie nicht den Rückzug antraten. Sie marschierten direkt in das Feuer der angloindischen Maschinengewehre. Trotz dieser schrecklichen Niederlage beschlossen die Truppen im Feld, weiterhin den Ratschlägen zu folgen, die man dem Kuten persönlich zuschrieb.

Die Invasion der Engländer von 1904 zwang den Dalai Lama, in die Mongolei zu fliehen. Der Kuten begleitete ihn und erhielt zahlreiche Opfergaben der mongolischen Fürsten, der dortigen Mönche und Nonnen sowie der übrigen Gläubigen. 1907 erkannten sowohl der Dalai Lama als auch seine Ratgeber, dass diese Behandlung dem Kuten zu Kopf stieg. Daher sandte man ihn nach Lhasa zurück. Dort soll er von der Bevölkerung ausgebuht worden sein. Er wurde seines Amtes enthoben und verlor den Status und die Ehren, die mit seiner Funktion verbunden waren.

Sein Nachfolger, der 13. Kuten, Lhalungpa Gyaltsen Tharchin, war ein weitläufiger Verwandter der mächtigen Adelsfamilie Bhrumpa, deren Ländereien in der Gegend von Dhagpo lagen, aus der der Dalai Lama stammte. Da man den alten Kuten abgesetzt hatte, betete der Dalai Lama unaufhörlich, der Schützer möge sich doch von Neuem manifestieren. Nach dem Exil in Indien (1910–1912), ausgelöst durch den chinesischen Angriff im Jahr 1909, war Thubten Gyatso eben zu den Feierlichkeiten zum Beginn des Wasser-Ochsen-Jahres (1913) nach Tibet zurückgekehrt. Bei dieser Gelegenheit erlebte Gyaltsen Tharchin seine erste

Trance. Auch sein Vater war Medium für die lokale Schutzgottheit gewesen. Er lebte zurückgezogen im Lhalung-Tal in der Nähe des Nechung-Klosters, wo ein früherer Kuten eine Einsiedelei hatte errichten lassen.

Zwischen seinem als hochmütig bekannten Sohn und den Mönchen in Nechung gab es bald massive Spannungen. Vermutlich mischte sich auch der Vater ein. Doch in der unmittelbaren Umgebung des Kuten gab es auch wahre Gelehrte wie seinen Sekretär Yeshe Yarphel, dessen Wissen in religiösen und philosophischen Belangen des Buddhismus außergewöhnlich weit gespannt war. Er war es, der 1907 die Restaurierung der Opfersäle überwachte. Dazu gehörte auch der Saal mit den unzähligen Bänden des *Tengyur*, in dem die Kommentare der großen indischen Meister zu den Lehren Buddhas niedergelegt sind.

Die Situation verschlechterte sich zusehends, und der Dalai Lama beschloss, Gyaltsen Tharchin seiner Funktion zu entheben. Er verbannte ihn in die südliche Region von Lhokha, wo dieser Mitte der Zwanzigerjahre als Verwalter die Güter der Familie Bhrumpa betreute, da deren Erben noch minderjährig waren. Sein Vater wurde wie er selbst ins Exil geschickt, ins Kloster Samye.

Zu jener Zeit kam es zu einem unerwarteten Ereignis. Der Dalai Lama setzte den 12. Kuten, Lobsang Sönam, wieder in die Funktion des Orakels ein, nachdem dieser in Gegenwart der Regierungsmitglieder erneut in Trance gefallen war. Dieser Kuten, dessen Vergangenheit gleichwohl Anlass zu Zweifeln gab, prägte wie kein anderer die Geschichte Tibets.

Während der tibetischen Neujahrsfeiern im Jahr 1932 fiel

Lobsang Sönam in Trance und warnte den Dalai Lama: Sein Leben sei in Gefahr. Er sei schwer krank und müsse Vorkehrungen für die Zukunft des Landes treffen. Daher verfasste Thubten Gyatso ein Dokument, das als sein »Testament« bekannt wurde. Einige der Passagen darin erwiesen sich als hoch prophetisch.

Der Dalai Lama verkündete den Tibetern darin eine Botschaft, die einfach, aber für das Land ganz entscheidend war: Es sei von enormer Wichtigkeit, dass die Bevölkerung zusammenhalte, wenn Gefahr drohe. Die Gefahr, so der Dalai Lama, habe viele Wurzeln: der Machtmissbrauch durch einflussreiche Menschen, die vergaßen, dass sie in erster Linie dem Wohl aller zu dienen hatten; die Klöster, die zu bereitwillig ihre ursprünglichen Aufgaben vernachlässigten, die im Gebet und in der Meditation bestanden. Dann warnte er noch vor dem Kommunismus, der schon zu Beginn der Zwanzigerjahre den Buddhismus und die traditionelle Gesellschaftsordnung der Mongolei zerstört hatte.

»Wir werden nicht lange warten müssen«, schrieb der Dalai Lama, »bis die rote Gefahr an unsere Pforten klopft. Es ist nur eine Frage der Zeit, bis es zur direkten Konfrontation kommt, ob diese nun aus dem Innern des Landes kommt oder von einer anderen Nation an uns herangetragen wird. Wenn dies geschieht, müssen wir zur Verteidigung bereit sein. Wenn nicht, werden unsere spirituellen Traditionen und unsere Lebensart untergehen. Selbst die Namen der Dalai Lamas und des Panchen Lama werden in Vergessenheit geraten. Dies gilt auch für die anderen Meister, die Linienhalter und die Erleuchteten. Man wird die Klöster plündern und sie dem Erdboden gleichmachen, Mönche und Nonnen werden getötet und gejagt werden. Das große Werk der Könige der Lehre [der tibetischen Herrscher] wird zerstört werden. Alles, was unsere spirituellen und kulturellen Institutionen ausmacht, wird verfolgt, vernichtet und vergessen werden. Geburtsrecht und Eigentumsrecht gelten nicht mehr. Wir werden zu Sklaven unserer Eroberer werden und in Lumpen gehen wie die Bettler. Alle werden im Elend leben, Tag und Nacht werden in großem Leid und großer Furcht nur langsam vergehen.«

Die Krankheit des Dalai Lama, die der Kuten vorhergesagt hatte, verschlimmerte sich. Das Oberhaupt der Tibeter musste sich immer mehr aus seinen Amtsgeschäften zurückziehen. Im Dezember 1933 fiel er in einen komatösen Zustand. Am 16. Dezember 1933 ließ man Lobsang Sönam rufen, der in Trance ein Heilmittel fand. Sobald das Heilmittel fertig zubereitet war, schien es, als wolle der Dalai Lama etwas sagen, doch aus seinem Mund kam nur ein Stöhnen, da er bereits zu schwach war. Man musste ihm die Arznei mit Gewalt verabreichen. In der Nacht gab man ihm eine zweite Dosis, doch es half nichts mehr. Im Morgengrauen des nächsten Tages hauchte er sein Leben aus.

Sofort wurden Zweifel an seiner Todesursache laut. Man machte mehrere mögliche Schuldige aus, da der Dalai Lama auf politischem wie auf religiösem Gebiet durchaus Feinde hatte. Sein Reformwille, der seine Regentschaft geprägt hatte, war bei den konservativeren Geistern schlecht angekommen. Andererseits hatte er auf diese Weise auch Ehrgeizlingen Tür und Tor geöffnet. So sprach das Parlament sofort Kunphela sein Misstrauen aus, einem Favoriten des Verstorbenen und eifrigen Reformator, der die Parlaments- und Regierungsmitglieder über die Krankheit des Dalai Lama absichtlich im Unklaren gelassen hatte. Die Menschen, die Seine Heiligkeit in seinen letzten Stunden begleitet hatten, wurden genauestens über die Umstände seines Todes vernommen. Da man einige schwere Fehler in der Beurteilung der Situation erkannte, schickte man drei der Protagonisten – darunter Kunphela und den Arzt – ins Exil. Was den Kuten anging, so stellte man ihn im Losel-Ling-Kolleg von Drepung unter Hausarrest. Später kehrte er nach Lhasa zurück, wo hohe Regierungsbeamte und gewöhnliche Besucher ihn regelmäßig um seinen Rat baten. Er starb 1936.

Der 15. Kuten: Lobsang Namgyal

Im selben Jahr manifestierte sich Nechung durch den neuen, den 15. Kuten, der den Namen Lobsang Namgyal trug. Er war Mönch und gehörte der Staatsregierung an. Gewöhnlich ist es die Aufgabe des Kuten, Hinweise auf die nächste Inkarnation des Dalai Lama zu geben. Als Lobsang Namgyal sein Amt antrat, war der 13. Dalai Lama seit drei Jahren tot. Während der Abwesenheit des Nechung Kuten wandte die Regierung sich daher an die anderen Kuten, wie beispielsweise an jenen von Gadong, der das zweite Staatsorakel ist.

Außerdem hatte Reting Rinpoche, der die Regentschaft ausübte, schon eine recht klare Vision von einem Haus mit blauen Schindeln, von den tibetischen Silben *ah*, *ka* und *ma* sowie von einem dreistöckigen Klostergebäude gehabt. All dies waren wichtige Hinweise darauf, wo der 14. Dalai Lama wohl zu finden sei. Während des ersten Monats des Feuer-Maus-Jahres, Februar/März 1936, befragte man den Kuten von Gadong nach Informationen über den nächsten Nechung Kuten.

Im Beisein von Reting Rinpoche und verschiedenen Regierungsmitgliedern führte man die vorbereitenden Rituale für die Trance des Gadong-Orakels aus. Es tanzte und zuckte und erklärte, der sehnlichst erwartete Kuten komme aus dem Dorf Denbag. Dann stürzte es sich auf den Beamten Lobsang Namgyal, schüttelte ihn heftig und überreichte ihm eine seidene Schärpe. Alle Anwesenden waren verblüfft und fragten sich, was diese Geste des Schützers denn wohl heißen könnte. Lobsang Namgyal seinerseits geriet urplötzlich in heftige Wut. Er lief davon und versteckte sich in einem Winkel des Tempels, in dem der Reliquienstupa des 9. Dalai Lama, Lungtog Gyatso, stand. Der Gadong Kuten sackte in sich zusammen, die Trance war vorüber. Natürlich war die Aufregung groß. Alle debattierten heftig, denn Lobsang Namgyal stammt tatsächlich aus Denbag. Sofort machten sich die Regierungsmitglieder auf die Suche nach ihm. Es gelang ihnen, ihn aus seinem Versteck zu zerren. Er seufzte, als sei er krank.

In Wirklichkeit erlebte er gerade seine erste Trance. Man brachte ihm den rituellen Schmuck des Nechung Kuten dar, dazu noch Lichtopfer und andere zeremonielle Gegenstände. Dann versank der Gadong Kuten erneut in Trance. Er ergriff mit seiner Rechten die Hand von Reting Rinpoche, mit der Linken die des neuen Nechung Kuten. Dann legte er die Hand des Rinpoche in die des Kuten. Schließlich fiel er in Ohnmacht. Kurz darauf ereilte Lobsang Namgyal das gleiche Schicksal. Die Botschaft schien für alle klar zu sein. Nechung hatte sich manifestiert, um bei der Suche nach der Inkarnation des Dalai Lama zu helfen. Später im selben Jahr begaben sich Reting Rinpoche und der neue Nechung Kuten gemeinsam ins Samye-Kloster, um dort Opfergaben darzubringen. Der 14. Dalai Lama wurde kurz darauf gefunden, im Februar 1937. Das Nechung-Orakel bestätigte die Wiedergeburt. Er starb 1944.

Lobsang Jigme und die Flucht des Dalai Lama

Der 16. Kuten kam aus Lhasa und hieß Lobsang Jigme. Er erlebte seine erste Trance 1944. Gewöhnlich manifestiert sich Pekar in Form seines machtvollen »Statthalters« Dorje Dragden nicht im Körper eines Kindes oder Jugendlichen. Lobsang Jigme war jedoch ein eigener Fall. Von Kindesbeinen an fiel er immer wieder in einen merkwürdigen Zustand und nahm dabei eine Körperhaltung ein, die alle Umstehenden in Erstaunen versetzte.

Er wurde Novize im Nechung-Kloster und war erst 14 Jahre alt, als er kurz nach dem Tod von Lobsang Namgyal anfing, in Trance den Tanz des Kuten aufzuführen. Da dies ein recht ungewöhnliches Ereignis war, befragte man das Gadong-Orakel. Dieses bestätigte, dass man es mit dem Schützer des Nechung-Klosters zu tun hatte, der sich von Neuem manifestierte. Es gab verschiedene Hinweise darauf, dass Lobsang Jigme tatsächlich der von Dorje Dragden Auserwählte war. Und doch blieb ein gewisser Zweifel bestehen, da mehrere Personen Anzeichen einer Trance gezeigt hatten, welche die Vermutung zuließ, dass sie auf die Schutzgottheit von Nechung zurückgingen. Also ließ man das Los entscheiden, im festen Vertrauen darauf, die Gottheit würde so den richtigen Kandidaten bezeichnen. Es wurde eine große Zeremonie abgehalten, bei der viele Mönche beteten und die Gottheit anriefen. Dann zog man einen Zettel mit einem Namen aus einer Urne: Lobsang Jigme. Diese Zeremonie wurde nicht nur einmal, sondern mehrfach durchgeführt. Jedes Mal wurde dieser Name gezogen. Es gab also keinen Zweifel mehr: Lobsang Jigme war der neue Kuten. Zum ersten Mal kam der Kuten aus dem Nechung-Kloster. Und zum ersten Mal war er sehr jung.

Lobsang Jigme spielte für das Schicksal des Landes eine entscheidende Rolle. Auch für mich sollte er wichtig sein. Er war einer meiner ersten spirituellen Lehrer und legte mir gegenüber stets eine liebevolle Haltung an den Tag. Seit seinen ersten großen Trancezuständen, die noch 1949 im Potala stattfanden, gab er viele und zutreffende Prophezeiungen ab. In diesem Jahr befragte die Regierung ihn zum Verhältnis zu China, das gerade von der kommunistischen Revolution erschüttert wurde. Alle dachten an die düstere Prophezeiung des 13. Dalai Lama. Trotz ihres feierlichen Charakters hatte niemand je daran geglaubt, dass sie Wirklichkeit werden könne. Man hatte sie mehr oder weniger ad acta gelegt.

Nun, da sich abzeichnete, dass das »Testament« Thubten Gyatsos prophetische Züge trug, stieg die allgemeine Unruhe. Die Antwort des Kuten auf die gestellte Frage war erstaunlich. Er sprach nicht, sondern drehte sich nach Osten und schüttelte mit extremer Heftigkeit den Kopf, während sein Körper sich Richtung China beugte. Dazu muss man wissen, dass der Kopfschmuck, den der Kuten zu jener Zeit während seiner Trancen trug, etwa dreißig Kilo wog. So verbeugte er sich 15-mal, was nur die Kraft Dorje Dragdens zuließ, denn ein normaler Mensch hätte sich mit diesem Gewicht auf dem Kopf das Genick gebrochen, wenn er sich nur ein einziges Mal nach vorn gebeugt hätte. Obwohl der Dalai Lama und die Regierungsmitglieder an die mitunter heftigen Bewegungen des Kuten gewöhnt waren, zeigten sie sich an diesem Tag entsetzt über den frenetischen Zorn, der dieses Mal von ihm ausging. Die stumme Botschaft Dorje Dragdens war bedauerlicherweise für alle klar: Gewalt und Gefahr kamen aus dem Osten, aus China.

Nach der Niederlage unserer Streitkräfte und der Unterzeichnung des 17-Punkte-Abkommens im Jahr 1951 verschlechterte sich die Situation in Tibet rapide. Der Dalai Lama musste mit einer Delegation nach China reisen (1954–1955). Nach seiner Rückkehr schien das Schicksal Tibets noch düsterer geworden zu sein. Im Februar 1956 machte der Kuten anlässlich der Feierlichkeiten zum neuen Feuer-Affen-Jahr eine Bemerkung, die den Dalai Lama nicht weiter erstaunte. Er verbeugte sich vor dem Oberhaupt Tibets, das wie immer auf seinem Thron saß, und sprach: »Das Licht von Yishin Norbu, des Juwels, das alle Wünsche erfüllt, wird im Westen scheinen.«

Yishin Norbu ist einer der Beinamen des Dalai Lama. Heute wissen wir, wie wahr diese Prophezeiung war.

Im November 1956 durfte der Dalai Lama trotz der Bedenken der chinesischen Besatzungsverwaltung von Lhasa nach Indien reisen. Die Mahabodhi-Gesellschaft, die alle buddhistischen Schulen Asiens unter ihrem Dach vereint, hatte ihn eingeladen. Es handelte sich um die Feierlichkeiten zum Buddha Jayanti, zum 2500. Jahrestag der Geburt Shakyamuni Buddhas. Kuten Lobsang Jigme und der Gadong Kuten begleiteten ihn. Die gesamte tibetische Delegation besuchte die heiligen Stätten des Buddhismus: Bodhgaya, Sarnath, die Klosteruniversität Nalanda … Diese Reise hatte eindeutig einen politischen Charakter. Seine Heiligkeit traf sich mit Zhou Enlai. Der damalige Außenminister Chinas war zu Besuch in Indien. Auch Pandit Nehru sah Seine Heiligkeit mehrfach. Bei jedem dieser Gespräche bekam er zu hören, dass die Tibetfrage für Indien ein heikles Problem darstelle, da das Land einen direkten Konflikt mit China durch die offene Unterstützung der Regierung in Lhasa möglichst vermeiden wolle. Tibet steckte in der Sackgasse.

Die Zeit verging, und die chinesische Regierung wurde langsam ungeduldig. Man forderte den Dalai Lama auf, nach Lhasa zurückzukehren. Er war nicht sicher, was er in dieser Situation tun sollte. Seine beiden Brüder, Taktser Rinpoche und Gyalo Thondup, die ihn auf der Pilgerreise begleiteten, baten ihn inständig, nicht mehr nach Tibet zurückzukehren. Loukhangawa, der ehemalige Premierminister von Tibet, der von den Chinesen zur Abdankung gezwungen worden war, hatte Tibet unter dem Vorwand verlassen, eine Pilgerreise zu unternehmen. Auch er riet dem Dalai Lama, als sie einander dort begegneten, in Indien zu bleiben. Alle versicherten ihm, dass er dabei auch die Unterstützung der Vereinigten Staaten finden würde. Andererseits schien China gerade jetzt bereit, Zugeständnisse zu machen. Es bestand also zumindest eine geringe Chance, dass der Dalai, falls er in Tibet bliebe, die Identität und die religiösen Traditionen seines Volkes besser bewahren könne als im Exil. Und wenn er einfach so aufgegeben hätte, ohne alles versucht zu haben, hätte er die Bevölkerung ihrem düsteren Schicksal überlassen, ohne der Übermacht der Chinesen auch nur den geringsten Widerstand entgegenzusetzen. Dadurch aber hätte er eines jener Wunschgebete verletzt, die er Tag für Tag verrichtete:

> Möge ich von nun an bis zur Erlangung des vollständigen Erwachens jene befreien können, die leiden. Möge ich jenen Führung geben können, die im Ozean des Leidens treiben. Mögen alle Wesen den Zustand des Buddha erlangen.

Da der Dalai Lama zögerte, rief er die Kuten von Nechung und Gadong an, um die Meinung seiner Schützer und der Buddhas in ihren verschiedenen Formen einzuholen, die er später immer als sein »Oberhaus« bezeichnete. Die beiden Orakel gelangten in ihren Trancesitzungen zu einem einhelligen Ratschlag: Er sollte ins Schneeland zurückkehren. Seine Heiligkeit, der selbst auch eher zur Rückkehr neigte, beschloss, in die Hauptstadt zurückzukehren.

Doch trotz all seiner Bemühungen verschlechterte sich die Situation in Tibet bis zum März 1959 erheblich. Die Spannung in der Hauptstadt stieg weiter an. Immer mehr chinesische Soldaten patrouillierten durch Lhasa. Am Ende erhob sich das Volk, weil es die Schikanen, die Verachtung und die Unfreiheit, die die Besatzer ihm aufzwangen, nicht mehr ertrug. Am 5. März luden die Besatzer den Dalai Lama zu einer öffentlichen Veranstaltung in ihrem Viertel Siling Bhuk ein und trugen ihm auf, ohne Begleitung zu kommen. Zur selben Zeit fanden die Neujahrszeremonien statt, welche die Trance des Kuten vorbereiteten. Bei seiner ersten Trance, die schon am frühen Morgen stattfand, verbeugte das Orakel sich respektvoll vor dem Ganden Tripa, dem Oberhaupt der Gelugpa. Er war es, der die Feierlichkeiten im Jokhang, dem Haupttempel von Lhasa, leitete. Dann verneigte es sich vor dem Jowo, der Buddha-Statue im Jokhang, die in ganz Tibet verehrt wird. Daraufhin traten zwei hohe Würdenträger näher, um ihn bezüglich der Einladung, die an den Dalai Lama ergangen war, um Rat zu fragen. Er blieb stumm. Sie stellten die Frage nochmals. Wieder blieb der Kuten still. Dann sprang er unvermittelt mit einem Satz in einen der Räume, in dem die Gebete verrichtet wurden. Die beiden Männer blockierten den Ausgang und wiederholten ihre Frage. Dieses Mal erklärte die Schutzgottheit: »Für das Juwel, für Seine Heiligkeit, ist dies nicht der Zeitpunkt für Besuche.« Dann hörte er auf, der Regierung Ratschläge zu geben und wandte sich nur noch an Seine Heiligkeit direkt.

Am 9. und 10. März 1959 erhob sich das Volk in Lhasa gegen die chinesischen Besatzer. In der Stadt verbreitete sich die Nachricht, der Dalai Lama sei in Gefahr. Überall wurden Barrikaden errichtet. Seine Heiligkeit rief den Kuten, um ihn um Rat zu fragen, wie diese Situation am besten zu handhaben sei. Trotz der extrem schwierigen Lage riet der Kuten ihm, im Land zu bleiben. Da die Situation schon recht explosiv war und er ein enormes Risiko einginge, wenn er bliebe, führte der Dalai Lama selbst ein Orakel durch. Doch die Antwort blieb die gleiche, obwohl sie dem gesunden Menschenverstand nicht geraten schien: Er solle bleiben. In den folgenden Tagen wurde der Kuten Lobsang Jigme erneut befragt. Seine Antwort war stets dieselbe: bleiben. Der Dalai Lama führte erneut ein persönliches Orakel durch. Auch dieses bestätigte die Aussagen von Dorje Dragden. Am 17. März 1959 schließlich schrie der Kuten in heller Aufregung auf dieselbe Frage: »Geh! Geh! Noch heute Abend!« Als ob dies noch nicht genüge, ergriff er in Trance ein Stück Papier und zeichnete einen genauen Weg auf. Der Dalai Lama solle vom Sommerpalast aus unerkannt zur Grenze nach Indien ziehen. Dorje Dragden gab diese Informationen erst in allerletzter Minute preis. Auf diese Weise wurde vermieden, dass der Fluchtweg des Dalai Lama bekannt wurde.

Als man im Nechung-Kloster erfuhr, welch einschneidende Rolle der Kuten bei der Flucht des Dalai Lama gespielt hatte, nahm man dies als tröstliches Faktum, auch wenn der Druck der Chinesen auf die Mönche immer stärker wurde. Nach dem Dalai Lama flohen einige von ihnen, unter anderem auch Lobsang Jigme, ebenfalls nach Indien. Sie wurden zuerst in Flüchtlingslagern untergebracht und später in zwei Häuser verlegt: Amarnatha und Najarakoti. Dort verdoppelten sie ihre Anstrengungen, die geistigen Traditionen Tibets lebendig zu erhalten.

Der Kuten übte weiterhin seine Funktion als Staatsorakel aus. Auch er setzte all seine Kraft in die Bemühung, die Lehren Buddhas zu erhalten. Der Kuten starb 1984. Zu diesem Zeitpunkt hatte er seine Funktion als offizielles Orakel vierzig Jahre lang ausgefüllt. Er hatte für alle eine große Bedeutung: für die Tibeter, die Mönche von Nechung, Seine Heiligkeit den Dalai Lama. Denn auf diese Weise konnte Dorje Dragden, der Schützer Tibets, uns auf dem schwierigsten Stück unseres gemeinsamen Weges Rat und Führung geben.

Kuten sein

Ich war also von einem Augenblick zum anderen in eine Welt voller Eigentümlichkeiten gestoßen worden. Plötzlich gehörte ich in gewissem Sinne, ohne es zu wollen, einer prestigeträchtigen Linie an. Der unbekannte kleine Junge aus Phari war mit einem Mal das Orakel des tibetischen Staates und des Dalai Lama, der 17. Kuten von Nechung. Da mir jedoch bewusst war, dass dies nur Ergebnis meiner Taten in früheren Leben war, akzeptierte ich meine neue Stellung voller Zuversicht. Schließlich, so sagte ich mir, würde Dorje Dragden schon wissen, was er tut.

Der Traum von der Muschel

Ein Jahr lang hatte ich ein Retreat nach dem anderen absolviert, um meinen Körper so weit zu reinigen, dass er der wichtigsten Schutzgottheit des tibetischen Staates als »Gefäß« dienen konnte. Darüber hinaus musste ich lernen, ein offenkundig häufig auftretendes Problem abzustellen: Ich fiel zwar regelmäßig in Trance, schwieg aber zu allen Fragen, die man mir stellte, und gab auch keinerlei Ratschläge.

Ich hatte eine Reihe sehr klarer Träume, die mich immer wieder erstaunten, auch wenn ich allmählich anfing, mich an die Symbolik zu gewöhnen. In einem dieser Träume begab ich mich in den Tempel von Thekchen Chöling, der gleich neben der Residenz des Dalai Lama liegt. Ich schritt zügig voran, denn ich sollte dort einen Segen erhalten. Als ich den Tempel betrat, fiel mir eine wunderschöne Statue von Chenresig mit vier Armen auf, die auf dem Thron des Dalai Lama stand. Meine Überraschung rührte weniger aus der Tatsache, dass die Statue auf dem Thron stand. Vielmehr erstaunte es mich, dass sie eine Brille trug wie der Dalai Lama. Ich betrachtete die Statue. Plötzlich fing sie an, sich sachte zu bewegen. Ich sah mich um. Außer mir war niemand im Raum. Also näherte ich mich respektvoll dem Thron und sah zu, wie die Statue sich allmählich in den Dalai Lama selbst verwandelte. Über seinem Kopf leuchtete ein wunderschöner Buddha aus Licht, das mit seinen Strahlen den Raum erhellte. In diesem Augenblick erfüllte mich eine tiefe Hingabe, und ich warf mich vor dieser außergewöhnlichen Erscheinung nieder.

Dann tat ich ein paar Schritte zurück, um den Anblick der Statuen von Padmasambhava und von Chenresig, die auf dem Altar standen, auf mich wirken zu lassen. Die Statue von Padmasambhava stand so hoch, dass ich kaum an ihre Füße heranreichte. Vom Glauben erfüllt machte ich erneut Niederwerfungen und brachte ihr eine zeremonielle Schärpe aus weißer Seide dar. Zu meiner großen Überraschung erhob sich Padmasambhava daraufhin, nahm die Schärpe und setzte sich dann bequem hin. Ich war ebenso erstaunt wie glücklich und beobachtete den großen Meister, der so lebendig wirkte. Er verbeugte sich nun seinerseits und lächelte mir freundlich zu. Vor ihm standen zahllose Opfergaben: Speise-, Licht- und Weihrauchopfer. In seiner einen Hand hielt er einen Vajra, einen zeremoniellen Dolch, der für die reine Energie und Unzerstörbarkeit des Geistes steht. In der anderen hielt er eine Aprikose, die er mir lächelnd hinhielt. Er beugte sich zwar zu mir herab, dennoch saß er so hoch, dass ich Mühe hatte, die Frucht zu erreichen. In diesem Augenblick verwandelte sich die Aprikose in eine wunderbare Muschel, weiß und glatt, als wäre sie aus Seide. Ich sah sie verblüfft an, Padmasambhava aber gebot mir zu schweigen. Dann nahm ich die Muschel an mich und begann, den Thron des Dalai Lama zu umrunden. In diesem Augenblick erwachte ich.

Sofort kam mir in den Sinn, dass ich diesen Traum Khamtrul Rinpoche erzählen sollte, der meine Erfahrungen aufmerksam verfolgte und mich immer wieder auf Fortschritte hinwies, die ich seiner Ansicht nach machte. Seine Deutung meines Traumes ermutigte mich: Die Muschel war das Symbol des befreienden Klanges der Lehren Buddhas. Dass es Padmasambhava war, der sie mir überreichte, bedeutete seiner Ansicht nach, dass Dorje Dragden sich bald zeigen würde. Denn sein Segen würde schließlich dem Wort in meinem Munde Bahn brechen.

Die Pizza von Kyabje Ling Rinpoche

Kurz darauf hatte ich einen weiteren Traum. Darin begab ich mich ins Haus von Ling Rinpoche, um ihn um seinen Segen zu bitten. Mittlerweile war es schon ein Jahr her, dass seine neue Inkarnation gefunden worden war, ich aber sah jenen Ling Rinpoche, den ich gekannt hatte. Er saß ruhig auf seinem Sessel, wie es einst seine Gewohnheit gewesen war. Ich machte die traditionellen Niederwerfungen vor ihm und überreichte ihm die zeremonielle Schärpe. Ich hatte mich bereits erhoben, um den Rückweg anzutreten, als ich plötzlich sah, wie der frühere Ling Rinpoche seine Mahlzeit, die eben aufgetragen wurde, mit seiner Wiedergeburt teilte. Sie verzehrten zusammen eine Pizza und luden mich an ihren Tisch ein.

Nun bat der frühere Ling Rinpoche mich, die Pizza doch in Stücke zu schneiden, damit ich sie mit ihm essen konnte. Ich ergriff die Gelegenheit beim Schopf und erzählte ihm, dass ich als neuer Kuten eingesetzt worden war, doch dass Dorje Dragden bisher noch nicht durch mich gesprochen habe. Kurz darauf verließ ich die beiden und begab mich zu Ling Rinpoches altem Haus. Auch dort traf ich ihn. Er saß auf dem Thron und hatte den Blick in Richtung des tibetischen Kinderdorfes gewandt, wo er im Jahr 1984 wiedergeboren worden war. Im Traum war ich überrascht, hatte ich ihn doch eben erst verlassen. Und trotzdem stand er jetzt vor mir. Dann richtete Ling Rinpoche das Wort an mich. Er riet mir, die Bücher von Lama Longdol zu lesen, einem Schüler des 7. Dalai Lama, Kalsang Gyatso, der einer der größten Gelehrten des 18. Jahrhunderts gewesen war. Seine etwa dreißig Bücher decken die Gesamtheit der buddhistischen Lehren ab, von der monastischen Disziplin bis hin zu den subtilsten Meditationstechniken. Bei diesem Ratschlag erwachte ich.

Die ersten Worte

Ich erzählte diesen Traum dem Dalai Lama. Er meinte, dass Dorje Dragden sich mit Sicherheit bald äußern würde. Am 28. Februar 1988, also am zehnten Tag des ersten Monats des Erd-Drachen-Jahres, fiel ich vor Seiner Heiligkeit in Trance. An diesem Tag tat sich Dorje Dragden zum ersten Mal durch meinen Mund kund. Kein Mensch verstand, was er sagte, doch alle erkannten diese besondere Stimme, die der Kuten in Trance hatte. Ich sprach mit derselben Stimme, mit derselben Intonation wie mein Vorgänger.

Als ich nach der Trance begriff, dass Dorje Dragden nun endlich gesprochen hatte, musste ich sofort an meinen Traum im Tempel von Thekchen Chöling denken. Der zehnte Tag des tibetischen Monats ist Padmasambhava geweiht. An diesem Tag wird zum Wohle aller Wesen ein Opferritual für den »zweiten Buddha« durchgeführt. Alles passte dazu: der Dalai Lama, die menschliche Manifestation von Chenresig, auf dem Thron und die Opfergaben für Padmasambhava – sowie Padmasambhava selbst, dessen Präsenz diesen speziellen Tag erfüllte. Die Muschel, die er mir im Traum geschenkt hatte, sie hatte der Stimme Dorje Dragdens das Tor geöffnet.

Die Trance

Zunächst musste ich mit dem Trancezustand vertraut werden, der sich unweigerlich einstellte, sobald das Anrufungsritual begann. Dieser Zustand ist schwer zu beschreiben, denn ich weiß eigentlich nicht, was wirklich passiert, wenn Dorje Dragden von mir Besitz ergreift.

Eine körperliche Herausforderung

In den Tagen vor einer Anrufung muss ich mich körperlich und geistig darauf vorbereiten. Ich esse kein Fleisch mehr und praktiziere eine bestimmte Form der Meditation über Hayagriva, die zornvolle Manifestation von Chenresig. Die

Empfindung, die sich zu Anfang der Trance einstellt, gleicht der, die man hat, wenn man in einem Flugzeug in ein Luftloch fällt. Es ist eine Mischung aus Schwindelgefühl und körperlicher Schwere. Dann setzt ein Zittern ein, das an den Füßen beginnt und nach und nach den ganzen Körper ergreift, wobei es immer stärker wird. Dann erlischt alles. Ich spüre nichts mehr, ich weiß nicht mehr, was ich sage oder tue. Wenn ich überhaupt irgendeine Erinnerung an diesen Zustand habe, dann ist sie extrem vage und verschwommen.

Einigen meiner Vorgänger verursachte die Trance gesundheitliche Probleme, allerdings gab es auch die umgekehrte Wirkung. Als mein direkter Vorgänger nach Indien kam, erkrankte er an Tuberkulose. Sie machte ihm schwer zu schaffen, doch wenn er in Trance war, spürte er nichts von der Krankheit und es deutete nichts darauf hin, dass er Probleme mit den Atemwegen hatte. Was mich betrifft, so waren die ersten Trancezustände, die ich erlebte, schlimm, weil ich das Pulsrasen und den Anstieg meines Blutdrucks, das Keuchen und das Anschwellen des Körpers kaum ertragen konnte.

Doch mit der Zeit verschwanden die unangenehmen Empfindungen, oder sie legten sich so weit, dass ich nicht mehr darunter zu leiden hatte. Es heißt auch, dass bei einigen Kuten geistige Störungen aufgetreten seien. Ich kann dies für mich nicht bestätigen. Ich bin nach der Trance einfach nur erschöpft und muss mich dann zwar kurz hinlegen, damit ist es aber auch getan. Mir selbst ist es noch nicht geschehen, aber manche meiner Vorgänger haben in Trance schon einige recht halsbrecherische Sprünge und Tänze vollführt. Sie warfen sich regelrecht gegen die Wand und führten unter den gefährlichsten Umständen den Tanz des Dorje Dragden aus. Meines Wissens ist dabei aber keiner je zu Schaden gekommen. Doch natürlich besitzt die Schutzgottheit enorme Kräfte, daher gibt es durchaus Risiken für den Kuten und all jene, die sich in unmittelbarer Umgebung aufhalten. Deshalb nimmt auch Seine Heiligkeit während meiner Trance immer etwas von mir entfernt Platz, denn in diesem Zustand sind meine Bewegungen nicht vorherzusehen.

Die zeremonielle Kleidung

Die Kleidungsstücke, die ich in meiner offiziellen Funktion trage, haben symbolischen Charakter. Sie wurden von Sangye Gyatso, dem Regenten des 5. Dalai Lama, entworfen. Er sah sie in einer klaren Vision und ließ sie dann diesem Bild entsprechend anfertigen. Schon aus diesem Grund ruft das Gewand des Kuten stets Respekt hervor. Aber natürlich werden sie auch als heilig erachtet, weil sie für die Institution stehen, durch die Dorje Dragden persönlich sich ausdrückt.

Die Stiefel sind nach dem Vorbild mongolischer Stiefel genäht. Sie erinnern an die Wurzeln Pekars. Sie sind vielfarbig wie der Regenbogen, der untere Teil ist weiß.

Ich werde in einen weiten Mantel gehüllt. Er ist aus farbigem Brokat gefertigt und symbolisiert den Schutz, den Dorje Dragden jedermann ohne Ausnahme gewährt, aber auch sein von Mitgefühl geprägtes Handeln, in dem er das Wohl anderer Wesen über das eigene stellt.

Der »Panzer« steht für den Sieg über die vier Dämonen, also die Elemente, welche die Grundlage bedingten Daseins bilden, die Emotionen, die Vergänglichkeit und die Ablenkung, die von den Sinnen ausgeht. Diese werden sich, einmal niedergestreckt, nie wieder erheben.

In der rechten Hand halte ich Pfeile, einen Bogen und einen Köcher. Diese sind Sinnbilder der geschickten Mittel, mit denen erleuchtete Meister den Wesen zu Hilfe kommen.

In der linken halte ich das magische Schwert. Es steht mit der Schärfe seiner Klinge für die alles durchdringende Weisheit.

Das Ornament auf meinem Rücken zeigt, dass man die »falschen Freunde« hinter sich gelassen hat, die unerleuchteten Taten, die die Erscheinungswelt prägen.

Die drei Banner, die hinten an meiner zeremoniellen Kleidung befestigt sind, stehen für die Emotionen oder Eigenschaften, die aus den drei grundlegenden Geistesgiften hervorgehen: Unwissenheit (in Bezug auf die tatsächliche Existenzweise des Selbst und der Erscheinungen der Welt), Wünsche beziehungsweise Anhaftung an sie und Zorn beziehungsweise Abneigung. Man befreit sich Schritt für Schritt von diesen Geistesgiften, bis man das vollkommene Erwachen erreicht hat.

Die vier seidenen Schärpen signalisieren, dass wir, sobald wir die vier Dämonen überwunden haben, von den vier »unermesslichen« Qualitäten erfüllt werden: grenzenloser und unterschiedsloser Liebe zu allen Wesen, grenzenlosem Mitgefühl für all jene, deren Leben Leiden ist, grenzenloser Freude angesichts spiritueller Reinheit und Tugend sowie grenzenlosem Gleichmut, der uns alles und jeden mit demselben unparteiischen Blick betrachten lässt.

Der Metallspiegel, den ich auf der Brust trage, hat eine komplexe symbolische Bedeutung. Er ist umrahmt von metallgefassten Türkisen und Amethysten. Vorn prangt die Keimsilbe Dorje Dragdens, die die Essenz seiner Rede darstellt. Kurz gesagt steht dieser Spiegel für die Tatsache, dass der klare Geist sowohl über der von Emotionen geprägten Existenz wie auch über der Befreiung daraus steht. Anders ausgedrückt: Der vollkommen befreite Geist geht über Samsara – die bedingte Existenz – und Nirvana – das Erlöschen der Bedingtheit – hinaus. Daher können im Spiegel alle Aspekte des Geistes aufscheinen. Er steht somit für das, was wir »spiegelgleiche« Weisheit nennen, eine der Facetten des erwachten Geistes.

Auch der Helm, den ich während der Trance trage, besitzt tiefe Symbolkraft. Er stellt eine Krone dar, die von fünf Schädeln geschmückt ist. Diese stehen für die fünf Formen der Weisheit, die Dorje Dragden in sich vereint: die Weisheit der absoluten Wirklichkeit, die spiegelgleiche Weisheit, die Weisheit des absoluten Gleichmutes, die unterscheidende Weisheit, die Weisheit der höchsten Vervollkommnung.

Die Pfauenfedern mit ihren leuchtenden Farben stehen für die unterscheidende Weisheit, die uns erlaubt, gleichzeitig mit derselben Klarheit sowohl das Eine als auch die Vielheit zu sehen. In der Mitte der Pfauenfedern ist ein symbolisches Juwel namens *angzer* zu erkennen. Das Schwert darüber steht für die Weisheit der höchsten Vervollkommnung.

Im Zentrum des Kopfschmucks befindet sich ein fünfeckiges Symbol, das den letztendlichen Sieg über die gewöhnlichen Handlungen symbolisiert.

Die Spitze der Banner ist mit Edelsteinen geschmückt. Diese stehen für die Weisheit des Gleichmutes. Sie erkennt, dass seit anfangsloser Zeit die bedingte Existenz – Samsara – und das Ende allen Leidens – Nirvana – im Gleichmut der Leerheit aufgehoben sind. Diese Leerheit ist also keineswegs als »Nichts« zu verstehen, vielmehr ist sie zum einen die Wurzel aller Erscheinungen, zum anderen die Wurzel ihres Erlöschens.

Fünf seidene Schärpen zeigen, dass die Dämonen nicht in der Lage sind, die fünf allmächtigen Formen der Weisheit zu bezwingen.

Die schmückenden Geierfedern hingegen zeigen, dass im Aufgeben aller »schwarzen« Aktivitäten, die der geistigen Befreiung in irgendeiner Form im Weg stehen, eine enorme Kraft liegt.

Der Ablauf der Trance

Die Trance selbst läuft immer gleich ab. Während der Anrufungsgebete sitze ich still da. Gewöhnlich stellen sich die Zeichen der Trance vergleichsweise schnell ein. Die Atmung verändert sich, sie geht in ein Keuchen über. Mein Gesicht wird rot und schwillt an, sodass man mich kaum wiedererkennt.

Dann setzt man mir den Kopfschmuck auf. Für einen Menschen im Normalzustand wäre es unmöglich, die Insignien des Kuten zu tragen, ohne körperlich Schaden zu nehmen. Sie sind extrem schwer, allein der Helm wiegt 15 Kilo. Im alten Tibet war das Kostüm noch schwerer. Wenn jemand es trägt, ohne in Trance zu sein, kann er damit unmöglich springen oder gar tanzen, es sei denn, er besäße eine übernatürliche Körperkraft. Der Helm wird mit einer Art

»Zaumzeug« festgezurrt. Dazu kommen noch die Banner und die Schärpen aus schwerem Seidenbrokat. Ich habe vier Helfer, damit ich überhaupt gehen kann, bevor die Trance einsetzt. Sie notieren die während der Trance geäußerten Worte des Dorje Dragden und achten darauf, dass der Kuten weder sich selbst noch andere verletzt. Dies könnte durchaus passieren, denn der Tanz mit dem Schwert, den ich in Trance aufführe, ist außerordentlich kraftvoll.

Der Kopfschmuck könnte seinem Träger ohne Weiteres den Hals brechen, ich habe mit seinem Gewicht jedoch nicht das geringste Problem. Dazu muss man wissen, dass ich kein Muskelprotz bin, ebenso wenig wie mein Vorgänger. Ich bin von recht durchschnittlicher Statur, doch sobald die Schutzgottheit von mir Besitz ergreift, ist es seine Kraft, die sich durch mich ausdrückt. Mein Zustand als Normalsterblicher ist nicht vergleichbar mit dem, was mir widerfährt, wenn der Kuten in Aktion tritt.

In der Trance erweise ich dem Dalai Lama meine Verehrung und bringe ihm Opfergaben dar. Er befragt mich zu dem jeweils anstehenden Problem, und Dorje Dragden gibt seinen Rat. Gelegentlich wendet sich der Schützer danach an andere Anwesende: an Regierungsmitglieder oder hohe religiöse Würdenträger. Es folgt noch eine letzte Opferung an den Dalai Lama, bevor die Trance aufhört und ich das Bewusstsein verliere. Dann muss alles sehr schnell gehen. Einer meiner Helfer steht hinter mir und hält mich fest, damit ich nicht zu Boden falle. Man nimmt mir sofort den Kopfschmuck ab, da ich mich sonst verletzen könnte.

Ich selbst weiß von der Trance in der Regel nur, was man mir nachher mitteilt oder was ich in Filmaufnahmen sehe.

Wenn der Kuten dem Dalai Lama während der Trance Opfergaben darbringt, so liegt dies daran, dass Dorje Dragden ein Diener des Dalai Lama ist. Da Dorje Dragden von Padmasambhava bezwungen wurde, nimmt er einen niedrigeren Rang ein als der Dalai Lama, anders als die Buddhas, vor denen auch der Dalai Lama sich verneigt und Opfergaben darbringt. Da Dorje Dragden einst ein Dämon war, ist es nötig, ihn daran zu erinnern, dass er unterworfen wurde. Er selbst jedenfalls bezeugt dem Dalai Lama stets seine Achtung. Er legt sogar gelegentlich eine gewisse Vertrautheit an den Tag, zumindest war dies der Fall bei meinem Vorgänger Lobsang Jigme, als der Dalai Lama noch ein kleines Kind war. Doch Seine Heiligkeit sagt stets, dass es »nicht leicht« sei, mit dieser Schutzgottheit umzugehen. Schließlich weiß niemand im Voraus, welchen Verlauf die Trance nehmen wird, wann sie einsetzt, wann sie aufhört, an wen der Kuten sich außer dem Dalai Lama noch wenden wird. Mitunter erweist er sich auch als respektlos den Anwesenden gegenüber oder antwortet nicht auf die ihm gestellten Fragen. Andererseits kommt es auch vor, dass er sich an eine Person wendet, die gar keine Frage gestellt hat, und so eine persönliche Verbindung zu anderen Menschen herstellt.

Die gelegentlichen Vertraulichkeiten einer Gottheit

Dies geschah im Fall von Lobsang Jinpa, einem hohen tibetischen Würdenträger im Exil. Als er Präsident des Tibetischen Jugendkongresses war, wurde er 1980 in eine von der Exilregierung zusammengestellte Kommission berufen, die mit Genehmigung Chinas nach Tibet reisen durfte. Als der Kuten während einer Versammlung in Trance fiel, wandte Dorje Dragden sich direkt an Lobsang Jinpa und sagte zu ihm: »Du musst die Ratschläge meines Meisters Thongwa Tönden [des Dalai Lama] im Herzen bewahren. Ich bin seine unsichtbare Form, ich werde dir helfen.« Und tatsächlich fühlte Lobsang Jinpa die Präsenz und Aktivität der Schutzgottheit mehrere Male, als er in Tibet war. Eines Tages besuchte er Gyalthang (Yunnan), einen Ort im Süden der Provinz Kham. Dabei wurde sein Wagen von einem gewaltigen Erdrutsch aufgehalten, der durch eine Sprengung am Berghang ausgelöst worden war. Es gab ein unglaubliches Durcheinander, alles ging drunter und drüber. Ein Steinhagel ging über der Stelle nieder, wo der Wagen stand. Trotzdem blieb dieser wie auch seine Insassen verschont.

Nechung Chökyong schätzte Lobsang Jinpa offensichtlich besonders. Später übernahm dieser als Beamter im Privatbüro des Dalai Lama ein wichtiges Amt. Als er es niederlegte und zum letzten Mal in offizieller Funktion an einer Trance teilnahm, wandte Dorje Dragden sich erneut direkt an ihn, um ihn zu warnen: »Wenn man viele äußere Hindernisse zu überwinden hat«, meinte die Gottheit, »läuft man Gefahr, sich vom Hauch negativer Kräfte einhüllen zu lassen. Bleib wachsam!« Tatsächlich warnte Dorje Dragden den Mann davor, dass vermehrt Hindernisse auf ihn zukämen – was sich bewahrheiten sollte. Im Sommer 2007 wandte Dorje Dragden sich ein weiteres Mal an Lobsang Jinpa. Er nahm seine Hand, was er früher schon getan hatte, und gab ihm ein Segensbändchen. Dabei versicherte er ihm, dass er weiter unter seinem Schutz stünde.

Ich kann nur feststellen, dass Lobsang Jinpa immer irgendwie verschont blieb von all den Schwierigkeiten, welche die Leiter der verschiedenen tibetischen Institutionen zu gewärtigen hatten, aber auch von allen persönlichen Problemen. Seine Ehre wurde nie angetastet. Es ist klar, dass die Verbindung zwischen der Schutzgottheit und ihm besonders stark sein muss. Dies zeigt sich schon daran, dass Lobsang Jinpa der Schutzgottheit Dorje Dragden große Achtung entgegenbringt.

Ein treuer Gott

Es gibt viele Geschichten, die das Wirken Dorje Dragdens zum Inhalt haben. Eine davon hat mich immer besonders berührt, weil sie deutlich zeigt, wie eng er mit der Geschichte meines Landes verbunden ist. Es ist die Geschichte von Drachi Phunrabpa Lobsang Dargye, der einer der großen tibetischen Familien entstammt. Er war Abgeordneter im tibetischen Parlament und gehörte der Exilregierung an. Die jüngere Geschichte seiner Familie ist untrennbar mit Dorje Dragden verbunden. Als Lobsang Dargye erfuhr, dass ich an meiner Autobiografie arbeitete, erklärte er sich bereit, über die besonderen Bande, die ihn mit unserer Schutzgottheit verbinden, zu berichten. Daher möchte ich nachfolgend einige Passagen aus dem Brief, den er mir schrieb, zitieren, aus denen deutlich hervorgeht, wie diese Beziehung über Generationen hinweg gewachsen ist.

Selbst wenn ich heute nicht mehr in der Lage bin, alles ganz genau zu berichten, so gibt es doch keinen Zweifel, dass es eine sehr enge Verbindung zwischen meinen Ahnen und der größten aller Schutzgottheiten unserer Regierung gibt. Pekar ist eine Emanation des Königs der Lehren, dessen Statthalter Nechung Dorje Drayang Ling ist.

Mein Urgroßvater, Drachi Phunrabpa Tsering Palden, war einer der Gönner des Nechung-Klosters und ließ ihm seinen Schutz angedeihen. In den Sechzigerjahren des 18. Jahrhunderts beispielsweise eroberten die Abkommen Palgöns, Vater und Sohn Gönpo Namgyal, gewaltsam weite Gebiete im östlichen Tibet, in der Provinz Kham im Herzen der Nyarong-Berge. [...] Die Regierung ernannte den Minister Phulung Tsewang Dorje zum Oberbefehlshaber der Streitkräfte, die jene von Nyagke Gönpo Namgyal gefangen nehmen sollten. Und so sandte man am 9. Februar 1863, im Jahr des Wasser-Schweins, die Generäle Trimön Chime Dorje und Dokhar Tsewang Norbu in Begleitung des Schatzmeisters Phunrabpa Tsering Palden mit einem Trupp Soldaten in die Nyarong-Berge, um die Revolte niederzuschlagen.

Bevor er Lhasa verließ, bat mein Vorfahr, Phunrabpa Tsewang Palden, um eine Trancesitzung beim Nechung-Orakel, dem großen Beschützer der Lehren. Er bat es darum, dass sein Tun doch Frieden und Eintracht mehren möge. Die Schutzgottheit antwortete ihm, dies würde nur geschehen, wenn er an dem Ort, an dem er lebte, eine Statue des zweiten Buddha von Oddiyana [Padmasambhava] aufstellen ließe. Sofort ließ Phunrabpa eine kleine Statue des Meisters für den Tempel des Nechung-Klosters anfertigen.

[...] Im siebten Monat des Jahres 1865 wurde die Bergfestung der Gönpa Namgyals belagert. Am neunten Tag des achten Monats wurde die Festung in Brand gesteckt. Dabei verbrannten Gönpa Namgyal, sein gleichnamiger Sohn sowie etwa dreißig weitere Familienmitglieder und rund vierzig Adlige und Minister. Alle Überlebenden – Soldaten und Einwohner – ergaben sich. Die Offiziere verloren ihren Rang.

Daraufhin begab der Oberbefehlshaber der Streitkräfte, Phulungpa, sich nach Nyarong und verlieh Phunrabpa Tsering Palden den Titel eines *taiji*. Er ernannte ihn zum Gouverneur der Nyarong-Region, zum Nyarong Chyikyab.

[…] Zur Reinigung der negativen Handlungen, zum Wohl der vielen Toten und zum Dank an den Schützer ließ Drachi Phunrabpa Palden das Dach des Haupttempels von Nechung ganz mit vergoldetem Kupfer beschlagen. Im Tempel selbst ließ er eine lebensgroße Silberstatue von Guru Nangsi Silnön aufstellen. Dazu kamen Darstellungen der 21 Formen der Tara in vergoldetem Kupfer sowie ein lebensgroßer Chenresig in seiner Form als Semnyi Ngalso und weitere Figuren. Darüber hinaus spendete Drachi Phunrabpa Palden mehrere Ritualgegenstände, beispielsweise eine goldene Lampe und andere Objekte, die das Kloster dringend benötigte. Um dem Kloster regelmäßige Einkünfte zu ermöglichen und so die Durchführung der Rituale sicherzustellen, überschrieb er den Mönchen Ländereien in Lhokha, die er von seinem Vater geerbt hatte.

Mein Großvater hieß Phunse. Er war der Sohn von Drachi Phunrabpa Tsering Palden und erfreute sich ebenfalls großer Berühmtheit. Auch er überließ dem Nechung-Kloster sein Vermögen.

Mein Vater, Drachi Phunrabpa Kunzang Tsültrim, war in seiner Jugend ebenfalls Mönch in Nechung gewesen. [...]

Als er 26 Jahre alt war, gab er die Mönchsgelübde zurück und kehrte ins weltliche Leben zurück. [...] Da die Beziehung zwischen Nechung und meinen Ahnen so eng war, überließ das Kloster meinem Vater den Religionsbezirk Tsomo Jang in Lhokha, einen Bruchteil dessen, was mein Großvater einst gespendet hatte. Auch einige Statuen wurden ihm zum Geschenk gemacht. [...]

Auch ich, Lobsang Dargye, verbrachte meine Jugend als Mönch im Kloster Nechung. 1969 im Exil wählte man mich als Abgeordneten ins Parlament. Mein Tun, ob nun privat oder im Dienst der Öffentlichkeit, war stets inspiriert von dieser starken Verbindung zum Schützer des Nechung-Klosters.

Anderen helfen

Lobsang Jinpa erweist der Schutzgottheit also den gebührenden Respekt. Doch es kommt auch vor, dass man nur die sichtbare Seite des Orakels wahrnimmt, die Tatsache seiner »Besessenheit« also. Dann wendet man sich an mich wie an ein gewöhnliches Orakel, um zu erfahren, ob man etwa krank ist oder gute Geschäfte machen wird. Dies ist aber nicht meine Aufgabe und wird es auch niemals sein. Dorje Dragden ist eine Schutzgottheit, die vor allem den Dalai Lama berät.

Manchmal allerdings greife ich persönlich ein, um Menschen zu helfen, die unter gesundheitlichen Problemen leiden oder die im Leben mit großen Schwierigkeiten fertig werden müssen. Dies geschieht im Kloster, aber auch auf Pilgerreisen. Die Nachricht von meiner Anwesenheit verbreitet sich schnell, und so kommen viele Menschen, um mich um meinen Segen zu bitten, den ich ihnen gerne gebe. Der Buddha hat gelehrt: Geburt, Krankheit, Alter und Tod sind unvermeidbare Merkmale unseres Daseins. Als buddhistischer Mönch sehe ich meine Aufgabe darin, das Leid der fühlenden Wesen zu lindern. Es ist also nur natürlich, dass ich auf ihre Fragen nach bestem Wissen und Gewissen antworte. Wenn Kranke zu mir kommen, verspüre ich den aufrichtigen Wunsch, ihnen nach meinem persönlichen Vermögen zu helfen, durch Zuhören und Beten. Dies aber hat nichts mit meiner Funktion als Kuten zu tun. Es ist nichts weiter als der natürliche und spontane Wunsch, anderen beizustehen.

Es gibt verschiedene Arten von Krankheit, ob es sich nun um geistige oder körperliche Störungen handelt. Manche Krankheiten haben klar erkennbare Ursachen, so zum Beispiel eine Epidemie. Andere haben subtilere und komplexere Gründe, die auf äußere Faktoren zurückgehen, welche das natürliche Gleichgewicht der Energien im Körper stören. Dem Kranken aufmerksam zuzuhören ist schon ein Schritt zur Linderung des Leids. Doch manchmal genügt dies nicht. Dann verrichte ich spezielle Gebete, die die Linderung oder Umwandlung dieser äußeren Faktoren zum Ziel haben. So erinnere ich mich beispielsweise an ein junges Mädchen, das unter epileptischen Anfällen litt, die mittlerweile so stark waren, dass sie ihr Leben ernsthaft beeinträchtigten. Ihre Eltern hatten sie zu mir gebracht. Ich betete für sie. Seitdem geht es ihr sehr viel besser. Trotzdem bin ich kein Heiler. Es ist nur der Segen der Buddhas, der sich durch mich ausdrückt.

Auf Entdeckungsreise

Als ich 1972 mit Nechung Rinpoche zur 2. Welthandelskonferenz nach Delhi fuhr, erhielt ich einen ersten Eindruck davon, wie vielschichtig unsere Welt ist. Vor einigen Jahren, als ich noch in Phari lebte, bestand mein Kosmos mehr oder weniger aus meinem Land, China, Bhutan, Sikkim und Indien. Ehrlich gesagt kannte ich wie alle Kinder von dieser Erde nichts weiter als unser Haus und meine Stadt. Ich hatte nur eine sehr vage Vorstellung davon, was jenseits der Berge liegen mochte, die unsere Hochebene umschlossen. Auch von China hatte ich letztlich nur eine ungefähre Idee. Außer den Soldaten und den Funktionären der Kommunistischen Partei kannte ich nichts, und diese ließen in mir nicht gerade den Wunsch entstehen, mehr über jenes Land zu erfahren. Auch Indien blieb recht geheimnisvoll für mich. Und mit Bhutan und Sikkim war es nicht anders. Eigentlich wusste ich nur, dass diese Länder unsere Nachbarn waren. Aber wie man dort lebte? Ich hatte nicht die leiseste Ahnung.

So dramatisch meine Flucht ins Exil daher auch verlief, sie schenkte mir wenigstens einige wunderbare Entdeckungen. Ich malte mir stets aus, dass es jenseits der Welt, die ich Tag für Tag erlebte, noch viele andere wundervolle Dinge zu entdecken gab, eines schöner als das andere. Durch meine Funktion als Kuten stand mir plötzlich die ganze Welt offen, denn das Kind aus Phari wurde nun überallhin eingeladen.

Erste Entdeckung: die Vereinigten Staaten

Die große, weite Welt war mir allerdings auch nicht mehr völlig unbekannt. Sowohl im Nechung-Kloster als auch in Dharamsala war ich schon des Öfteren Menschen aus dem Westen begegnet, die sich für den Buddhismus interessierten und in Indien Antworten auf ihre Fragen suchten.

Erste Kontakte

Schon kurz nach meiner Ankunft im Kloster 1971 hatte ich Jesse Sartain kennengelernt. Der junge Amerikaner, der zur Gelug-Linie gehörte, war Schüler von Geshe Ngawang Thargye, einem Gelehrten, der zu jener Zeit in der *Library of Tibetan Works and Archives* lehrte, wo all jene Texte zu finden sind, die helfen, unser kulturelles Gedächtnis zu bewahren. Jesse bewohnte mit seiner damaligen Lebensgefährtin ein kleines Haus, das sie Minou Cottage nannten. Er kam regelmäßig ins Kloster, um uns das westliche Alphabet beizubringen. Dies war für uns eine eigenartige Übung, die einfach und schwierig zugleich war – einfach, weil das tibetische Alphabet sehr viel komplexer ist als jenes, das Jesse uns lehrte. Wir haben dreißig Konsonanten. Jede Silbe trägt den Grundvokal in sich, der durch vier Vokalzeichen für i, e, u und o verändert wird. So weit, so einfach. Doch die Kombinationen der Buchstaben sind recht kompliziert. Man hat Zeichen, die man über das Grundzeichen schreibt, andere darunter, wieder andere, die nur vor oder nach dem Grundzeichen stehen können. Diese verändern die Aussprache, die – wie in vielen asiatischen Sprachen – auch noch verschiedene Tonhöhen annehmen kann. Daher waren die lateinischen Buchstaben des Englischen viel leichter zu lernen. Es existierten keine schwierigen Buchstabenkombinationen und unterschiedliche Tonhöhen gab es kaum.

In der Botschaft

Im Juli 1989 sollte der Dalai Lama im kalifornischen Santa Monica das Kalachakra-Ritual ausführen. Er war von Geshe Tsültrim Gyatso in die USA eingeladen worden, der dort 1978 ein kleines Zentrum für buddhistische Studien und Meditation eingerichtet hatte. Auch ich wurde mit meinem Sekretär Tenzin Rinchen eingeladen. Wir begaben uns zur Botschaft. Sherpa Tulku diente uns dabei als Übersetzer.

Wie wir unsere Visa erhielten, ist eine Geschichte für sich. Damals bekamen tibetische Flüchtlinge so gut wie keine Ausreisegenehmigung aus Indien. Wir gingen also in die Botschaft und Tenzin trug ein T-Shirt mit der Aufschrift »NIKE«. Das bemerkte der amerikanische Botschaftsangestellte und fragte Tenzin:

»Wissen Sie denn überhaupt, wofür dieses Logo steht?«

»Natürlich«, antwortete Tenzin. »Ich stehe auf diese Marke!«

Und zack, hatten wir unser Visa, ohne dass auch nur

eine weitere Frage gestellt wurde. Als ob ein buddhistischer Mönch sich für die Marken von Sportbekleidung interessierte. Vielleicht wünschte der Mann sich letztlich auch nur, dass quasi eine Hand die andere waschen würde, denn als wir sein Büro verließen, drückte er mir seine Visitenkarte in die Hand. Er bat mich, für ihn und seine Frau zu beten, da sie sich Kinder wünschten und bislang keine bekommen hatten. Er schien unter dieser Situation sehr zu leiden, und so versprach ich ihm, dass wir Gebete für die Beseitigung aller Hindernisse verrichten würden.

Mein erstes Geburtstagsfest

Was soll ich von den Vereinigten Staaten nur berichten? Alles dort war beeindruckend. Dazu kam, dass wir am 3. Juli 1989 eintrafen, am Vorabend des Nationalfeiertages. Es schien, als habe man wirklich das ganze Land beflaggt. Und dann diese endlose Weite, der gigantische Ozean, das moderne Leben in den Städten, die trotz allem still wirkten, weil die Autofahrer nicht hupten, überhaupt die vielen verschiedenen Autos, die Menschen … für mich war alles neu. Doch das Erstaunlichste war wohl das Fest, das man am 13. Juli für mich gab, um meinen Geburtstag zu feiern. In Tibet, wo die meisten Menschen den Tag ihrer Geburt gar nicht kennen, ist dies nicht üblich. Doch die Dame, die mir die Reise finanziert hatte, richtete in ihrem Haus in Berkeley für mich eine kleine Feier aus. Ich bekam einen Geburtstagskuchen, und es waren Freunde eingeladen worden. In diesem Fall waren es die Mönche von Namgyal Dratsang, die gekommen waren, um den Dalai Lama bei der Durchführung des Rituals zu unterstützen. Und ich stellte fest, dass diese Tradition im Westen von großer Bedeutung war.

Bei meinem einmonatigen Aufenthalt in Amerika erstaunte mich vor allem das Interesse, das die Menschen im Westen dem Buddhismus entgegenbrachten. Schon in Dharamsala war ich immer wieder auf junge Leute getroffen, die aus den USA oder Europa kamen, doch ich hätte nie gedacht, dass die Reisen unserer buddhistischen Meister im Westen solch eine Wirkung entfalten würden. Und ich freute mich sehr, Jesse Sartain wiederzusehen, dem ich geschrieben hatte, dass ich der neue Kuten sei.

Bei meiner Rückkehr nach Indien lud man mich sogar in die amerikanische Botschaft ein. Leider war der Beamte, der uns die Visa ausgestellt hatte, nicht anwesend. Also hinterließ ich einen kurzen Brief, in dem ich ihm noch einmal dankte, und legte ein paar Fotos von unserer Reise bei. Zehn Tage später antwortete er mir, er stünde voll und ganz zu unserer Verfügung. Ich hatte seine Bitte nicht vergessen, und so hatten wir ihm regelmäßig unsere Praxis gewidmet, damit die Hindernisse, die seinem Wunsch nach einer Familie entgegenstanden, beseitigt werden mögen. Und so waren alle Mönche des Klosters entzückt, als wir nach Ablauf eines Jahres ein Foto bekamen: Es waren Zwillinge! Vielen mag das unbedeutend erscheinen, doch dieses Paar litt wirklich Tag für Tag unter seiner Kinderlosigkeit. Vielleicht schufen die Gebete, die wir an die Buddhas richteten, ein wenig Raum und Licht in diesem Haushalt, in dem das Fehlen von Kinderstimmen trotz des materiellen Reichtums Kummer verursacht hatte.

Der neue Nechung Rinpoche

Im April 1994 reiste ich wieder in die Vereinigten Staaten. Ich begleitete die neue Inkarnation von Nechung Rinpoche, dem es im Jahr zuvor gelungen war, aus Tibet zu fliehen. Seine Geschichte verdient es, hier erzählt zu werden. Nach dem Tod des früheren Nechung Rinpoche im Jahr 1982 war uns allen klar, dass wir bald die Freude haben würden, ihn wiederzusehen. Und so stellte das Kloster 1986 den offiziellen Antrag an den Dalai Lama, mit der Suche nach der Wiedergeburt beginnen zu dürfen. Dabei stellte man dem Dalai Lama zwei einfache Fragen: War der neue Nechung Rinpoche bereits wiedergeboren worden? Und wenn ja, wo sollte man ihn suchen? Seine Heiligkeit antwortete, dass Rinpoche bereits eine neue Verkörperung gewählt habe und dass er in Lhasa wieder zur Welt gekommen sei, in der Nähe jenes Pal-lhe-chok-Tempels, welcher der Göttin Palden Lhamo gewidmet ist.

Da die politischen Beziehungen zwischen Tibet und China sich gerade etwas entspannten, wollten sich die Menschen, die Nechung Rinpoche nahegestanden hatten, nach Lhasa begeben, um nach ihm zu suchen. Doch als man den Dalai Lama befragte, wann für dieses Vorhaben wohl eine günstige Gelegenheit sei, meinte er, es habe im Moment wenig Sinn, nach Lhasa zu reisen. Lobsang Toldan, der Diener von Nechung Rinpoche, nahm die Reise trotzdem auf sich. Er fuhr in Begleitung eines anderen Mönches. Wie der Dalai Lama es prophezeit hatte, blieb ihr Unternehmen ergebnislos. Sie schafften es nicht einmal, eine Liste möglicher Kandidaten aufzustellen. Sie kamen unverrichteter Dinge zurück, und das Kloster führte weiterhin Rituale durch, damit sich diese unbefriedigende Situation ändern möge. Mehrere Male rief man Dorje Dragden an, doch dieser empfahl stets nur, dem Rat des Dalai Lama zu folgen.

Das Warten dauerte bis Anfang 1992, als die Schutzgottheit während einer Trance verkündete, Nechung Rinpoche habe sich neu inkarniert, sein Vater heiße Töndrup und seine Mutter Tsering. Er sei im Jahr des Ochsen geboren. Sofort stellte man eine Suchkommission zusammen und schickte sie nach Lhasa. Die Mönche kamen mit einer Liste von zwölf Namen zurück, die im Viertel des Tempels von Palden Lhamo geboren worden waren. Diese Liste wurde dem Dalai Lama übergeben.

Da dieser über die Worte Dorje Dragdens nicht in Kenntnis gesetzt worden war, reagierten alle erfreut, als er einen Jungen zur Reinkarnation von Nechung Rinpoche erklärte, der im Jahr des Ochsen geboren worden war und dessen Eltern Töndrup und Tsering Dölma hießen. Lobsang Toldan begab sich mit einem Mönch namens Dorje nach Lhasa und informierte die Eltern des Knaben. Gemeinsam überlegten sie dann, wie man den jungen Tulku nach Indien bringen könne. Als sie 1993 eine außergewöhnliche Ausreiseerlaubnis erhielten, nutzten sie die Gelegenheit, begaben sich nach Nepal und dann nach Indien, wo sie schließlich blieben.[7]

---

[7] Der neue Nechung Rinpoche wurde am 15. März 1995 inthronisiert und unterhält seit diesem Zeitpunkt eine enge Verbindung zum Nechung Kuten.

New York, Bloomington

Da der frühere Nechung Rinpoche ein enges Band zu seinen Schülern in den Vereinigten Staaten geknüpft hatte, war es nur natürlich, dass auch die neue Inkarnation so bald als möglich dorthin reiste. Der Besuch des Dalai Lama in jenem Zentrum, das der vorherige Nechung Rinpoche 1973 in Nordamerika gegründet hatte, bot dazu eine gute Gelegenheit. Nechung Rinpoche hatte mit seinen Schülern verschiedene Projekte geplant, die nun Gestalt annehmen sollten. So wurde mit Hilfe einiger Schüler, die in New York ein Zentrum gegründet hatten, die Nechung Foundation ins Leben gerufen.

Seit dieser Zeit hat die Organisation sich enorm weiterentwickelt, wie ich 1999 anlässlich einer neuerlichen Reise nach Nordamerika feststellen konnte. Damals sollte der Dalai Lama eine weitere Kalachakra-Einweihung in Bloomington im Bundesstaat Indiana geben. Sein Bruder, Taktser Rinpoche, der dort ein Zentrum für buddhistische Studien unterhielt, hatte ihn herzlich eingeladen. Ich für meinen Teil erhielt Gelegenheit, einmal mehr das Nechung-Zentrum in Hawaii zu besuchen. Darüber hinaus traf ich Jesse Sartain wieder, der mich dringend bat, doch ein Studienzentrum im kalifornischen Berkeley zu gründen, wo er selbst lebte. Ich sah allerdings keinen Sinn darin, eine solche Einrichtung nur um ihrer selbst willen zu gründen. Dieses Zentrum sollte zumindest auch Perspektiven für die verschiedenen Aspekte der tibetischen Kultur eröffnen. Bei meinem Besuch traf ich auch Sherpa Tulku wieder, der seit Kurzem ebenfalls dort lebte. Seine Kinder hatten doch tatsächlich ihre eigene Sprache vergessen. Wir begannen den Aufbau mit mehr oder weniger leeren Händen und konnte nach einigen Rückschlägen schließlich im Jahr 2000 das Nechung Buddhist Center gründen.

Mittlerweile wird es für mich immer schwieriger, eine Reise in die Vereinigten Staaten zu organisieren, da meine Funktion als Orakel und meine Verantwortung für das Nechung-Kloster mich die meiste Zeit in Indien festhalten. Und ich kann nicht in die USA reisen, ohne mindestens das Zentrum in Kalifornien sowie jenes in New York zu besuchen, aber natürlich müsste ich auch meine Freunde treffen, die Sponsoren des Klosters und viele andere. Dies würde bedeuten, dass ich mindestens sieben, eher noch acht Wochen abwesend wäre. Solche Reisen muss ich lange im Voraus planen. Und trotz alledem kann es vorkommen, dass ich alle Pläne über den Haufen werfen, die Reise absagen und in Dharamsala bleiben muss, weil man mich dort braucht.

Besuche bei den Völkern der Mongolei

Als ich Kuten wurde, befand sich die Welt in einem radikalen Wandel. Die frühere Sowjetunion brach gerade zusammen und mit ihr der gesamte Ostblock. Eines der deutlichsten Anzeichen dieser Umgestaltung war, dass Bakula Rinpoche 1989 zum Botschafter Indiens in der Mongolei ernannt wurde. Er, der sein Leben lang alles darangesetzt hatte, dass der Buddhismus in der Mongolei überlebte, bekam durch das Ende der kommunistischen Herrschaft in der Mongolei 1990 unverhoffte Schützenhilfe. Kurz darauf gewährte man den Menschen in der Mongolei wieder die Religionsfreiheit.

Die Buddhistische Asienkonferenz

Im Jahr 1990 fand in der Mongolei die große Buddhistische Asienkonferenz statt, auf der Bakula Rinpoche den Vorsitz führte. Gewöhnlich waren zu dieser Tagung höchstens zwei tibetische Würdenträger als Abgesandte gekommen. Doch in diesem Jahr wollte Bakula Rinpoche den Dalai Lama ehren, dem man 1989 den Friedensnobelpreis zugesprochen hatte, und so lud er eine offizielle Kommission ein. Sie bestand aus Kalsang Yeshi, dem Minister für kulturelle und religiöse Angelegenheiten, aus Karma Gelek, dem Sekretär des Ministers, aus Khamtrul Rinpoche, der die Nyingma-Linie vertrat, sowie Denma Locho Rinpoche, der die Gelug-Linie repräsentierte. Ich selbst war eingeladen worden, weil Nechung in seiner Form als Pekar seine Wurzeln in der Mongolei hatte.

In dieses Land zu gelangen war zu jener Zeit alles andere als einfach, immerhin war es jahrelang abgeschottet gewesen. Wir mussten über Moskau reisen, dann nach Burjatien und von dort aus in die Hauptstadt der Mongolei, Ulan-Bator. Auf der Reise durch Russland wurde eine ganz spezielle Stimmung spürbar: Die Menschen waren unglaublich arm, die Russen misstrauten uns. Und so wurden wir an jedem Bahnhof kontrolliert, durch den der Zug kam.

Das Verhalten uns gegenüber änderte sich schlagartig, als wir die Grenze erreichten. Ich glaube, wir waren die ersten Tibeter, die nach dem Sturz des kommunistischen Regimes mongolischen Boden betraten. Die Menschen dort legten so leidenschaftlich Zeugnis für ihren Glauben ab, dass wir Schwierigkeiten hatten, uns einen Weg durch die Menge zu bahnen. Wo wir auch hinkamen, was wir auch taten – ob wir an Konferenzen teilnahmen oder traditionelle buddhistische Belehrungen gaben –, wir wurden von einer Welle der Begeisterung begleitet, die so stark war, dass wir Leibwachen brauchten, um alle Hindernisse problemlos zu umgehen. Wo wir auch auftauchten, waren wir bald von Mongolen umringt. Die Menschen folgten unserem Wagen und hoben sogar den Sand auf, über den wir fuhren, um ihn wie eine Reliquie aufzubewahren. Wenn es einem von ihnen gelang, unsere Roben zu berühren, so wollten die anderen unbedingt seine Hand anfassen, um selbst auch des Segens teilhaftig zu werden, der in ihren Augen von uns ausging. Diese leidenschaftliche Begeisterung bewegte uns tief. Wir konnten nicht umhin, an unsere tibetischen Brüder und Schwestern zu denken, denen in unserer Heimat die Ausübung ihres traditionellen Glaubens ebenso untersagt war wie lange Zeit den Mongolen.

Der Tempel in St. Petersburg

Auf dem Rückweg fuhren wir wieder über Moskau, weil wir hofften, auch Leningrad besuchen zu können, das alte St. Petersburg. In der Mongolei hatte man uns nämlich gebeten, den dortigen mongolischen Tempel zu segnen, der im Jahr 1910 errichtet worden war. Dies erwies sich als schwierig. Die Sowjets gingen ebenso vor wie die Chinesen in Tibet: Wir erhielten alle eine Einreisegenehmigung, und man bezeugte uns wortreich guten Willen, doch am Ende schickte man Denma Lochoe Rinpoche an einen Ort, Khamtrul Rinpoche an einen anderen und mich an einen dritten. So waren wir alle mehrere Flugstunden voneinander entfernt. Minister Kalsang Yeshi und sein Sekretär wurden direkt nach Moskau gesandt. Am Ende fanden wir uns im selben Hotel der Hauptstadt wieder, wenn auch auf verschiedenen Etagen. Kalsang Yeshi und Karma Gelek fuhren zwar nach Leningrad, wurden jedoch stehenden Fußes nach Moskau zurückgeschickt. Dort geleitete man sie zum Flughafen und setzte sie in ein Flugzeug nach Indien. Unsere Gruppe verhandelte hart, bis es uns schließlich erlaubt wurde, im Zug nach Leningrad zu fahren. Nach weiteren Diskussionen stellte man uns sogar einen Übersetzer zur Verfügung.

Der Tempel in Leningrad wurde auf eine Vereinbarung zwischen Nikolaus II., dem letzten russischen Zar, und Thubten Gyatso, dem 13. Dalai Lama, hin errichtet. Um 1900 waren die Beziehungen zwischen Tibet und Russland entspannt. Es gab damals zahlreiche mongolische, ja sogar einige russische Mönche, die in den großen Gelug-Klöstern in Lhasa, Sera und Drepung, ausgebildet wurden. Die bekannteste Persönlichkeit aus dieser Zeit ist zweifellos der burjatische Mönch Agwan Dorjiev, den wir unter seinem tibetischen Namen Ngawang Dorje kennen.

Er war ein hochgelehrter Mann und hatte zu der Gruppe um die Hauslehrer des Dalai Lama gehört. Insbesondere war er bei den in tibetischen Klöstern üblichen philosophischen Debatten immer wieder als Gegenüber des Dalai Lama aufgetreten. Mehrere Male unternahm er Reisen an den russischen Kaiserhof. Unterstützt von einigen russischen Tibetologen setzte Dorjiev sich für die Errichtung des Tempels in St. Petersburg ein. Dabei gab es in der damaligen russischen Hauptstadt nur wenige Dutzend Buddhisten, meist Kalmücken oder Burjaten ...

Unsere mongolischen Glaubensbrüder hatten uns gebeten, in dem Tempel eine Reinigungszeremonie durchzuführen, da er teilweise zerstört worden war. Man hatte ihn als Wohnhaus benutzt, und er hatte lange Zeit leer gestanden, bevor er wieder genutzt wurde – allerdings nicht als Tempel. Ohnehin durften wir nur unter Befolgung ganz bestimmter – mitunter recht naiver – Auflagen nach Leningrad: Wir durften kein Fernseh- oder Radiointerview geben. Wir durften mit niemandem sprechen. Und vor allem durften wir kein Wort über die Politik der Chinesen in Tibet verlieren.

Als ich den Tempel betrat, mischten sich in mir Kummer und Bewunderung. Einerseits hatte man offensichtlich versucht, Ordnung zu schaffen, doch andererseits war es unmöglich, die zahllosen zerschlagenen Statuen zu verbergen. Aus der Zeit, als der Tempel als Gebäude für Tierversuche gedient hatte, lagen noch überall präparierte Tierkadaver unter Glas herum. Auf dem Boden lagen verstreut Bücher. An anderer Stelle waren Brandspuren zu erkennen. All dies erinnerte uns stark an unsere Heimat Tibet.

Dorjiev hatte den Tempel in rein tibetischem Stil erbauen lassen, was tatsächlich gelungen war. Es gab auch einige sehr schöne Details. Statt beispielsweise die Fensterumrahmungen in schwarzer Farbe zu streichen, waren sie mit Einlegearbeiten aus einem schwarzen Stein verziert. Vajras und andere Symbole, die man gewöhnlich aufmalt, waren hier in Bronze gegossen oder aus Stein – teils sogar Halbedelstein –

geschnitten worden und schmückten Säulen und Wände. An anderer Stelle konnten wir ein wunderbares *chökhor ridag* bewundern, eine vergoldete Darstellung des Dharma-Rades, flankiert von zwei Hirschkühen. Man sah, dass an manchen Stellen das strahlende Blau der Bemalung aus reinem Türkis gewonnen worden war. Die Wandmalereien hatten zwar gelitten, doch man ahnte immer noch ihre einstige Schönheit. Auch die traditionellen farbigen Gebetsfahnen, die in Tempeln aufgemalt werden, waren noch erkennbar. Trotz aller Zerstörung war der Tempel immer noch wunderschön. Da und dort zeugten Inschriften vom Geist der Erbauer: »Möge die Ausstrahlung Thubtens [die vom 13. Dalai Lama, Thubten Gyatso, dargelegte Buddha-Lehre] sich in alle Himmelsrichtungen ausbreiten!« Es war ein merkwürdiges Gefühl, sich an so einem Ort zu befinden, der so eindeutig die Geschichte des Buddhismus widerspiegelt. Seitdem bin ich mehrfach nach Russland zurückgekehrt und habe diesen Tempel besucht, der mittlerweile wieder seiner ursprünglichen Bestimmung zugeführt wurde. Der Dalai Lama hat ihm eine hundertbändige Ausgabe der Lehren des Buddha geschenkt, um der engen Verbundenheit zwischen Tibet und ihm Ausdruck zu verleihen.

Besuch bei den Kalmücken

Sehr viel später, im Jahr 1997, hatte ich erneut Gelegenheit, ein von Mongolen bewohntes Land zu besuchen, als ich in das kleine Land Kalmückien gerufen wurde. Es ist das einzige in Europa, in dem Mongolen leben, und war nach dem Zusammenbruch der Sowjetunion zur Republik geworden.

Erst wenige Jahre vor meinem Besuch hatte ihr Präsident die Religionsfreiheit verkündet. Viele Kalmücken hängen dem tibetischen Buddhismus an. Obwohl unter der Sowjetherrschaft zahllose Tempel zerstört worden waren, zeigte sich bei meinem Aufenthalt dort, dass mindestens dreißig Tempel rege besucht wurden. Der Dalai Lama hatte das Land schon zweimal besucht – 1991 und 1992 – und einen Tempel in der Hauptstadt Elista eingeweiht.

Ich war einer Einladung des kalmückischen Präsidenten gefolgt. Wir hatten ein volles Programm: Konferenzen, offizielle Besuche, Treffen mit buddhistischen Würdenträgern. Der Präsident, der sich uns auf der Reise des Öfteren anschloss, hatte uns gar ein eigenes Flugzeug zur Verfügung gestellt, das uns von Moskau nach Kalmückien brachte.

Bei unserer Ankunft erwartete uns eine große Menschenmenge mit tibetischen Fahnen. Für uns war dies ein sehr bewegender Augenblick. Die Fahnen waren Ausdruck der Hoffnung, die Tibeter mögen eines Tages ebenso befreit werden wie die Kalmücken, die mehr als siebzig Jahre lang unter sowjetischer Herrschaft gelebt hatten.

Im Jahr darauf kam ich wieder nach Kalmückien, um Seine Heiligkeit zu vertreten, der unabkömmlich war. Als er mich bat, als sein offizieller Vertreter dem Land einen Besuch abzustatten, lehnte ich zunächst höflich ab, weil ich mir nicht vorstellen konnte, wie ich als einfacher Mönch diese Aufgabe ausfüllen sollte. Aber er bestand darauf, und so willigte ich ein. Ich nutzte die Gelegenheit, um ein weiteres Mal die Mongolei zu besuchen, wo ich das große Vergnügen hatte, Bakula Rinpoche wiederzusehen. Er war gerade dabei, sein neues Kloster zu weihen, dessen Grundstein der Dalai

Lama 1991 gelegt hatte. Die Mongolei hatte sich seit meinem ersten Besuch vollkommen verändert. 1990 beispielsweise gab es in Ulan Bator insgesamt nur einen einzigen Laden, der einem Chinesen gehörte. Er verkaufte Fotoapparate. Bei meinem zweiten Besuch aber gab es einige Dutzend Geschäfte, die alles verkauften, was man sich nur vorstellen konnte.

Pilgerfahrt auf den Spuren Pekars

Es boten sich noch weitere Gelegenheiten, in die Mongolei zu reisen. Ich fühle mich diesem Land sehr verbunden. Wann immer es mir möglich ist, benutze auch ich die hellblauen Zeremonienschärpen, die in Tibet gewöhnlich weiß sind. Es liegt auf der Hand, dass diese Verbundenheit mit den Mongolen auf deren Schutzgottheit Pekar zurückzuführen ist. Aus diesem Grund reiste ich im Sommer 2008 nochmals dorthin. Ich wollte dem Ort, an dem Pekar einst residierte, meine Ehrerbietung bezeugen. Dazu flog ich ab Ulan Bator zwei Stunden mit dem Flugzeug an einen Ort namens Za Hang. Von dort aus fuhren wir mit dem Auto weiter, was aufgrund der holprigen Straßen noch einmal etwa zehn Stunden dauerte. Schließlich erreichten wir einen Berggipfel, wo wir den Wagen stehen ließen. Für die Mongolen ist der See ein heiliger Ort. Frauen allerdings müssen dort Halt machen, wo wir das Auto abstellten.

Die Landschaft war von atemberaubender Schönheit: Tief unter uns funkelte ein kleiner See im Sonnenschein. Dahinter erhob sich ein ehrfurchtgebietender Gipfel, den die Mongolen als Wohnsitz Vajrapanis, der grundlegenden

Energie des Geistes, verehren. Ich führte ein Sang-Ritual durch, bei dem reinigende Rauchopfer dargebracht werden. Dann kletterten wir den steilen Weg zum See hinunter. Dort hatten die tibetischen Streitkräfte damals die »materiellen Stützen« Pekars an sich genommen, unter anderem die kostbare Ledermaske, von der bereits die Rede war. Es heißt, am Ufer dieses Sees habe ein Kloster gestanden, das irgendwann in den Fluten versunken sei, doch heute ist davon nichts mehr zu sehen. Auch dort verrichtete ich meine Gebete und brachte Opfergaben dar. In das klare, durchsichtige Wasser des Sees dürfen nur kostbare Substanzen gelangen. Natürlich hielt ich mich an diese Vorschrift. Der See ist als Heiligtum auch heute noch von so großer Bedeutung, dass der Präsident und der Premierminister der Mongolei, sobald sie in ihre Ämter eingeführt sind, dorthin reisen, um Pekar die Ehre zu erweisen, obwohl der See so weit ab von der Hauptstadt liegt. Alles dort war so unglaublich rein, so heiter, so ruhig, dass die innere Erfahrung an diesem Ort tatsächlich etwas ganz Besonderes ist.

Tibet so nah

Bhutan habe ich bisher dreimal besucht, doch den stärksten Eindruck hinterließ mein erster Aufenthalt dort. Am 28. September 1991 starb in Bhutan Kyabje Dilgo Khyentse Rinpoche, das Oberhaupt der Nyingma-Schule. Dies war für alle ein großer Verlust. Die Verbrennungszeremonie wurde von der königlichen Familie Bhutans organisiert, deren spiritueller Lehrer Dilgo Khyentse Rinpoche gewesen war.

Ein offizieller Empfang

Man beschloss, die Kremationszeremonie im November des Folgejahres abzuhalten. Der Enkel Dilgo Khyentse Rinpoches, Shechen Rabjam Rinpoche, lud mich ein, daran teilzunehmen. Daher reiste ich mit den Vertretern der tibetischen Exilregierung in das kleine Königreich. In Anbetracht der Bedeutung Dilgo Khyentse Rinpoches, der einer der Lehrer des Dalai Lama gewesen war, hatte Seine Heiligkeit Samdhong Rinpoche geschickt, den Präsidenten des Parlaments, Kalsang Yeshi und seinen Sekretär Karma Gelek, die das Büro für kulturelle und religiöse Angelegenheiten vertraten.

Mich berührte diese Reise tief, da ich stets an meinen Aufenthalt in Bhutan vor dreißig Jahren denken musste. Außerdem wanderten meine Gedanken zu meinem Vater, der davon geträumt hatte, in den heiligen Bergen von Paro Taktsang zu meditieren, wo Padmasambhava sich in seiner zornvollen Gestalt als Dorje Drolö gezeigt und zahllose Dämonen unterworfen hatte. Die königliche Regierungskommission nahm sich unser an. Mir wies man ein Zimmer im neuen Universitätskomplex zu. Mein Status als Kuten versetzte mich automatisch in denselben Rang wie die vielen hohen Lamas und Tulkus, die an der Zeremonie teilnehmen würden. Für mich war dies eine höchst eigenartige Erfahrung, sie sozusagen im Alltagsleben kennenzulernen, denn anders als sie bin ich doch nur ein ganz normaler Mönch. Einige der Anwesenden waren sogar außergewöhnliche Meister wie zum Beispiel Kyabje Trülshik Rinpoche, einer der Lehrer des Dalai Lama und spiritueller Ratgeber der königlichen Familie Bhutans.

Bei einer gemeinsamen Mahlzeit hatte ich das Vergnügen, Khandro Trinley Chödrön wiederzusehen, die Tochter von Apo Rinpoche. Sie war eine enge Freundin Ashi Kalsangs, der jüngeren Schwester des Königs. Apo Rinpoche, der 1974 gestorben war, hatte ein Mädchen geheiratet, das mit einem meiner alten Lehrer im Nechung-Kloster verwandt war. Er war einer der höchsten Lehrer der Drukpa-Kagyü-Linie, der nicht der Mönchstradition angehörte und daher Kinder hatte, mit denen ich mich angefreundet hatte. Apo Rinpoche hatte in Manali gelebt und gewirkt, wodurch die Lehren seiner Tradition im Westen des Himalaya eine wahre Renaissance erfahren hatten. Obwohl er die Hälfte seines Lebens im Retreat verbracht hatte, war er ein großartiger Lehrer, und die Menschen kamen von weit her, um seine Belehrungen zu hören. Auch war er einer der ersten tibetischen Lehrer, die Schüler aus dem Westen hatten. Seine Tochter wiederzusehen freute mich wirklich sehr.

Als ich mich am nächsten Tag vor dem Trülshik Rinpoche, der an mir vorüberging, verneigte, blieb dieser große Meister stehen, erkundigte sich nach meinem Befinden und wechselte freundlicherweise ein paar Worte mit mir. Die Königinmutter erkundigte sich sofort, wer ich denn sei, da so ein bedeutender Lama wie Trülshik Rinpoche sich die Zeit nahm, mit mir zu sprechen. Ashi Kalsang, der Zeuge dieser Szene wurde, sagte ihr, dass ich der Nechung Kuten sei, und so wandte sie sich in perfektem Tibetisch an mich und lud mich ein, die heiligen Orte ihres Landes zu besuchen. Auch versicherte sie mich ihrer vollsten Unterstützung, falls ich jemals etwas brauchen sollte. Ich war angesichts des hohen Ranges meines Gegenübers ein wenig schüchtern, doch dann nahm ich all meinen Mut zusammen und bat sie, ob ich denn wohl dem König meine Aufwartung machen dürfe. Sie sagte mir, dass man dazu gewöhnlich lange im Voraus eine Eingabe machen müsse, aber sie werde sehen, was sich in meinem Fall tun ließe. Ich dankte ihr stumm. Am nächsten Tag schon kam ein Minister zu mir und bat mich, doch während der Verbrennungszeremonie für Dilgo Khyentse Rinpoche in der Nähe des Königs zu bleiben, dann werde man sehen. Genau dies tat ich. Der feierliche Akt war sehr bewegend. Zehntausende von Menschen waren versammelt, alle vom gleichen Respekt und Eifer erfüllt. Auch viele Menschen aus dem Westen waren zugegen. Sie hatten die lange Reise auf sich genommen, um ihrem Lehrer Ehrerbietung zu bezeugen, denn Dilgo Khyentse Rinpoche hatte nicht nur in Asien, sondern auch im Westen eine bedeutende Rolle gespielt. Vor allem nach Frankreich war er häufig gekommen und hatte dort die Lehren des Buddha verbreiten geholfen.

Nach der Zeremonie führte man mich ins Zelt des Königs, wo ich auf Bitten seiner Mutter eine Privataudienz erhielt. Ich übergab ihm einen Thangka und eine zeremonielle Schärpe, dann bat er mich, ich möge mich doch neben ihn setzen, damit er besser mit mir sprechen könne. Wir unterhielten uns etwa eine halbe Stunde, und ich war tief berührt von der Achtung, die er dem Dalai Lama entgegenbrachte, und dem Interesse, das er an der Situation der Exiltibeter zeigte. Der König erwies uns die Ehre, persönlich den Abgesandten Seiner Heiligkeit, Samdhang Rinpoche, und Kalsang Yeshi, den Abgesandten der Exilregierung, in ihrem Zelt aufzusuchen.

Tränen meiner Kindheit

Sobald die Bestattungsfeierlichkeiten beendet waren, nahm ich die Einladung der Königinmutter an und reiste ein wenig in dem Land herum, das ich als Kind durchquert hatte. Und wieder fühlte ich dieselbe Verzauberung, die ich als kleiner Junge angesichts der ersten Bäume gespürt hatte, angesichts der ersten Häuser mit Dachschrägen. Ich erinnerte mich an alles, was mein Vater, meine Mutter, mein Bruder und ich erlebt hatten. Einen Augenblick lang sehnte ich mich in meine Kindheit zurück, in der ich mich so behütet gefühlt hatte.

Doch auch an die weniger angenehmen Gefühle konnte ich mich gut erinnern: an die Freude, endlich der Gewaltherrschaft der Chinesen zu entkommen, und an die Angst vor dem Unbekannten. Immer wieder überkam mich Traurigkeit: Trauer über den Verlust meines Vaters, Trauer über die Irrfahrt, die wir hinter uns bringen mussten, weil wir nicht wussten, wohin wir sollten.

Dann fuhr ich nach Dra Karpo, und dort sah ich von Weitem das riesige Massiv des Jomolhari, des Gipfels hinter Phari, des Berges meiner Kindheit. Ich war wie geschockt. Ich versuchte, mich zu kontrollieren, doch in einem Augenblick war alles wieder da: die Spiele, die blühende Steppe im Sommer, der Geruch in unserem Haus, meine Großmutter … Alles stieg gleichzeitig in mir auf. und die Kehle wurde mir eng. Das Gefühl überrollte mich einfach. Ich brach in Tränen aus, schluchzte, als wäre ich immer noch das Kind, das einst auf den Straßen Pharis gespielt hatte. Ich war Tibet so nahe, und doch konnte ich nicht hin! Dort hatte ich meine

Kindheit gelassen, die die Chinesen mir gestohlen hatten. Da war sie, auf dem Grunde meines Herzens, diese tiefe Wunde des Exils. Lag nicht darin der traurigste, der schwierigste Aspekt meines Daseins? Ich konnte den ganzen Tag über nicht mehr aufhören zu weinen.

Der Tod meiner Mutter

Bald nach meiner Rückkehr nach Dharamsala starb meine Mutter. Sie litt schon seit einiger Zeit an Bauchschmerzen und hatte, ohne mir davon zu erzählen, verschiedene tibetische und indische Ärzte aufgesucht. Diese hatten eine simple Lebensmittelvergiftung diagnostiziert. Einmal besuchte ich sie, da fand ich sie sehr schwach, aber nicht so kränklich, dass ich es beunruhigend gefunden hätte. Meine Nichte, Tenzin Yudön, lebte bei ihr. Und so beschloss ich, die ganze Sache selbst in die Hand zu nehmen, und bat Yeshi Dhonden, den bekanntesten tibetischen Arzt der Region, der zufällig auch einer meiner Freunde ist, meine Mutter zu untersuchen. Ich verließ sie an jenem Abend gegen sieben Uhr. Sie starb nur wenige Stunden später, um elf Uhr.

Sie gehörte zur Vereinigung der Freunde Gyantses. Diese boten mir an, mir bei der Bestattung beizustehen. Wie für meinen Vater, so befragten wir auch für meine Mutter den Astrologen, um einen günstigen Zeitpunkt für die Verbrennung zu finden. Sie sollte drei Tage nach ihrem Tod stattfinden. Bis dahin beteten die Mönche von Gyuto und Nechung für sie. Selbst im Augenblick der Verbrennung wurden Rituale durchgeführt, die meine Mutter auf der Reise nach ihrem Tod ins Licht führen sollten. Wie die Tradition es will, nahm ich nicht an den Feierlichkeiten teil. Mit ihrem Tod ging für mich ein Teil meines Lebens verloren.

Das Land des ruhigen Morgens

Auch mit Südkorea verknüpfen mich besondere Bande. Seit langer Zeit schon kommen Koreaner nach Dharamsala, um dort Tibetisch zu lernen und Belehrungen zu hören. Viele sind Laien, andere kommen bereits als Mönche oder Nonnen, wieder andere nehmen die Weihen hier.

Miss Jus Freunde

Meine Beziehungen zu Korea begannen an jenem Tag, als eine junge Frau ins Nechung-Kloster kam, das wir später Miss Ju nannten. Sie studierte schon seit langem an der *Library of Tibetan Works and Archives* und besuchte uns regelmäßig im Kloster. Doch sie lud uns auch das eine oder andere Mal zu sich nach Hause ein, wo ich andere Koreaner kennenlernte.

Eines Tages kam sie in Begleitung eines Freundes. Der arme Mann lebte in Delhi und war in einem bedauernswerten Zustand, da er geistig völlig zerrüttet schien und sehr litt. Miss Ju dachte, dass ich wohl etwas für ihn tun könne. Und so tat ich das Einzige, was ich wirklich konnte: Ich betete für ihn. Sein Zustand verbesserte sich zwar nur langsam, dafür aber deutlich.

Unter Miss Jus koreanischen Freunden waren zwei Nonnen: Su-ru Sunim und Ji-tok Sunim – *sunim* ist das koreanische Wort für »Mönch« oder »Nonne«. Beide hatten zehn

Jahre lang in Taiwan gelebt, um dort Chinesisch zu lernen, da viele buddhistische Texte auf Chinesisch verfasst wurden. Die buddhistischen Texte, die wir in Tibet kennen, wurden jeweils direkt aus dem Sanskrit übersetzt. Dies trifft für das Japanische beziehungsweise Koreanische nicht zu, da diese aus dem Sanskrit oder Pali zunächst ins Chinesische übersetzt wurden und erst dann den Weg nach Japan oder Korea fanden. Daher kommt es recht häufig vor, dass Mönche oder Nonnen aus Korea Chinesisch und Sanskrit lernen, um die Lehren des Buddha besser verstehen zu können.

In Taiwan lernten sie dann die ersten tibetischen Lamas kennen, unter anderem Kalu Rinpoche, einen bedeutenden Meister der Kagyü-Linie. Er gab vorzugsweise tantrische Belehrungen. Tantra ist jener Teil der buddhistischen Lehren, in denen es um die Erweckung der feinstofflichen Energien geht, die im Körper fließen. Dieser Aspekt des Buddhismus interessierte die beiden Nonnen sehr, und so kamen sie nach Indien, um hier ihre Studien zu betreiben. Da sie mehrfach vom Dalai Lama geträumt hatten, siedelten sie sich in Dharamsala an.

Dort machte Miss Ju uns miteinander bekannt. Leider liefen die Dinge für die beiden Frauen keineswegs so, wie sie sich dies vorgestellt hatten: Der Dalai Lama war im Ausland, und Kalu Rinpoche war mittlerweile verstorben. Also blieben sie einfach in Dharamsala, um dort Tibetisch zu lernen, und hofften, einen Kagyü-Meister zu finden, der ihnen Belehrungen geben würde. Mit dieser Vorstellung waren sie zu mir gekommen. Ich sollte ihnen den Namen eines Meisters nennen, der ihnen geben konnte, was sie sich wünschten. Doch ich kannte nur wenige Lamas aus dieser Linie, letztlich nur die Drukpa-Kagyü-Lehrer, die in Tashi Jong lebten. Dorthin schickte ich die zwei. Lama Amten und Lama Amjam nahmen sich der beiden Nonnen an. Einige Monate später begegnete ich den jungen Frauen wieder. In dem folgenden Gespräch beschwerten sie sich bitterlich, dass sie bislang noch kein einziges Mal Belehrungen erhalten hätten und sie dort nur die Hausarbeit für die Lamas erledigten. Natürlich lernten sie auf diese Weise Tibetisch, doch sie waren sehr frustriert, dass ihr eigentlicher Wunsch nicht erfüllt wurde. Ich riet ihnen, Geduld zu haben und sich ganz dem Studium der Sprache zu widmen. Ihr sehnlichster Wunsch war es, ins Kloster von Sherab Ling aufgenommen zu werden, doch die Nonnen dort hatten ein sehr hohes Praxisniveau. Einige von ihnen machten sogar lange Retreats. Es war daher wenig wahrscheinlich, dass sie dort Aufnahme finden würden. Ein Jahr verging. In diesem Jahr geschah etwas Schreckliches: Das Haus der beiden koreanischen Nonnen brannte nieder. Ihnen blieb einzig ihr Pass.

Als ich sie wiedersah, brachen sie in Tränen aus, sie waren verzweifelt. Ich bat sie, doch an das Leben Milarepas zu denken, der einer der Gründerväter jener Linie ist, zu der sie gehörten. Auch er hatte allerlei Ungemach erdulden müssen, bevor er von seinem Lehrer Marpa die ersten Belehrungen erhielt. Und verglichen mit dem, was Milarepa durchzustehen hatte, war ihr Verlust gering. Und konnte es nicht sein, dass der Brand und der Verlust ihres Hab und Guts sich als Segen erweisen würde, der nur auf den ersten Blick aussah wie ein Hindernis?

Nun, da sie nichts mehr hatten, konnten sie problemlos von vorn anfangen, ihnen war sozusagen eine neue Geburt geschenkt. Also schickte ich sie nach Tashi Jong zurück und versicherte ihnen, dass sie dort weiter würden leben können. Lama Amten fing an, ihnen Belehrungen zu geben. Sie machten die sogenannten Vorbereitenden Übungen. Sie durften ins Retreat gehen und lernten die spirituellen Übungen des Milarepa. Sie blieben etwa zwölf Jahre lang in Tashi Jong, die sie ausschließlich mit dem Studium der buddhistischen Lehren verbrachten. Wenn der Dalai Lama heute in Korea Belehrungen erteilt, übernehmen die beiden gewöhnlich die Übersetzung seiner Worte.

Diese Geschichte ist in vielerlei Hinsicht von Interesse. Die praktische Umsetzung der buddhistischen Lehren erfordert Mut, Ausdauer, Geduld und eine starke Motivation. Die Vorbereitenden Übungen, welche die beiden Nonnen absolvierten, geben uns einen ersten Einblick in die wahre Natur des Geistes. In der tibetischen Tradition aller Schulen gibt es, neben der grundlegenden Kenntnis der buddhistischen Lehren, noch andere Meditations- und Kontemplationsübungen, die eine solide Basis für den tantrischen Weg darstellen. Dazu möchte ich anmerken, dass die Vorbereitenden Übungen in fast allen Schulen gleich sind, selbst wenn es geringe Unterschiede gibt. Die einleitenden meditativen Übungen machen uns mit den Vier Edlen Wahrheiten bekannt und ermöglichen uns, gründlich über den Sinn des Lebens nachzudenken: Es geht dabei um die unendliche Kostbarkeit der menschlichen Existenz, um den vergänglichen Charakter derselben, um die Unausweichlichkeit, mit der das Gesetz von Ursache und Wirkung alles, also auch uns, betrifft, und um die grundlegend unbefriedigende Natur unseres Daseins. Darauf folgen rituelle Meditationen, die man

Tausende von Malen ausführt. Sie erlauben uns, Weisheit, Erkenntnis und Segen zu sammeln sowie die Grundlagen einer tiefgreifenden Einsicht zu schaffen. All dies hilft uns weiter auf dem Weg. Einige Meister haben diese Übungen mehrere Millionen Male gemacht und sie bis zum Tag ihres Todes praktiziert, was zeigt, welch ungeheure Wirkung sie haben. Eben dies haben die beiden koreanischen Nonnen verstanden. Doch all jene Unstimmigkeiten waren nötig, damit die Frauen loslassen und tatsächlich den Pfad des Buddha einschlagen konnten.

Der Albtraum der Lee Sun-Lee

An jenem Tag zu Beginn des Winters 2000, als die Romanschriftstellerin Lee Sun-Lee und ihr Mann Kim Se-Yung zu mir kamen, fiel ein kalter Nieselregen, der den ersten Frost ankündigte. Ein alter koreanischer Mönch, der in Tashi Jong lebte, am Fuß des Himalaya, hatte sie zu mir geschickt. Als sie ankam, brach sie buchstäblich zusammen und fing an, laut zu weinen. Sie war, wie sie selbst sagte, vom »Gewicht des Lebens« niedergestreckt worden. Sie sei, so sagte sie, dermaßen ermattet, dass sie ernsthaft überlege, ihrem Leben ein Ende zu setzen.

Sie meditierte seit 15 Jahren, doch als ich mit ihr sprach, merkte ich schnell, dass ihre Praxis nicht korrekt war. Alle großen Meister sind sich diesbezüglich einig: Wenn mit der spirituellen Praxis die Spannung steigt, wenn die Unruhe immer größer wird, wenn die innere Distanz abnimmt – dann meditiert man nicht richtig. Die Gründe hierfür können unterschiedlicher Natur sein: Der Meditierende hält sich nicht an die Anweisungen, die er erhalten hat. Es kann allerdings auch sein, dass wir keinen kompetenten Lehrer gefunden haben. Ein kompetenter Lehrer ist ein Mensch, der in seiner Lebensführung die Unterweisungen des Buddha befolgt, ohne dies ständig irgendwie betonen zu müssen.

Zudem sollte man einschätzen können, was man kann und was man nicht kann. Es ist sinnlos, sich zu wünschen, doch eine Stunde lang meditieren zu können, wenn es nur eine Minute lang gelingt. Will man wirklich Fortschritte machen, ist es sinnvoller, diese eine Minute lang einen Zustand von Ruhe und innerer Klarheit aufrechtzuerhalten. Der Meditierende sollte sich immer vom gesunden Menschenverstand leiten lassen. Die Ergebnisse sind dann vielleicht nicht besonders spektakulär, aber sie entsprechen seiner Wirklichkeit. Und nur von dieser können wir ausgehen, wenn wir uns von den Schleiern befreien wollen, die die wahre Natur unseres Geistes verhüllen. Es ist unsinnig, Schamgefühle oder Komplexe zu entwickeln, wenn man die Menschen sieht, die stundenlang in Meditation sitzen. Vielleicht präsentieren sie nur wie im Theater das Bild, das sie von sich haben. Das hat nichts mit spirituellem Fortschritt zu tun. Aus diesem Grund wird immer gesagt, die spirituelle Praxis diene nicht dem Schmuck, also dem Ausstaffieren der eigenen Persönlichkeit.

Es mögen auch noch andere Faktoren zum Unwohlsein von Lee Sun-Lee beigetragen haben, auf jeden Fall hatte die Gesamtheit dieser negativen Einflüsse zur Folge, dass ihr Geist angespannt und verwirrt war. Sie schlief schlecht und hatte schreckliche Wutanfälle. Hass und Unzufriedenheit prägten ihr inneres Erleben. In der Nacht nach unserer ersten Begegnung träumte sie, sie sei wie tot, unfähig, sich zu bewegen oder auch nur einen Laut zu äußern. Sie erwachte und erkannte, dass dies ein Bild ihres Lebens war: Sie war tatsächlich handlungsunfähig. Da stieg eine Woge der Wut in ihr auf, all der alte Groll, den sie stets erstickt hatte, kam an die Oberfläche. Sie wollte schreien, mit den Fäusten auf etwas einschlagen. Doch vergeblich, sie blieb steif in ihrem Bett liegen, als habe man sie gefesselt. Sie wurde von Todesangst ergriffen. Und schließlich ging ihr auf, dass sie selbst es war, die sich ihre Hölle schuf. Und so begann sie im Geist, das Mantra Padmasambhavas zu rezitieren. Als ihr Mann wenige Stunden nach ihr erwachte, fand er sie in diesem Zustand vor und machte sich große Sorgen. Da er sie nicht einmal dazu bringen konnte, einen Schluck zu trinken, rezitierte auch er das Mantra von Padmasambhava. Da begann sie plötzlich, sich heftig zu erbrechen. Von da an ging alles besser. Ihr Freund, der alte Mönch, sah die Situation meiner Ansicht nach ganz richtig. Sie habe, so meinte er, durch die Begegnung mit mir einen gewissen Segen erfahren, was in ihr eine Menge alter Befleckungen an die Oberfläche gebracht habe.

Welche Auswirkungen unser nächstes Treffen auf sie hatte, beschreibt sie in einem tief bewegenden Brief:

Am nächsten Tag kehrte ich nach Dharamsala zurück. Der Kuten empfing mich und sagte allen anderen Besuchern für diesen Tag ab. Dann schloss er die Tür und verrichtete für mich Gebete des Mitgefühls. Ich hatte die schreckliche Nacht schon überwunden und schlief mit ruhigem Geist zu seinen Füßen ein. Ich kam mir vor wie eine zornige Kuh, die durch die Kraft des Mitgefühls Frieden findet und ganz sanftmütig wird. Wie man seine nassen Regensachen abstreift, wenn die Wolken am Himmel sich auflösen und die Sonne uns erneut wärmt, so warf ich mit einem Mal den Panzer meiner Illusionen und Lügen ab. Solcherart plötzlich nackt geworden, schmolzen die Schwierigkeiten, die sich in meiner Seele herauskristallisiert hatten, plötzlich zusammen. Mit einem Mal war ich fähig, mir ein neues Leben mit meinem Mann vorzustellen.

Wie bei den anderen Menschen, die durch meine Gegenwart Erleuchtung gefunden haben, so sehe ich auch hier, dass ich als Person keineswegs für den glücklichen Ausgang verantwortlich bin. Ich glaube, die Tatsache, dass ich Kuten bin, bewirkt in gewisser Weise eine Verbindung zwischen den Menschen und den verschiedenen Aspekten des Buddha, über die ich meditiere. Selbst wenn ich den innigen Wunsch verspüre, diesen Menschen helfen zu können, so bin ich selbst dazu doch nicht in der Lage. Die Buddhas aber, an die ich mich mit meinen Gebeten wende, sind es durchaus.

Die »Wiedergeburt« Lee Sun-Lees hatte für mich auf jeden Fall weitreichende Auswirkungen. Denn sie ließ, um mir zu danken, ein Haus bauen, das sie mir zur Verfügung stellte. Und so kehre ich dort jedes Mal ein, wenn ich in Korea bin. Als wir nach einem Namen für das Haus suchten, wollte ich nicht auf die traditionellen tibetischen Namen zurückgreifen. Stattdessen nannten wir es *Jabizone* vom koreanischen Wort *jabi* für »Mitgefühl« und vom englischen *zone* für »Bereich«.

Lee Sung-Lees Freunde, die ich mittlerweile kennengelernt habe, treffen sich dort regelmäßig, um eine bestimmte, einfache Praxis zu üben, die ich sie gelehrt habe: *tonglen*. Das ist Tibetisch und bedeutet: »geben und nehmen«. Diese Meditationstechnik, in deren Zentrum die Konzentration auf den Atem steht, wurde von vielen tibetischen und anderen Meditationsmeistern regelmäßig geübt. Wenn man die nötigen Anweisungen erhalten hat, versetzt sie uns in die Lage, uns das Leiden anderer wirklich vorstellen zu können. Daraus entsteht nicht nur eine altruistische Einstellung, sie verleiht uns auch die Kraft, uns wahrhaft für andere zu engagieren.

Beispielhafte Mönche

Meine koreanischen Freunde nehmen in meinem Leben einen außerordentlich wichtigen Platz ein. Daher schickte Chung-Song, ein zierlicher koreanischer Mönch, der zu der Zeit seit gut zwölf Jahren in Dharamsala lebte, eines Tages eine Gruppe von sieben Mönchen zu mir, die ebenfalls Koreaner waren. Und so kam es, dass der älteste dieser Mönche, Banja Sunim mit Namen, mir einmal äußerst respektvoll erklärte, dass seiner Ansicht nach meine Zelle viel zu dunkel und schlecht belüftet sei. Außerdem müsste der Lärm des angrenzenden Kindergartens sowie der Schule mich stören. Und er schlug mir vor, auf dem Dach des Tempels eine neue Zelle für mich zu bauen. Ich lehnte ab.

Doch die Koreaner waren beharrlich wie einst Milarepa, der mehrere Male das Haus seines Meisters aufbauen und wieder niederreißen musste. Am nächsten Tag nämlich kam ein anderer Mönch zu mir. Er sagte, sie hätten über die Angelegenheit gesprochen und letztendlich beschlossen, mir ein Haus zu schenken. Da es mir nicht zu gefallen schien, auf dem Dach des Tempels zu wohnen, würden sie ein kleines Grundstück in der Nähe von McLeod Ganj oder des Tushita-Zentrums kaufen, das ein wenig unterhalb von McLeod Ganj liegt.

Da traf es sich, dass der frühere Privatsekretär des Dalai Lama, Kungo Tara, mir ein winziges Stück Land in Lhagyal Ri vermacht hatte, also oberhalb des Palastes Seiner Heiligkeit. Das waren zwar nur ein paar Dutzend Quadratmeter, und im Laufe der Zeit hatte sich dort auch Unrat jeglicher Art angesammelt. Doch meine Mönchsfreunde beschlossen, den Grund einmal in Augenschein zu nehmen, und befanden ihn für gut, obwohl so viel Müll dort herumlag. Der Dalai Lama war ganz in der Nähe, die Aussicht wunderschön, außerdem hatte der Ort aufgrund der vorherrschenden Windrichtung ein energetisches Plus. Der indische Bauunternehmer, den ich konsultierte, war da ganz anderer Meinung – leider auch ein Architekt, mit dem ich befreundet war. Zum einen lag das Grundstück an einem Hang, zum anderen standen viele Bäume darauf. Da sie zu einer geschützten Art gehörten, war es undenkbar, sie einfach zu fällen. Die beiden rieten mir also, doch an einem anderen Ort zu bauen. Ich aber gab mich nicht geschlagen: Ich zeichnete die Pläne selbst und ließ sie von dem Architekten einreichen. Entgegen allen Erwartungen wurde mein Plan genehmigt und mein Haus gebaut, wobei alle Bäume erhalten blieben. Da nach dem Erdaushub immer noch genug Terrain verblieb, ließ ich meinen Bruder kommen. Der mietete sich in der Gegend ein und baute sich ein zweites Haus neben meines. Und so hütet er heute mein Haus, wenn ich aus irgendwelchen Gründen nicht anwesend bin. Dank meiner koreanischen Freunde besitze ich also zwei Häuser: das, in dem ich lebe, und das, in das ich jederzeit einkehren kann, wenn ich mich in Korea aufhalte.

Und damit sind die koreanischen Überraschungen noch nicht zu Ende. Im Jahr darauf wurde ich von großzügigen Freunden nach Korea eingeladen und entdeckte dort, dass Banja Sunim nicht nur Abt eines der berühmtesten Klöster des Landes war, sondern auch Oberhaupt der Gemeinschaft der koreanischen Zenmönche. Songgwangsa, sein Kloster, ist eines der drei buddhistischen Juwelen in Korea. Diese Klöster stehen für die drei Juwelen: Tongdosa repräsentiert den Buddha, Haeinsa den Dharma oder die Lehre und Songgwangsa, das Kloster meines Freundes, den Sangha. Banja Sunim war also eine bedeutende Persönlichkeit. Und doch hatte er kein Jota von den Lehren Buddhas vergessen: Er war ein Mensch von großer Einfachheit, was mich dazu veranlasste, ihm mit noch größerem Respekt zu begegnen.

Als im Jahr 2000 fünf Mönche aus Nechung eingeladen wurden, um mit der Gemeinschaft der koreanischen Gläubigen einige Zeremonien zu Ehren des Buddha zu feiern, bestieg ich voller Freude das Flugzeug, das mich ins Land meiner Freunde tragen sollte. Das Haus, das Lee Sun-Lee hatte bauen lassen, war gerade fertig geworden und stand mir zur Verfügung. Und so nutzte ich die Gelegenheit, das Land, das der Buddhismus so sehr geprägt hat, einmal als Tourist kennenzulernen.

Mein Freund aus Dharamsala, der Mönch Ji-nuk Sunim, schlug mir vor, sein Bruder zu werden, und ich kann gar nicht sagen, wie sehr ich mich geehrt fühlte, weil ein so verehrungswürdiger Mönch mir dies antrug. Wenn der Dalai Lama vor uns tibetischen Mönchen eine Rede hält, ermuntert er uns manchmal, uns doch an den christlichen Brüdern und Schwestern ein Beispiel zu nehmen, die alle ihre Kräfte einsetzen, um armen, alten und kranken Menschen zu helfen. Ich kenne nur wenige tibetische Mönche, die diesen Rat tatsächlich in die Praxis umsetzen, bei uns kommt es nur selten vor, dass sich ein Mönch oder eine Nonne sozial engagiert. Und doch sind da die Lehren über den »Erleuchtungsgeist«, also eine innere Haltung, die das Wohl der anderen über das eigene stellt. Sie zeigen uns, dass unser spirituelles Erwachen untrennbar mit dem der anderen verknüpft ist. Der Erleuchtungsgeist wird sozusagen in zwei Stufen erweckt. Zum einen versucht man, Mitgefühl zu empfinden und dieses so weit als möglich auszudehnen. Zum anderen aber bemüht man sich, anderen konkret beizustehen, ihre Leiden zu lindern, ihnen zuzuhören und ihre mitunter schwierigen Lebensumstände zu verstehen. »Zuerst der andere!« ist die Devise des Erleuchtungsgeistes. Leider kommt es nur zu häufig vor, dass Menschen eine altruistische Haltung entwickeln, aber gleichzeitig auf ihrem Kissen kleben bleiben, statt anderen wirklich aktiv zu helfen.

Ji-nuk Sunim aber war ganz das Gegenteil. Er redete nicht lange und hatte geholfen, drei Häuser zu errichten, in denen alte und kranke Menschen sowie Behinderte aufgenommen wurden, wenn sie keine Kinder hatten, die sie hätten unterstützen können. Diese Häuser werden ausschließlich von Freiwilligen betrieben, von ihm selbst und seinen Schülern. Tag für Tag besucht er dort die Kranken, wäscht sie, bringt ihnen zu essen und nimmt sich Zeit, um mit ihnen zu plaudern. Er findet keine Aufgabe zu abstoßend und begegnet allen mit der gleichen Freundlichkeit. Ich weiß dies, weil ich ihn begleitet habe. Ich habe ihn genau beobachtet, weil ich mir eine Vorstellung machen wollte, ob ich vielleicht in Dharamsala oder anderswo etwas Ähnliches ins Leben rufen könnte. Dass er mich zu seinem Bruder erwählte, ist für mich wirklich eine große Ehre.

Und so versprach ich ihm, mein Bestes zu tun, als er mir mitteilte, dass er und seine Schüler gerne in Dharamsala Belehrungen des Dalai Lama hören würden. Für Menschen in Korea ist dies die einzige Möglichkeit, den Dalai Lama zu sehen, da seine Anträge auf Einreisegenehmigung von der Regierung in Seoul regelmäßig abgelehnt werden. Auch Südkorea will seine Beziehungen zu China nicht belasten. Als ich dem Dalai Lama von der Bitte erzählte, war er sofort begeistert. Daher nimmt er sich jetzt regelmäßig Zeit für die Menschen aus Korea, nachdem er seine traditionellen Frühjahrsbelehrungen in Dharamsala oder anderswo gegeben hat.

Beim ersten Mal hat er ihnen die Einweihung für die Praxis von Chenresig erteilt, dem Bodhisattva des Mitgefühls. Sie studieren den Text des großen indischen Meisters Shantideva: *Bodhicharyavatara – Eintritt in den Weg der Kinder des Siegreichen*. In diesem Text geht es um die Entwicklung des Erleuchtungsgeistes auf der Grundlage von allumfassendem Mitgefühl. Er erläutert eingehend die einzelnen Aspekte altruistischen Denkens und Handelns. Einer der Verse beschreibt, wie diese innere Haltung aussieht:

> Solange der Raum besteht und die fühlenden Wesen in ihm, möge auch ich Bestand haben, um das Leiden der Welt zu lindern.

Über diese Entwicklung war ich so erfreut, dass mir die Idee kam, ein Altersheim zu errichten, wie es sie in Dharamsala bereits gab. Ji-nuk stand mir mit Rat und Tat zur Seite und versicherte mich seiner Unterstützung auch in materieller Hinsicht. Als ich jedoch länger darüber nachdachte, fragte ich mich, ob es nicht besser wäre, dort tätig zu werden, wo Hilfe gebraucht wurde. Es hatte wenig Sinn, ein neues Altersheim nur um des Bauens willen entstehen zu lassen. In Dharamsala gab es bereits drei Seniorenheime: eines für die ganz Armen, das vom Innenministerium finanziert wurde, und je eines für die ehemaligen Mitglieder der Regierung und des Militärs, die von der Regierung selbst getragen wurden. Es war daher nicht wirklich sinnvoll, noch eines zu bauen. Wir hätten zu viel Geld ausgeben müssen und doch nur wenig erreicht. Andererseits brauchten die bestehenden Altersheime Unterstützung, damit die älteren Menschen dort mehr Komfort genießen konnten. Und so richtete ich meine Gedanken auf dieses Ziel.

Frankreich, Taiwan, Australien

Ich habe noch weitere Reisen gemacht. Des Öfteren war ich in Frankreich, einmal sogar in Paris, weil man einen Dokumentarfilm über mich gedreht hat. Dann besuchte ich die Familie Epinasse in Montauban. Ich freue mich immer, wenn ich sie wiedersehe, da ich schon seit 1985 mit ihnen befreundet bin. Darüber hinaus habe ich den Dalai Lama nach Lerab Ling begleitet, ein von Sogyal Rinpoche im Jahr 2000 gegründetes buddhistisches Zentrum in der Nähe von Lodève. Außerdem lädt man mich und andere Mönche gerne ein, damit wir spezielle Rituale durchführen, wenn es gilt, mit einer Fülle von Hindernissen fertig zu werden.

Beten für Australien

Mitte der Neunzigerjahre reiste ich nach Australien und konnte mir nicht so recht vorstellen, was ich dort Positives bewirken sollte. Trotzdem traf ich mich natürlich mit Parlamentsabgeordneten oder anderen politischen Persönlichkeiten, um sie über die Lage in Tibet aufzuklären. Ich war auf Veranlassung Chime Rigdzins gereist, der den Auftrag hatte, in Australien eine diplomatische Vertretung der tibetischen Exilregierung zu gründen.

Dies wäre an sich eine simple Angelegenheit gewesen, aber wieder einmal machte China seinen ganzen Einfluss geltend, damit der australische Staat dem tibetischen Bevollmächtigten keine Einreisegenehmigung erteilte. Also beteten wir gemeinsam, die Unterstützer unserer Sache in Australien, die anderen Mönche und ich. Und unsere Gebete schienen zu helfen, denn kaum war ich wieder in Dharamsala, kam mir zu Ohren, dass unser Abgesandter endlich sein Visum bekommen hatte.

Beten für Taiwan

Auch das Tibet-Büro in Taiwan bat eines Tages um unsere Unterstützung für die Bewohner der Insel. Seit einiger Zeit gab es vermehrt Unfälle und Zwischenfälle mit Flugzeugen. Die Insel wurde mehrfach von Naturkatastrophen heimgesucht – kurz gesagt: In der Bevölkerung machte sich ein Gefühl der Unsicherheit breit. Und so gaben großzügige Spender die nötige Summe, damit zehn Mönche nach Taiwan reisen konnten. Man empfing uns mit allen offiziellen Ehren.

Neben den zahlreichen Treffen mit Regierungsmitgliedern, Parlamentariern und lokalen Politikern bat mich auch der Präsident der China Airlines, der sich mit dem Nechung-Schützer sehr verbunden fühlte, um eine Unterredung. Aus ihm unerfindlichen Gründen durchlebte sein Unternehmen eine schwierige Zeit. Man ließ zwar alle Flugzeuge regelmäßig warten und kontrollieren, doch es kam immer wieder zu Unfällen, was bei einer Fluglinie schnell zu einem negativen Bild in der Öffentlichkeit führt. Wir vollzogen also die uns nötig erscheinenden Rituale, und bevor wir abreisten, gab ich dem Präsidenten einige Säckchen mit Getreidekörnern, die während der Trance von Dorje Dragden geweiht worden waren. In der Folge erfuhr ich, dass sich nach unserer Abreise für einen langen Zeitraum keine weiteren Zwischenfälle mehr ereignet hatten.

Leben in Indien

Natürlich halte ich mich immer noch die meiste Zeit in Indien auf. Da ist zum einen das Nechung-Kloster, dessen Abt ich bin, zum anderen aber ruft man mich auch in Indien immer wieder an diesen oder jenen Ort, damit die Schutzgottheit dort ihre Kraft entfalten kann. Außerdem bittet man mich als Orakel des Dalai Lama des Öfteren, da oder dort Interviews zu geben. Mein Leben ist also voller Aktivität, auch wenn sich mein mönchischer Tagesablauf immer gleich gestaltet.

Nechung heute

Das Klosterleben ist heute anders organisiert als in Tibet. Es gibt im Exil nicht mehr so viele Mönche. Außerdem hätten gewisse traditionelle Strukturen in unserem Gastgeberland keinen Sinn mehr. Daher mussten wir neue Organisationsformen finden, die unserer Eigenart dennoch Rechnung trugen.

Ein demokratisches System

Vorsteher des Klosters sind immer noch der Kuten und Nechung Rinpoche, doch anders als früher, als der Depa allein für die Klosterverwaltung zuständig war, haben wir jetzt einen Klosterrat, der aus acht Mönchen besteht. Vier davon werden von der Mönchsgemeinschaft demokratisch gewählt. Darüber hinaus sind die Mönche, die für die Rituale, die Opfergaben, den Lehrplan und das Generalsekretariat zuständig sind, automatisch Mitglieder des Klosterrates. Des Weiteren holen wir auch regelmäßig den Rat der älteren Mönche ein, die noch in Tibet im Kloster gelebt haben.

Ich selbst mische mich nicht in die Verwaltung ein, außer wenn mein Rat in der einen oder anderen Angelegenheit gebraucht wird. Entscheidungen werden jedoch erst nach Absprache mit dem Klosterrat getroffen, ich treffe keine allein. Das Wahlrecht erhalten die Mönche allerdings erst nach drei bis fünf Jahren Studium, während derer sie die allgemeinen Gebete rezitieren und die Rituale des Klosters auszuführen lernen. Auf diese Weise stellen wir sicher, dass die Mönche wirklich vom Geist Nechungs inspiriert sind. Abgesehen von diesem »Zulassungsexamen« sind alle Mönche gleichgestellt.

Meiner Verantwortung unterstehen achtzig Mönche. Wenn jemand ins Kloster eintreten möchte, wird sein Antrag zuerst von der Verwaltung geprüft. Dann werden die Kandidaten dem Mönch vorgestellt, der für die Disziplin im Kloster verantwortlich ist. Er erklärt ihnen ausführlich, wie unsere Mönchsregeln aussehen. Dann empfange ich den Anwärter und gebe ihm einige Ratschläge. Natürlich befolgen wir die Vinaya-Regeln, die vom Buddha selbst für das Leben in der Mönchsgemeinschaft aufgestellt wurden. Diese Regeln sehen auch Sanktionen vor, falls der Mönch seine Pflichten verletzt. Diese Maßregelungen sind nach der Schwere des Vergehens gestaffelt. Kommt es zu solch einem Regelverstoß, berichtet der Disziplinmeister dem Klosterrat davon, der dann gegebenenfalls Sanktionen verhängt. Ich greife nur in Ausnahmefällen ein und lege dem Rat nahe, seine Entscheidung zu überdenken. Doch wie meine Meinung auch ausfallen mag, der Rat ist keineswegs gezwungen, sich daran zu halten. Er ist es, der letztendlich die Entscheidung trifft.

Die Gewohnheit, miteinander im Speisesaal unsere Mahlzeiten einzunehmen, haben wir unverändert beibehalten. Unser Essen fällt immer gleich aus: Gemüse, in Dampf gegarter Reis oder Fladenbrot und Dal, eine Art Linsensuppe. Wir essen kein Fleisch. Dies war für mich stets ein Problem und wird wohl auch immer eines sein. In zahlreichen Regionen Tibets gab es außer Fleisch, Milchprodukten und Tsampa, der gerösteten Gerste, nichts zu essen. Daher sind einige Tibeter einfach körperlich daran gewöhnt, Fleisch zu essen. Als ich nach Indien kam, war ich fest entschlossen, den Fleischgenuss aufzugeben. Doch statt meine Gesundheit zu stärken, hat die Tatsache, dass ich anstelle von Fleisch nur noch Gemüse, Getreide und Obst aß – wie die meisten Inder und Buddhisten es tun –, mich außerordentlich geschwächt. Mein Gesundheitszustand verschlechterte sich zusehends. Daher rieten mir die Ärzte, wieder Fleisch in meine Ernährung aufzunehmen. Doch ich esse so wenig wie möglich, da mir das Leiden des getöteten Tieres bewusst ist. Und so widme ich ihm stets meine Gebete.

Traditionelle Ausbildung

Das Ziel jedes Klosters ist es, seinen Mönchen die bestmöglichen Bedingungen für Studium und Meditation zur Verfügung zu stellen. Als ich damals ins Nechung-Kloster eintrat, waren die Ausbildungsmöglichkeiten noch recht begrenzt. In den Siebzigerjahren äußerte der Dalai Lama den Wunsch, dass auch die Klöster in Indien die traditionelle Ausbildung ermöglichten, deren theoretischer Teil im Studium der großen philosophischen Abhandlungen über die Aspekte der buddhistischen Lehre besteht. In Nechung, wo man sich auch um die Erhaltung der künstlerischen Traditionen bemühte, konnten wir dies erst im Jahr 1985 sicherstellen. Seit dieser Zeit unterrichten zwei Geshes, die aus den großen Ordenskollegien kommen, unsere Mönche. Ich persönlich habe diesen Unterricht mehrere Jahre lang verfolgt und so vervollständigt, was ich in meiner Jugend begonnen hatte. Die beiden Lehrer erhalten Kost und Logis von uns. Darüber hinaus zahlt das Kloster ihnen einen kleinen, eher symbolisch zu nennenden Betrag für ihre Lehrtätigkeit.

Wir konnten also die großen Zyklen von Studium und Praxis erneut einrichten. Basis ist die Ausbildung in den grundlegenden rituellen Texten des Klosters, die zwischen drei und fünf Jahren dauert, je nachdem, wie schnell der Anwärter lernt. Dann legen die Mönche ein Examen ab. Erst danach beginnen sie mit den philosophischen Studien. Diese dauern zwischen zwölf und 15 Jahre, je nachdem, wie leicht oder schwer sie dem Einzelnen fallen. Am Ende haben die Mönche eine recht klare Vorstellung von dem, was man die »Drei Körbe« nennt, also den drei großen Themenbereichen, in die die Lehren Buddhas unterteilt werden. Dies ist die Grundausbildung, die für die Mönche in allen Klöstern gleich ist. Eine der wichtigsten Aufgaben des Mönches ist es, die Lehren des Buddha zu bewahren. Aus diesem Grund zählt die Gemeinschaft der Praktizierenden zu den Drei Juwelen des Buddhismus.

Wie in einer normalen Schule wird tagsüber unterrichtet, wobei die »Fächer« sich jeweils abwechseln. Die Logikkurse – Pramana – sind in drei Stufen aufgeteilt, die über insgesamt vier Jahre unterrichtet werden. Dies ist sozusagen die vorbereitende Übung für das Studium der philosophischen Texte. Dabei werden alle möglichen Argumentationstechniken unterrichtet, auch solche, die zwar logisch richtig, aber in der Realität falsch sind. Diese Paradoxa dienen dazu, der Vorstellung, man könne alles analysieren, die Grundlage zu entziehen. Unser Verstand folgt den Gesetzen der formalen Logik, doch wir haben Grund, ihm nicht immer zu glauben. Der Buddha hat mehrfach gezeigt, dass Worte keine andere Bedeutung haben, als die, die wir ihnen beigeben. Das Spiel mit Worten zeigt deutlich, dass es unsinnig ist, alles erklären zu wollen. Die Grundausbildung des Mönches soll ihm einen ersten dahingehenden Einblick vermitteln.

Danach kommt der schwierigere Teil der Ausbildung, der ein recht hohes Reflexionsniveau erfordert. Wir widmen uns vier großen Ausbildungszyklen: Sieben Jahre lang wird ein Text mit dem Titel *Prajnaparamita – die transzendente Tugend der Weisheit* mit den wichtigsten Kommentaren studiert. Darin geht es um die Leerheit, deren Natur genauestens erläutert wird. Der Wurzeltext wurde viele Male kommentiert und interpretiert, sodass in Indien, China, Tibet und in anderen Ländern eine ausgiebige *Prajnaparamita*-Literatur entstanden ist. Darüber hinaus existiert der Text selbst in verschiedenen – kürzeren und längeren – Fassungen. Die vermutlich bekannteste Form, die in verschiedenen Klöstern immer wieder rezitiert wird, ist das sogenannte *Herz-Sutra – Bhagavati prajnaparamita-hridaya*. Der berühmteste Auszug daraus gibt die Essenz des Textes in Kurzform wieder:

Jemand, der die ihm innewohnende transzendente Tugend der vollkommenen Weisheit verwirklichen will, sollte sie auf diese Weise betrachten: Die fünf Skandhas sind *leer von eigener Natur*. Form ist Leerheit, Leerheit ist Form, Form ist nichts anderes als Leerheit, Leerheit nichts anderes als Form. Desgleichen sind die Sinneseindrücke leer, die Wahrnehmung leer, die geistigen Bildungen leer, das Bewusstsein leer. Shariputra, so sind alle Phänomene leer, frei von Eigennatur, ohne Erscheinen und Vergehen, nicht rein, nicht unrein, ohne Zunehmen noch Abnehmen.

Dies ist eine der Schlüssellehren, die uns der Buddha hinterlassen hat. Aus diesem Grund verwendet man so viel Zeit darauf, sie zu studieren.

Drei weitere Jahre sind dem Studium des Mittleren Weges – Madhyamaka – gewidmet. Dieser Teil der Lehren erklärt den Standpunkt des Buddha, der mit Hilfe des Konzepts von den zwei Wahrheiten – der absoluten und der relativen Wahrheit – die extremen Ansichten eines Ewigkeitsdenkens beziehungsweise des Nihilismus vermeidet. Nehmen wir nämlich eine tiefgreifende Analyse der Erscheinungswelt vor, so stellen wir bald fest, dass sie nicht wirklich existiert. Mit dieser Feststellung aber stehen wir in eklatantem Widerspruch zu dem, was wir Tag für Tag erleben. Unser Erleben sagt uns, dass die Erscheinungen durchaus auf eine bestimmte Weise zu existieren scheinen. Wollen wir dieses Problem also geistig durchdringen, müssen wir begreifen, was die zwei Wahrheiten sind.

Erst dann folgt die Lehre von der mönchischen Disziplin,

die weitere zwei Jahre lang studiert wird. Dabei geht es nicht nur um die Kenntnis der Regeln, die ein Mönch zu befolgen hat, sondern vor allem darum, den Grund zu verstehen, aus dem der Buddha sie eingeführt hat. Denn die Mönchsregeln beruhen letztlich auf dem Gelübde der Entsagung. Mönch zu werden nur um des Mönchseins willen hat wenig Sinn. Wichtig ist, dass der Wunsch, Mönch zu sein, aus der tiefen Einsicht erwächst, dass das Leben in der äußeren Welt der Befreiung meist nicht eben förderlich ist.

Wenn ein Buddhist »der Welt entsagt«, dann bedeutet dies nicht, dass er sie für schlecht hält und deshalb verdammt. Er erkennt vielmehr, dass die dort herrschenden Gesetzmäßigkeiten – das Streben nach Ruhm, nach sozialer Anerkennung und so weiter – zwar Befriedigung verschaffen können, dass diese aber nicht von Dauer und meist auch mit einer Schädigung anderer verbunden ist. Die leidvollen Erfahrungen, die jene Art der Befriedigung nach sich zieht, sind meist nicht auf den ersten Blick erkennbar: die Angst vor Statusverlust, das Gefühl des Scheiterns, falls ein solcher eintritt, die reale Erfahrung des Scheiterns und so weiter. Der Mönch kehrt dieser Welt den Rücken, weil er sich nicht in dieses Spiel verwickeln lassen will, das die Welt umtreibt. Das Studium der Texte, welche die mönchische Disziplin zum Gegenstand haben, des *Vinaya*, ist ein gutes Mittel, diesem Ziel näher zu kommen. Daran schließen sich noch zwei Jahre Studium der Metaphysik, des *Abhidharma*, an.

Die gesamte Ausbildung eines Mönches durchläuft man, indem man die essenzielle Lerntechnik des Buddhismus anwendet: das Hören der Lehren, gefolgt vom Nachdenken über das Gehörte und der Meditation über die empfangenen

Belehrungen. Darüber hinaus werden wichtige Texte auswendig gelernt. Die Mönche debattieren über das Gelernte und halten Referate darüber. Dabei erobern sie sich Schritt für Schritt eine eigene Einstellung zum Ganzen und entwickeln ihre eigenen Gedanken. Auf diese Weise – durch direkte, unmittelbare Erfahrung – wird der Buddhismus weitergegeben. Sobald die Ausbildung zum Mönch abgeschlossen ist, können jene, die den Zugang zum Wort des Buddha am besten über seine philosophische Seite finden, ihren Weg auf diesem intellektuellen Pfad fortsetzen. Je nachdem, welcher Linie sie angehören, erhalten sie nach langen Jahren des Studiums den Titel eines Geshe verliehen, der in etwa dem westlichen Doktorgrad entspricht. Ziel dieser Menschen ist es, die Allmacht des Intellekts zu unterminieren und die Relativität des Denkens zu erkennen. Ein solcher Geshe ist meist nicht nur sehr gelehrt, sondern hat sich auch zum guten Meditierenden entwickelt. Häufig übernimmt er wichtige Funktionen im Kloster oder widmet sich vollständig der Meditation.

Zu dieser theoretisch-philosophischen Ausbildung gehört das Erlernen des Tibetischen in Wort und Schrift. Das Tibetische kennt verschiedene kalligraphische Schreibweisen, die der Reihe nach erlernt werden, ebenso wie Grammatik und Orthografie, die in unserer Sprache relativ kompliziert sind. Im Exil zeigte sich schnell, dass es sinnvoll ist, so bald wie möglich mit dem Erlernen der englischen Sprache zu beginnen. Viele Klöster halten heute englischen Sprachunterricht für die Mönche ab. Zu uns kommen regelmäßig Lehrer, die von einer Organisation aus Großbritannien geschickt werden. Diese können wir zwar nicht bezahlen, doch Kost und Unterkunft sind für sie frei.

Im Gegensatz zu anderen Klöstern gibt es bei uns keine kommerziellen Aktivitäten, aus denen wir unseren Lebensunterhalt bestreiten könnten. Wir beziehen unser Einkommen vor allem aus vier Quellen: Da sind zum einen die Subventionen der tibetischen Exilregierung, zum anderen die Geschenke, die Dorje Dragden gemacht werden. Man spendet auch für die Rituale, die wir durchführen. Darüber hinaus gibt es Patenschaften. Verschiedene Mönche haben Paten, die sie finanzieren. Diese Mittel wandern in einen gemeinsamen Topf. So kommt genug Geld herein, um Unterkunft und Verpflegung für alle Mönche sicherzustellen, sodass das Kloster seinen Aufgaben gut nachkommen kann. Traditionellerweise geben sich die älteren Mönche mit wenig zufrieden. Dies hat sich nicht geändert. Wenn einzelne Mönche direkte Spenden erhalten, dann behalten sie diese gewöhnlich und kaufen sich davon die Dinge, die sie brauchen.

Jene Mönche, die als Lehrer tätig sind, geben das Geld meist für ihre Schüler aus, denn das Kloster sorgt zwar für die nötigen Texte zum Studium, doch Schreibmaterial zum Beispiel müssen die Novizen selbst besorgen. Von den Geshes abgesehen, die mit uns leben, erhalten die Lehrmönche keinerlei Vergütung. Da sie uns jedoch ihre Arbeit zur Verfügung stellen, gelten einige Vorschriften nicht für sie.

Traditionelle Riten

Spirituell betrachtet gehört das Nechung-Kloster zur Nyingma-Linie. Andererseits betrachten wir uns auch als zur Rime-Bewegung gehörend. Rime ist eine im 19. Jahrhundert entstandene ökumenische Bewegung innerhalb des tibetischen Buddhismus. Darin wurden von Anfang an Rituale aller Schulen gepflegt und Meister aller Linien zu Belehrungen eingeladen. Die im Nechung-Kloster geübten Meditationstechniken und -rituale entstammen also nicht ausschließlich der Nyingma-Linie. Dies soll nun nicht heißen, dass sich die Mönche von Nechung in einer Art spirituellem Supermarkt bedienen. Sie führen vielmehr eine Tradition weiter, die schon seit mehreren Jahrhunderten besteht.

Einst war das Nechung-Kloster berühmt dafür, dass es eine meditative Tradition bewahrte, die auf den großen Schatzentdecker Nyang Ral Nyima Özer zurückgeht. Dieser ist, wie es das Gesetz von Ursache und Wirkung will, einer meiner Vorfahren väterlicherseits. Außerdem praktizierte man nach den Anweisungen eines anderen Großen Schatzentdeckers, des Guru Chöwang. Seine Texte gehören im Kloster immer noch zu den wichtigsten. Dieser Mann führte ein ganz außergewöhnliches Leben, das ihn zu einem der bemerkenswertesten Meister seiner Zeit machte. Er fand verschiedene Schatztexte. Einer von ihnen prophezeite eine bevorstehende Invasion der Mongolen. Da sein Vater dem eigenen Sohn keinen Glauben schenkte, kümmerte er sich nicht weiter um die Weissagung. Nur wenige Jahre später, im Jahr 1240, drangen die Mongolen in diesen Teil Tibets ein.

In der zweiten Hälfte des 17. Jahrhunderts kam es zu großen Veränderungen, als der 5. Dalai Lama zum Schutzherrn des Klosters wurde. Dies hatte einerseits zur Folge, dass die »Aufgaben« Dorje Dragdens erweitert wurden. Der Kuten wurde zum Staatsorakel erhoben. Seine Heiligkeit, der sich mit der Nyingma-Tradition sehr verbunden fühlt, ließ sich von zwei rituellen Meditationswerken unserer Tradition zu einem Praxistext für die Schutzgottheit Nechung inspirieren, die den Titel »Melodischer Gesang«, *Drayangma*, trägt. Diese Werke sind die von Nyang Ral Nyima Özer »gefundene« Meditation namens »Die zehn erleuchteten Aktivitäten«, *trinle dönchu*, und »Die Zusammenfassung der Vollendung des Herzens«, *thug-drup yangnying düpa*, die von dem Schatzentdecker Ratna Lingpa gestiftet wurde. Die »Zusammenfassung« ist heute einer der Basistexte des Klosters. Die Mönche müssen ein Retreat durchführen, bei dem 500 000-mal die Vorbereitenden Übungen durchgeführt werden, wie sie in dem Text beschrieben sind. Erst danach können sie tiefergehende Meditationstechniken üben. Dabei wird über Hayagriva meditiert, den zornvollen Aspekt des Mitgefühls.

Hayagriva ist der zentrale Aspekt des Buddha, über den wir im Kloster meditieren. Durch die segensreiche Aktivität des ersten Nechung Rinpoche im 19. Jahrhundert wurde unser Kloster zum wichtigsten Halter der ihn betreffenden Lehren. Da im Exil die Zahl der Mönche so sehr abgenommen hatte und ein Teil unseres spirituellen Netzes verschwunden ist, verdanken wir es der Güte des Dalai Lama und Khamtrul Rinpoches, dass wir diesen Lehrzyklus vollständig bewahren konnten.

Im 17. Jahrhundert wurden neue Meditationspraktiken im Kloster eingeführt. Dies verdankt sich vor allem der engen Verbindung des 6. Kuten mit dem 5. Dalai Lama und dem Abt des Klosters Thubten Dorje Drag, das zu den Haltern der Nördlichen Schätze gehörte, sowie einem anderen großen Meditierenden seiner Zeit, Padma Gyepa. Für die Bewahrung dieser Lehren wurden der Abtei sechs Landgüter vermacht, was die Einkünfte des Nechung-Klosters beträchtlich erhöhte. Im Exil konnte die Tradition der Nördlichen Schätze dank ihres aktuellen Halters Taklung Tsetrül Rinpoche aufrechterhalten werden.

Die Yamantaka-Praxis – ein Ritual der Gelug-Linie zur Verehrung von 13 Gottheiten – wurde vom 7. Kuten eingeführt. Doch erst unter dem 11. Kuten, Shakya Yarphel, kam das Nechung-Kloster zu neuer Blüte. Shakya Yarphel führte nicht nur einen neuen Meditationszyklus zur Yamantaka-Praxis ein, sondern setzte sich auch ganz besonders für die Bewahrung der ursprünglichen Mönchstradition ein. Er führte die »drei Grundlagen des Mönchslebens« ein: die Zeremonie, bei der man seine Fehler bekennt (zweimal im Monat, bei Vollmond und bei Neumond), das Regenzeit-Retreat (drei Monate im Sommer) und die Erneuerung der Gelübde. In dieser Zeit erhielt das Nechung-Kloster drei neue Landgüter zur Sicherung des Lebensunterhalts für die Mönche.

Der Kuten hatte eine enge Verbindung zum 13. Dalai Lama und zum Schatzentdecker Sogyal. Er erhielt Belehrungen von diesen beiden Meistern und führte im Kloster die Praxis jener Schatztexte ein, die von Sogyal entdeckt worden waren, vor allem die Vajrakilaya-Praxis. Sie befasst sich mit einem zornvollen Aspekt des Buddha, der für die erleuchtete Aktivität steht, und soll alle Hindernisse auf dem Weg zur spirituellen Befreiung beseitigen.

Diese Tradition wurde auch im Exil fortgeführt, was umso intensiver geschieht, seitdem Khenpo Jigme Phuntsog, die Reinkarnation Sogyals, 1990 ins Nechung-Kloster kam, um uns in einem neuen Vajrakilaya-Praxiszyklus zu unterweisen, den er gerade erst entdeckt hatte. Als der Tertön Sogyal 1927 gestorben war, hofften viele Schüler auf seine baldige

Wiedergeburt. Und tatsächlich gab es mehrere Inkarnationen von Sogyal: eine in Bhutan, dann Sogyal Rinpoche, der im Westen sehr bekannt ist, wo er seit 1971 lebt, und Khenpo Jigme Phuntsog, eine außergewöhnliche Persönlichkeit, der bei der chinesischen Besetzung Tibets 1950 im Osten des Landes lebte. Als die Unterdrückung des religiösen Lebens nicht länger zu ertragen war, ging er in die Berge, wo er sich in eine Höhle zurückzog. Dort blieb er etwa zwanzig Jahre, erteilte Belehrungen und ordinierte Mönche und Nonnen, obwohl dies offiziell verboten war. Mitte der Achtzigerjahre lockerten die Chinesen allmählich ihren eisernen Griff, und Khenpo Jigme Phuntsog konnte in der Gegend um Golok – das zur Region Kham gehört, aber mittlerweile der chinesischen Provinz Sichuan zugeschlagen wurde – endlich inthronisiert werden. Seitdem hat er weitreichende Aktivitäten entfaltet. Er lehrt überall, wohin er eingeladen wird, sogar in Peking. 1990 erlaubte man ihm, nach Indien zu reisen, wo er angesichts der existierenden historischen Bande seine Belehrungen dem Dalai Lama und den Mönchen von Nechung zuteilwerden ließ. Die klösterliche Gemeinschaft von Golok-Serta wuchs so stark an, dass sich dort bisweilen 7000 Mönche und Nonnen aufhielten, die teils nur in Baracken oder Zelten lebten. Sie kamen aus ganz Tibet, aber auch aus China. Doch die chinesische Regierung mag es nicht, wenn sich etwas ihrer Kontrolle entzieht, und so machte man im Jahr 2001 mit Bulldozern und Baggern alles dem Erdboden gleich. Die wehrlosen Mönche und Nonnen wurden geschlagen, verjagt oder eingesperrt. Darunter waren auch 2000 Chinesen und Chinesinnen. Khenpo Jigme Phuntsog selbst wurde unter Hausarrest gestellt. Er starb

2004, offensichtlich weil ihn das Schicksal seiner Schüler so sehr bedrückte. Das tragische Ende seiner Gemeinde und sein Tod zeigen einmal mehr, wie die buddhistische Realität in Tibet, aber auch in China aussieht.

Wir in Nechung widmen einen Großteil unserer Zeit den religiösen Ritualen, die wir ausführen. Wir veranstalten pro Jahr vier Retreats, die wir *drupchö* nennen. Einige dieser Retreats können recht lang sein, zum Beispiel das Gyelpo Ku-nga-Retreat, das 25 Tage dauert. Andere, wie das Jigje-Drubpa-Retreat, sind kürzer. Die Yamantaka-Praxis dauert nur etwa zwölf Tage. Darüber hinaus bitten die Regierung und das Büro Seiner Heiligkeit uns des Öfteren, zum Teil recht komplizierte, oft auch mehrtätige Zeremonien durchzuführen. Auch Privatpersonen treten mit diesem Wunsch an uns heran. Dann vollziehen wir Zeremonien, die wenige Stunden oder ebenso mehrere Tage dauern können und die Anwesenheit mehrerer Mönche erfordern. In Tibet war es recht kompliziert, diese Bitten von Privatpersonen zu erfüllen, denn derjenige, der das Gesuch stellte, musste sich auch um die Durchführung kümmern. Außerdem musste er während dieser Zeit im Kloster bleiben. Heute wird gespendet, damit eine Zeremonie abgehalten werden kann, doch die Organisation übernimmt das Kloster.

Die Verantwortung des Kuten

Als Kuten muss ich natürlich an allen Zeremonien teilnehmen, bei denen Dorje Dragden angerufen wird. Darüber hinaus habe ich den Rang eines Ministers inne, sodass der Dalai Lama, wann immer er einen Rat von der Schutzgottheit braucht, mich rufen lassen kann. Daher muss ich das Büro Seiner Heiligkeit, die Regierung und die Klosterverwaltung unterrichten, wenn ich mich auf Reisen begebe.

Als ich noch ein einfacher Mönch war, genügte es, dass der Abt die Reise genehmigte. Dann konnte ich mehr oder weniger machen, was ich wollte. Heute hingegen muss ich genauestens darauf achten, was ich sage oder tue, denn allein meine Stellung als Kuten bringt es mit sich, dass meinem Tun und Lassen enorme Bedeutung beigemessen wird.

Hier ein Auszug aus meinem »Terminkalender«, aus dem ersichtlich wird, zu welchen Gelegenheiten Dorje Dragden angerufen wird:

– Am zehnten Tag des ersten Monats im tibetischen Kalender findet die wichtigste Trancesitzung statt, in Gegenwart des Dalai Lama und der Regierungsmitglieder.
– Im ersten Monat bittet mich Seine Heiligkeit an einem bestimmten Datum um eine Trancesitzung.
– Am zweiten Tag des zweiten Monats findet die Lhatse-Zeremonie der Mönche von Drepung statt, die mit ihrem Abt ins Nechung-Kloster kommen und die Schutzgottheit um Rat bitten.
– Am vierten Tag des zehnten Monats bittet das Kloster des Dalai Lama, Namgyal Dratsang, um eine Trancesitzung.
– Am sechsten Tag des zehnten Monats bittet die tibetische Exilregierung um eine Trancesitzung.
– Drei weitere Termine für Trancesitzungen werden festgesetzt, weil die tibetische Gemeinde in Dharamsala, die Tibeter, die zur indischen Armee gehören, und die Anwohner der Residenz von Ling Rinpoche das Orakel um Rat bitten.

Bei öffentlichen Trancesitzungen wendet Dorje Dragden sich gewöhnlich zuerst an den Menschen, der um die Trance nachgesucht hat. Danach können auch andere Personen, die bei der Trance zugegen sind, Fragen stellen, die er jedoch nicht immer beantwortet. Umgekehrt ergreift er gelegentlich die Initiative und wendet sich an jemanden, der keine Frage gestellt hat. Die Fragen sind sehr unterschiedlich, wie beispielsweise, ob diese oder jene Person tatsächlich die Reinkarnation eines bestimmten Lama ist.

So stellte bei einer Trancesitzung ein Mönch aus Sikkim die Frage, ob der 16. Karmapa, das Oberhaupt der angesehenen Karma-Kagyü-Linie, sich tatsächlich in Urgyen Trinle Dorje reinkarniert hatte, dem jungen Tulku, der Ende 1999 aus Tibet geflohen war. Dorje Dragden bestätigte dies. Der Karmapa lebt seit seiner Flucht im Kloster von Gyuto nahe Dharamsala. Alles, was der Kuten in Trance sagt, wird schriftlich festgehalten und danach diskutiert, um Interpretationsfehler möglichst auszuschließen. Danach wandern die Mitschriften ins Archiv.

Obwohl es bereits rund fünfzig Jahre im Exil besteht, ist Nechung immer noch ein sehr dynamisches Kloster. Jenes tibetische Kloster hingegen, das während der Kulturrevolution schwer beschädigt wurde, hat enorme Probleme. Die spirituellen Übertragungslinien konnten kaum noch aufrechterhalten werden, und die Abwesenheit des Kuten und Nechung Rinpoches vereinfachen die Dinge auch nicht gerade. Heute ist die Situation für die etwa 15 Mönche und Nonnen etwas besser, doch man kann nicht sagen, das Nechung-Kloster in Tibet hätte zu alter Stärke zurückgefunden.

Künstlerische Aktivitäten

Dass ich Kuten wurde, hat zwar mein Leben verändert, aber nicht mich selbst. Ich interessiere mich immer noch für Kunst, und die künstlerische Begabung, die ich zumindest im Ansatz mitbekommen habe, bringt es mit sich, dass ich gelegentlich eingeladen werde, um die Ausschmückungsarbeiten in Klöstern oder das Dekor bestimmter Zeremonien zu prüfen. So habe ich zum Beispiel das Anlegen des Lingkor überwacht, des Weges, auf dem man den Sitz des Dalai Lama umrunden kann. Und ich achte stets darauf, was sich dort tut.

Der Friedensnobelpreis

Der Friedensnobelpreis, der dem Dalai Lama 1989 verliehen wurde, war für uns Exiltibeter eine große Ermutigung. Wir hofften alle, dass sich nun die allgemeine Aufmerksamkeit auf das richten würde, was im Schneeland geschieht, dessen Einwohner so sehr zu leiden hatten. Heute weiß man, dass der Preis das Schicksal der Tibeter nicht wesentlich verändert hat, obwohl es mittlerweile in aller Welt bekannt ist.

Um dem Dalai Lama für seine Aktivitäten zu danken, wollten die Exiltibeter und die Regierung ihm etwas schenken, das als Symbol für sein unermüdliches Eintreten für eine Lösung des Dramas um Tibet gelten konnte. Dazu veranstaltete man einen Wettbewerb. Kalsang Yeshi, der damals an der Spitze des Ministerrates stand, bat mich, doch daran teilzunehmen. Sechzig Künstler hatten sich beworben, 16 Projekte kamen in die engere Wahl, am Ende erhielt meines den Zuschlag.

Ich wollte ein Objekt schaffen, das einen ästhetischen Wert besitzt, ohne seinen Symbolwert preiszugeben. Es wird in Gold und Silber realisiert: eine Taube auf einem Erdball als Versinnbildlichung des Dalai Lama, der durch seine tadellose Haltung und sein grenzenloses Mitgefühl der Welt den Frieden bringt. Die Weltkugel wird von zwei Zweigen flankiert, die für den Sieg über die fünf Gifte – Unwissenheit, Gier oder Anhaftung, Zorn oder Abneigung, Neid und Hochmut – stehen. Die Weltkugel trägt einen Edelstein, der geschnitten ist wie ein weißer Lotus: als Symbol für Chenresig, dessen Emanation Seine Heiligkeit ist und der seine Wohltaten unterschiedlos und alle Zeit allen Wesen zuteilwerden lässt. Rundherum zeigen sich Lichtstrahlen, die das Licht symbolisieren, welches das Dunkel der Unwissenheit vertreibt und jeden Menschen zur Befreiung vom Leid führt.

Die Schutzgottheiten

Man rief mich auch, als eine Arbeit von enormer Tragweite anstand: Der Dalai Lama ließ 1992 eine Statue des zornvollen Aspekts von Chenresig, Trowo Khamsum Namgyal, des »furchterregenden Siegers über die drei Welten«, anfertigen. Diese Form von Hayagriva sollte zum Schutz Tibets aufgestellt werden. Der Ort war schnell gefunden: Die Wahl fiel auf einen kleinen Tempel in Lhagyal Ri, oberhalb der Residenz Seiner Heiligkeit. Dieser Tempel war vom Tibetischen Jugendkongress errichtet worden und sollte Statuen der Schutzgöttin Tibets, Palden Lhamo, und Dorje Dragdens beherbergen.

Dies erforderte umfangreiche Arbeiten, die nicht wenig Geld verschlangen, aber wir schafften es, rechtzeitig drei Statuen herzustellen: in der Mitte Hayagriva, seitlich davon Palden Lhamo und Dorje Dragden. Über dieser Dreiergruppe von Schutzgottheiten wurde in einer Nische eine Chenresig-Statue angebracht. Da für dieses Projekt große Summen gespendet worden waren, konnten wir noch zwei große Gebetsmühlen aufstellen – eine für das lange Leben des Dalai Lama, die andere für alle Tibeter, die durch chinesische Repressalien ihr Leben verloren.

Am Ende der vergleichsweise schwierigen Arbeiten konnten wir sogar noch eine Zisterne bauen, die ein nahes Retreat-Zentrum mit Wasser versorgt. Der Tibetische Jugendkongress ließ noch eine weitere Gebetsmühle aufstellen. Diese war Pawo Thubten Ngodup gewidmet, einem Tibeter von sechzig Jahren, der sich 1998 in Delhi verbrannt hatte, um die Welt auf die Lage in Tibet aufmerksam zu machen.

Ein Stupa für die Regierung

Ein anderes unserer Projekte war der Bau eines Stupa in Gangcheng Kyishong, der die Aktivitäten der Regierung, die dort ihren Sitz hat, unterstützen sollte. Er wurde nach einem kanonischen Text gefertigt, der dem *Kangyur* entnommen wurde, der Sammlung der Lehren Buddhas. Es gibt acht Formen von Stupas. Wir wollten einen »Stupa des Sieges über Mara« errichten, eine Form, die fest in der Erde verankert ist. Sie besitzt die Kraft, negative unterirdische Energien zu neutralisieren.

Vor dem Bau des Stupa wurde der Bauplatz von allen negativen Energien gereinigt: Khamtrul Rinpoche leitete das von den Mönchen von Nechung durchgeführte Ritual, aber auch die Mönche der großen tantrischen Gelug-Kollegien, Gyuto und Gyume, führten ein Ritual durch. Danach legten wir das Fundament. Es ist rund und symbolisiert den Berg Meru, der für die Weltachse steht. Dieses Fundament wird mit verschiedenen Segensobjekten gefüllt. Darauf wird dann der eigentliche Stupa errichtet. Auch dieser enthält verschiedene Segensobjekte, zum Beispiel das Mandala der »Gottheiten der 13 Mantras« und eine Buddha-Statue, die einen Vajra-Dolch in der Rechten und eine Bettelschale in der Linken trägt. In dieser Bettelschale findet sich ein Schutzkreis, der sich um eine Darstellung des zu schützenden Objekts legt.

Der Ministerrat schlug vor, eine kleine Statue des Dalai Lama in den Schutzkreis zu stellen. Kungo Tara hingegen, der ehemalige Privatsekretär Seiner Heiligkeit, meinte, man solle statt einer Statue ein *tsa-tsa* hineingeben, ein Bild. Man musste sich also entscheiden. Da begab es sich, dass mich der Dalai Lama nach einer Trance beiseitenahm, wie er dies des Öfteren tut. Er wollte wissen, wie weit denn die Arbeiten am Stupa gediehen seien. Und so erzählte ich ihm von den verschiedenen Vorschlägen des Ministerrates, des *kashag*, und Kungo Taras. Er meinte, es sei ja nicht er, der beschützt werden solle, sondern Tibet. Und so bat er uns, das Wahrzeichen der tibetischen Regierung in den Schutzkreis zu malen. Die Frage war entschieden, die Arbeiten schienen gut weiterzugehen. Doch trotz meiner Recherchen schaffte ich es nicht, eine Darstellung des Mandalas der 13 Mantras zu finden. Khamtrul Rinpoche kam auf die Idee, man möge doch den Ritualtext lesen, während ein Künstler die Zeichnung anfertige. Dies war so noch nie gemacht worden. Immerhin gab es ein gewisses Risiko, dass die Darstellung dann nicht korrekt war.

Da fiel mir der verstorbene Apo Rinpoche ein, der mit Sicherheit eine Darstellung dieses Mandalas besaß. Und passenderweise kam seine Tochter Khandro Trinley Chödrön gerade zu der Zeit nach Dharamsala, als wir uns mit diesem Problem herumschlugen. Ich suchte sie also auf und berichtete ihr von unseren Schwierigkeiten. Sie meinte, sie habe zwar bei ihrem Vater zahlreiche Mandalas gesehen, doch mehr könne sie mir diesbezüglich auch nicht sagen. Sie riet mir, nach Manali zu reisen, wo Apo Rinpoche gelebt hatte. Ich nahm meinen Freund Chokyab Rinpoche mit. Vor Ort wandte ich mich an Imi Drubten, den früheren Sekretär von Apo Rinpoche, und bald machten wir uns zusammen daran, im Archiv des verstorbenen Meisters nach dem Mandala zu suchen. Leider war unserer Suche kein Erfolg beschieden. Am nächsten Tag aber kam Imi Drubten ganz aufgeregt in unsere Unterkunft. Ihm war eingefallen, dass Apo Rinpoche seine persönlichen Meditationstexte immer in einer Schachtel aufbewahrt hatte. Und genau dort fanden wir dann, was wir gesucht hatten: das Mandala als Papierdruck, der leider schon recht gelitten hatte, weil er dreißig oder vierzig Jahre lang gefaltet unter vielen anderen Papieren gelegen hatte. Trotzdem fuhr ich mit meinem Schatz nach Dharamsala. Ich musste es vollkommen neu zeichnen. Dabei nahm ich die Namen all jener Personen auf, die der Dalai Lama erwähnt sehen wollte. Das Mindeste, was wir tun konnten, war, der Familie von Apo Rinpoche herzlich zu danken. Also legte ich das Mandala unter Glas und ließ von der Kopie tausend Exemplare anfertigen. Das Ganze wurde dann als Opfergabe dargebracht.

Kaum war dieses Problem gelöst, zeichnete sich ein neues ab. Das Mandala konnte nur dann in den Stupa gelegt werden, wenn die Mönche alle spirituellen Übertragungen zur Praxis der 13 Mantras erhalten und ein Retreat zu diesem Aspekt des Buddha durchgeführt hatten. Dies war nicht der Fall. So erteilte also Khamtrul Rinpoche die nötige Einweihung, und die Mönche gingen ins Retreat. Dann aber musste Khamtrul Rinpoche nach Sikkim. Als er zurückkam, waren die Nechung-Mönche gerade in ihrem traditionellen Drei-Monats-Retreat. Der Stupa war fertig, doch er konnte nicht geweiht werden.

Dies waren anscheinend noch nicht genug Hindernisse, denn schließlich erkrankte ich auch noch. Ich nahm zusammen mit anderen Medien – dem Orakel von Lhamo Tsangpa und dem von Tseringma – an einem Hayagriva-Retreat in der Residenz des Dalai Lama teil. Ich konnte kaum noch atmen, so sehr hustete ich. Am Ende musste ich gar das Retreat abbrechen, was als schlechtes Omen gilt.

Zu eben dieser Zeit erschien Ling Rinpoche mir im Traum. Ich hielt mich im Palast auf und sollte dort zusammen mit anderen Mönchen verschiedene Gebete verrichten. Während einer Pause begab ich mich in den Raum, in dem sein *kudung*, sein mumifizierter Körper, aufgebahrt lag. Man bewahrt den Leichnam eines solchen Meisters auf, weil von ihm Segen ausgeht. Gewöhnlich wird der *kudung* in eine gläserne Vitrine gelegt, sodass sein Gesicht nach Süden zeigt. In meinem Traum aber blickte es nach Westen. Ich verbeugte mich vor dem Leichnam des Menschen, der für mich so wichtig gewesen war. Plötzlich hörte ich, wie er an die Scheibe klopfte. Ich hob den Kopf und sah, dass er aus vollem Halse lachte. Dann machte er mir ein Zeichen, näher zu kommen. Ich schaute mich vorsichtig um. Ich war ganz allein, nicht einmal ein Wächter war anwesend ... Erfreut bemerkte ich, dass Ling Rinpoche ebenso lebendig wirkte, wie ich ihn gekannt hatte.

»Es ist zu heiß«, meinte er. »Zieh mir die Kleider aus.«

Ich nahm ihm also die Kleider ab und sah darunter eine weiße Decke, wie es sie bei einem gewöhnlichen *kudung* nicht gibt.

»Jetzt geht es mir schon viel besser, vielen Dank«, meinte er und legte sich bequem hin. »Wie geht es dir? Was machst du jetzt eigentlich?«

»Im Augenblick nehme ich am Hayagriva-Retreat teil«, antwortete ich.

»Das ist gut. Aber hast du mir nichts zu sagen?«

Statt auf seine Frage zu antworten, bat ich ihn um seinen Segen. Außerdem möge er doch bitte für das lange Leben des Dalai Lama beten. Und ich ersuchte ihn um seinen Segen, damit das Retreat einen günstigen Verlauf nehmen möge und die Tibeter von ihren Leiden erlöst würden.

»Das mache ich natürlich gerne, aber bist du sicher, dass du mir nichts zu sagen hast?«, fragte Ling Rinpoche erneut.

Da fiel mir ein, dass ich ja krank war. Ich erzählte ihm also von der Erkältung und dass ich schon seit Tagen hustete. Dann fragte ich ihn, ob mein Leben in Gefahr sei.

»Sagte ich es nicht! Du bist krank. Das ist wichtig!«

Dann gab er mir verschiedene Gebete und Meditationstechniken, die ich anwenden sollte, um dieses Hindernis zu überwinden. Beim Erwachen schrieb ich sofort auf, was ich gehört hatte, doch da ich noch im Retreat war, konnte ich die Übungen nicht persönlich ausführen. Deshalb bat ich verschiedene Klöster, Simla zum Beispiel, die Übungen für mich zu machen. Ich fühlte mich sofort besser.

Am nächsten Tag fiel Lhamo Tsangpa bei einem Ritual in Trance und erklärte, ich sei aufgrund der Verzögerungen beim Bau des Stupa krank geworden und mein Leben sei aktuell in großer Gefahr. Das Orakel forderte alle auf, mir beim Bau des Stupa zu helfen, damit die Arbeiten rasch zum Abschluss kämen. Als das Orakel von Tseringma mich besuchte, lag ich krank zu Hause. Auch sie fiel in Trance und erklärte, dass die Verzögerungen beim Bau ein schwerwiegendes Hindernis darstellten, das mein Leben bedrohe. Das Retreat, so meinte sie, sei zwar wichtig, doch der Bau des Stupa habe weit höhere Bedeutung. Wenn der Stupa nicht innerhalb von sieben Tagen geweiht werden würde, so wäre mein Leben ernsthaft in Gefahr.

Die Warnungen der Orakel fanden Gehör. Khamtrul Rinpoche nahm 21 Mönche mit sich und begann mit den Gebeten für die Einweihungszeremonie. Sieben Tage und sieben Nächte harrten die Mönche ohne Unterbrechung beim Stupa aus und vollführten die nötigen Rituale. Am letzten Tag kamen die Orakel und die Mönche hinzu, die im Retreat gewesen waren. So wurde die Einweihung vollendet. Der Stupa war fertig, die Orakel fielen in Trance, und ich war wieder vollkommen gesund.

Ein Traum wird Wirklichkeit: Deyang Dratsang

Trotz der enormen Schwierigkeiten im Exil gelang es dem Nechung-Kloster, seine Energie und seine Besonderheit zu bewahren. In dieser Hinsicht hatte unser Kloster wirklich Glück. Vielen anderen erging es nicht so gut. Ihre Stammhäuser in Tibet waren zerstört worden und konnten im Exil nicht wieder aufgebaut werden.

Drepung beispielsweise war einst eine Klosterstadt, das bei Weitem größte Kloster der Welt, das mitunter bis zu 7000 Mönche aus ganz Tibet beherbergte. Sie waren in spezielle Kollegien aufgeteilt und wohnten in einzelnen »Vierteln«, in denen sich alle Mönche aus einer bestimmten Gegend zusammenfanden. Es gab zeitweilig bis zu sieben Kollegien, doch im Exil konnten von den vier verbliebenen – Ngagpa, Losel Ling, Tashi Gomang und Deyang – nur Losel Ling und Gomang erhalten werden. Das Kolleg von Deyang, zu dem der Nechung Kuten eine besondere Verbindung hatte, wurde nicht wieder aufgebaut. Die Mönche, die ins Exil gegangen waren, wussten nicht einmal, ob ihre Gefährten in Tibet noch lebten.

Eine verrückte Idee

Diese Situation schien mir verbesserungsbedürftig. Also erinnerte ich mich an meinen koreanischen Mönchsfreund Ji-nuk Sunim, der stets in vielen karitativen Projekten mitarbeitete. Sein Beispiel inspirierte mich zu der Idee, das Kolleg von Deyang wieder zu errichten. Und so erzählte ich Ji-nuk

Sunim von dieser verrückten Idee, als er das nächste Mal nach Dharamsala kam: dem Wunsch, von Neuem ein Klosterkolleg von solcher Bedeutung aufzubauen. Ich erzählte ihm von Drepung und dem Deyang-Kolleg, dessen Aufgabe es war, die Belehrungen des 5. Dalai Lama zu bewahren. Da Drepung im Süden Indiens wieder entstanden war, wäre es wohl sinnvoll, Deyang ebenfalls dort anzusiedeln. Er war von meiner Idee sehr angetan, weil er, wie er selbst sagte, noch nie am Bau eines Klosters mitgewirkt habe. Und er freue sich, die Arbeiten zu überwachen.

Selbstverständlich gab ich auch Seiner Heiligkeit Bescheid. Der Dalai Lama war ebenso begeistert und riet mir, mich mit aller Kraft daranzumachen. Wir schrieben das Jahr 2000, und der Dalai Lama reiste nach Südindien, um Belehrungen zu geben und den neuen Tempel des Gomang-Kollegs von Drepung einzuweihen. Ich wurde als Kuten mit eingeladen. Daher bat ich meinen koreanischen Freund, ob er sich uns nicht anschließen könne, damit er sich selbst ein Bild von dem geplanten Projekt machen könne. Zu jener Zeit waren wir nur drei, die davon wussten. Mir war klar, dass ich mich an die beiden anderen Kollegien von Drepung wenden musste, damit man uns einen Baugrund zuwies, doch ich wollte abwarten, bis Jinuk Sunim eintraf. Der Plan war gut, doch es kam anders. Am Tag, als der Dalai Lama nach Gomang kam, rief er die Äbte und Verwalter der Kollegien zusammen, um gemeinsam ein Gebet an die Schutzgottheit Palden Lhamo zu richten. Während der Teepause verkündete er zu meiner großen Überraschung – denn ich glaubte noch keineswegs, dass das Projekt sich verwirklichen ließe –, dass es eine wunderbare

Neuigkeit gebe: Ich würde das Kolleg Deyang wieder aufbauen.

Der Abt von Losel Ling überreichte mir daraufhin eine zeremonielle Schärpe und beglückwünschte mich. Mir war dies ein wenig peinlich, denn angesichts der engen Bindungen zwischen Deyang und Losel Ling in Tibet hätte ich ihn als Ersten informieren müssen. Dann kam der oberste Abt von Drepung, um mir seine Schärpe zu überreichen und mir seine Unterstützung bei der Lösung aller Probleme anzubieten. Dann schritten wir mit den Äbten der beiden anderen Kollegien den Grund ab und legten den Ort fest, an dem gebaut werden sollte: eine Parzelle von 4000 Quadratmetern, die zu Losel Ling gehörte, schien allen der ideale Ort, um das ehrwürdige Kolleg wieder aufleben zu lassen.

Eine kleine Gruppe

Nach dem vielversprechenden Anfang kamen die ersten Schwierigkeiten. Zunächst einmal mussten wir die ehemaligen Mönche von Deyang zahlenmäßig erfassen. Die Äbte kannten diese Mönche nicht. Nur einer, der in Losel Ling lebte und sich Deyang Kalsang Tsering nannte, würde uns möglicherweise weiterhelfen können. Es stellte sich heraus, dass er tatsächlich aus Deyang war und 1959 aus Tibet geflohen war. Mit seiner Hilfe suchten wir in ganz Indien, fanden aber nur eine Handvoll Mönche wieder. Unter ihnen war Ngawang Wangdü, der erst 1985 geflohen war. Da es kein Deyang-Kolleg in Indien gab, war er ins Kolleg von Losel Ling eingetreten. Die Tuberkulose richtete unter den Exiltibetern wahre Verwüstungen an. Auch Ngawang Wangdü erkrankte kurz nach seiner Ankunft. Und so musste er nach Dharamsala gehen, um Heilung zu finden. Da man schon bald erkannte, wie ungeheuer intelligent er war, nahm man ihn als Lehrer am Norbulingka-Institut auf.

Ich lernte ihn kennen, als unser Projekt allmählich Form annahm. Er begab sich nach Südindien, und wir trafen uns, um einen Weg zu suchen, wie wir diesen Traum verwirklichen könnten. Außer unserem koreanischen Freund gab es nur vier Personen, die sich mit diesem Projekt beschäftigten, und nur drei davon hatten mit Deyang zu tun gehabt. Dies gibt vielleicht eine ungefähre Vorstellung, welch gewaltige Aufgabe da vor uns lag. Chokyal Rinpoche musste die Bauarbeiten überwachen. Ngawang Wangdü würde sich, sobald er die Ausbildung zum Geshe abgeschlossen hatte, um die Ausbildung der Mönche kümmern. Die Ausbildung zum Geshe dauert wie bereits gesagt sehr lang, obwohl man sie in jüngster Zeit ein wenig zu verkürzen sucht. Im alten Tibet hatte sie bis zu zwanzig Jahre in Anspruch genommen. 2002 hatte Ngawang Wangdü die Vorbereitungen auf seine letzten Prüfungen abgeschlossen, die ihm den Titel des Lharampa-Geshe eintragen würden. Dies ist der höchste zu vergebende Titel, dementsprechend schwer ist er zu erlangen. Etwa 5000 Studenten versammelten sich zur Prüfung, und unser Freund bewies, wie gut er die Lehren Buddhas kannte, wenn dies überhaupt noch nötig war: Er wurde der Erste unter allen Prüflingen, die den Grad des Lharampa-Geshe anstrebten. Dies war ein sehr verheißungsvolles Zeichen.

Der Grundstein

Während all der Zeit wurden die Arbeiten durch eine großzügige Spende von Ji-nuk Sunim finanziert. Dies war vor allem deshalb wichtig, weil wir uns möglichst jetzt schon auf eine realistische Zahl von Mönchen einstellen wollten. In Losel Ling und Gomang mussten die Gebetshallen mehrere Male erweitert werden, weil die Anzahl der Mönche alle Erwartungen übertreffend schnell wuchs. Und so planten wir von Anfang an ein Kolleg, das von seiner Bedeutung her dem früheren gleichkommen, also größer als das Nechung-Kloster werden sollte. Wir gingen von mehreren Hundert Mönchen aus. Das war natürlich ein ehrgeiziges Vorhaben, vor allem, da wir bei Null begannen, aber wir waren ziemlich sicher, dass unser neues Kolleg Erfolg haben würde. In Erwartung dieser glorreichen Tage planten wir Räume für zwanzig Mönche. Die von meinem Freund sichergestellte Finanzierung deckte zu Beginn nahezu alle Kosten ab, trotzdem mussten wir bald Losel Ling um Hilfe bitten. Chokyal Rinpoche machte sich gewisse Sorgen, ich aber bestand darauf, dass wir nicht klein anfangen sollten, war ich doch überzeugt davon, dass sich auch dieses Hindernis würde überwinden lassen. Wie? – Ich hatte nicht die geringste Ahnung.

Ein willkommener Eingriff

Und tatsächlich bewirkte der Segen der Buddhas, dass die Dinge bald wieder den gewünschten Verlauf nahmen. Ein chinesischer Freund, der in Singapur lebte, eilte mir zu Hilfe. Er war Architekt, doch seit seinem Umzug lief nichts mehr, wie es sollte. Sein Unternehmen, das bis vor Kurzem noch floriert hatte, ging so schlecht, dass es kurz vor der Pleite stand. Also fragte ich ihn über seine aktuelle Situation aus, sein neues Haus, sein Leben und so weiter. Mehr durch Zufall erfuhr ich, dass er einen uralten Baum hatte schlagen lassen, um die Fundamente seines Hauses zu legen.

Die Chinesen teilen mit den Tibetern den Glauben an Naturgeister und Lokalgottheiten. Mein Freund war überzeugt, dass er durch das Schlagen des Baumes einen dieser Ortsgeister, einen *sadag*, gestört hatte. Also begaben wir uns dorthin und verrichteten an dieser Stelle zehn Tage lang Gebete, um alle Hindernisse zu beseitigen, damit sein Leben wieder harmonisch verlaufen sollte. Schritt für Schritt lösten sich seine Probleme. Am Ende meinte er, er wisse gar nicht, wie er mir danken solle. Da erzählte ich ihm von unseren Schwierigkeiten mit dem Projekt in Deyang. Und er erwies sich wahrhaft als großzügig. Ich kam mit so viel Geld nach Delhi zurück, dass wir unsere Gläubiger in Losel Ling ausbezahlen konnten und immer noch etwas übrig hatten.

Im Jahr darauf lud er mich wieder mit einigen Mönchen nach Singapur ein. Wir führten für ihn ein sogenanntes Yangdrup-Ritual durch, dessen Zweck es ist, die positiven Aspekte der Existenz ans Licht zu holen. Bald darauf, als wir schon ins Kloster zurückgekehrt waren, informierte er mich, dass seine Firma sich um eine riesige Ausschreibung beworben hatte. Er bat uns, doch dafür zu beten, dass der Wettbewerb einen günstigen Ausgang für ihn nehmen möge. Nach einigen Tagen wurden von den 15 Unternehmen, die sich beworben hatten, fünf ausgewählt. Seine Firma war dabei. Da rief er mich an und sagte: »Betet, dass ich diese Ausschreibung gewinne, dann sollt ihr euer Kloster haben.« Nun, diese Bitte war zumindest klar formuliert. Ich wandte mich also an Dorje Dragden und stellte ihm die Situation dar. Eines möchte ich jedoch klarstellen: Beim Beten geht es nicht darum, den Lauf der Dinge nach eigenem Gutdünken zu dirigieren. Ein Ereignis tritt nur dann ein, wenn das Potenzial dafür vorhanden ist. Und doch: Unser Freund erhielt den Zuschlag und erklärte sofort, er werde sich um unser Problem kümmern.

Und ich sollte noch wahrhaft Grund haben, mich zu wundern. Zwei oder drei Wochen später kam unser Wohltäter mit seiner ganzen Familie nach Dharamsala. Aus unserer Sicht war dies nicht nötig, wir vertrauten ihm voll und ganz. Doch er wollte uns beweisen, dass er unter allen Umständen zu seinem Wort stehen würde.

»Niemand ist unsterblich«, sagte er zu mir. »Ich will nicht, dass die Arbeiten zum Stillstand kommen, wenn mir etwas passiert.«

Und so bat er die Mitglieder seiner Familie, mir zu schwören, dass sie sich für das Vorhaben einsetzen würden, ganz gleich, was mit ihm geschähe. Alle leisteten diesen Schwur von ganzem Herzen und ohne auch nur eine Sekunde zu zögern. Bald darauf kam die Rede auf die Statuen, die das Kolleg schmücken sollten. Ich wollte durchaus bescheiden bleiben, doch waren es letztlich doch sieben Gottheiten beziehungsweise Meister, die eine klare Verbindung zum Kolleg Deyang hatten: der Buddha natürlich; Padmasambhava, der die Lehren nach Tibet brachte; Je Tsongkhapha, der Begründer der Gelug-Linie, zu der Deyang gehört; der 5. Dalai Lama, dessen Lehren für das Kolleg von großer Bedeutung waren; Chogpo Jangchub Palden, der frühere Abt von

Deyang; und schließlich Tara und Chenresig, zwei Aspekte des personifizierten Mitgefühls. Entgegen all meinen Erwartungen meinte mein Freund aus Singapur, dass sechs dieser Statuen von einzelnen Mitgliedern seiner Familie gestiftet würden, für die letzte würde ein Freund aus Singapur Sorge tragen. So viel Großzügigkeit und Effizienz hätte ich mir nie zu erhoffen gewagt.

Kloster heißt auch Küche

Ein Kloster besteht aus einem Tempel, den Gebetssälen, den Studienräumen und den Zellen für die Mönche. Doch natürlich sind auch eine Küche und ein Speisesaal erforderlich. Es ist noch nicht lange her, dass eine amerikanische Schülerin namens Suria mich anrief und sagte, ihr sei zu Ohren gekommen, dass wir das Deyang-Kolleg wieder aufbauen wollten. Sie hätte gerne auf die ein oder andere Weise zu diesem ehrgeizigen Projekt beigetragen. Ich dankte ihr und erklärte ihr, dass unsere Freunde in Korea und Singapur schon Enormes geleistet hatten, was die religiösen Dinge anging, den Tempel, die Zellen und so weiter. Nun, erklärte sie daraufhin, dann werde sie sich eben um das leibliche Wohl kümmern, um Küche und Speisesaal. Doch sie bat mich, ihr eine Projektbeschreibung zukommen zu lassen, damit sie sich ein Bild davon machen könne, was gebraucht würde.

Hier wurde mir deutlich, wie unterschiedlich doch die asiatische und die abendländische Denkweise in manchen Dingen sind. Für einen Asiaten ist es klar, dass ein Projekt Hand und Fuß hat, wenn ein Mönch oder eine Nonne es leitet. Und so sieht er zu, was er dazu beitragen kann, ohne weitere

Fragen zu stellen. Für einen Abendländer aber ist es selbstverständlich, dass es eine Projektbeschreibung mit allen Anforderungen gibt. Als Suria unsere Unterlagen in Händen hielt, kümmerte sie sich mit viel Sachverstand und Einfühlungsvermögen um alles Nötige. Sie trug Sorge für Tische, Stühle, Kochutensilien, also für alles, was die Mönche tatsächlich brauchten, damit Küche und Speisesaal in Betrieb genommen werden konnten. Wir wären schon mit den Gebäuden allein zufrieden gewesen. Doch sie spendete genug, damit wirklich alles, bis hin zu den Löffeln, angeschafft werden konnte. Und da wir günstig einkauften, blieb uns sogar noch etwas übrig.

In den heiligen Texten heißt es, wenn man sich auf den Weg des Dharma macht und nach den Geboten der Ethik handelt, würden sich alle Hindernisse auflösen, von großen, durch Karma bedingten einmal abgesehen. Der Ablauf dieses Projekts ist dafür ein schönes Beispiel. Wie beim Bau des Nechung-Klosters bitten wir um nichts, aber wir stellen ohne Umschweife unsere Situation dar. Möglicherweise liegt es daran, dass unser Wunsch berechtigt ist, dass sich immer wieder Spender finden und Hindernisse wie von selbst zu verschwinden scheinen.

Die Zukunft unserer Welt

Obwohl ich in meinen Funktionen als Abt und als Kuten sehr beschäftigt bin, nehme ich mir doch immer wieder Zeit zur Entspannung. Ich liebe Pflanzen. Wann immer es mir möglich ist, bringe ich welche von meinen Reisen mit. Auch Tiere liegen mir am Herzen. Meine Hunde machen mir viel Freude. Vielleicht geht diese besondere Liebe zu Pflanzen und Tieren auf meine Erlebnisse als Junge zurück.

Eine der wichtigsten Aufgaben, die sich uns in der Gegenwart stellt, ist es zweifellos, die Zukunft der Erde zu sichern. Wir sind mittlerweile mehr als sechs Milliarden Menschen, und wir haben nicht die geringste Ahnung, wie viele Wesen auf diesem Planeten leben. Wir Menschen betrachten uns selbst immer als die wichtigste Spezies. Wenn ein Mensch angegriffen oder getötet wird, herrscht helle Aufregung. Der Angreifer wird verurteilt, in bestimmten Fällen gibt es sogar eine Art Schadensersatz. Bei Tieren ist dies nicht der Fall. Wenn Zehntausende Tiere sterben, regt sich niemand auf. Um nur ein einfaches Beispiel zu nehmen: Tod und Folter, welche die Chinesen zahllosen Tibetern und Tibeterinnen auferlegen, erregen in der ganzen Welt Abscheu. Doch die Tiere, die ich leiden und sterben gesehen habe, werden gar nicht erwähnt. Wir sind es gewöhnt, uns nur um uns selbst zu sorgen. Doch wir sind nicht von unserer Umwelt getrennt.

Den Lehren Buddhas zufolge sollte die Geburt als menschliches Wesen uns dazu veranlassen, über die Kostbarkeit dieser »Gelegenheit« nachzudenken. Es gibt zahllose Gleichnisse, die uns begreiflich machen sollen, wie selten solch eine Geburt ist. Wie groß die Zahl der Menschen auch sein mag, sie ist verschwindend gering, wenn man sie mit jener der Tiere vergleicht. Die Wahrscheinlichkeit, dass wir im Tierreich wiedergeboren werden, ist also weit höher als die einer Geburt als Mensch. Und dies ändert sich nicht, wenn wir andere Daseinsbereiche betrachten.

Dazu muss man wissen, dass wir Tibeter die Welt in sechs Bereiche einteilen: die Höllen, die Welt der Hungergeister, die Welt der Tiere, die Welt der Menschen, die der neidvollen Götter und die der Götter. Wenn es viele Milliarden Tiere aller möglichen Gestalt gibt, so übersteigt die Zahl der Hungergeister sie doch bei Weitem. Solch ein Verhältnis gilt auch für die anderen Bereiche. Dabei befinden wir uns mit einer Geburt im menschlichen Bereich noch lange nicht auf der positiven Seite: Wie viele Menschen gibt es, die Hunger leiden, Krieg und Naturkatastrophen erdulden müssen, Epidemien und so weiter. Nur wenige können in äußerlich und innerlich angenehmen Umständen leben. Wenn wir uns also bewusst machen, dass die Umstände unserer Geburt als sehr glücklich bezeichnet werden können, wird uns schnell deutlich, dass wir dieses Leben nicht verschwenden sollten, indem wir anderen Schaden zufügen. Unsere Umwelt ist in gewisser Weise ein wichtiger Bestandteil unseres Lebens. Wenn wir zu ihrer Zerstörung beitragen, wird es für kommende Generationen noch unwahrscheinlicher, unter äußerlich und innerlich gleichermaßen angenehmen Umständen geboren zu werden.

Der aktuell schlechte Zustand unserer Umwelt, die Verschmutzung und die weiträumige Zerstörung von Flora und Fauna sind keineswegs das Resultat einer natürlichen Entwicklung, sondern wurzeln in Gier, Hochmut und Egoismus des Menschen. In seinem Wunsch, immer mehr zu haben, ohne dass ihm dies wirklich von Nutzen ist. Allen Wesen wohnt das Potenzial zur Erleuchtung inne, doch diese stellt sich nur ein, wenn die richtigen Bedingungen und Ursachen zusammenkommen. Jene Menschen, die auf die eine oder andere Weise zur Zerstörung der Umwelt beitragen, vermindern für Milliarden Wesen die Möglichkeit, dauerhaftes Glück zu erlangen. Der Mensch ist körperlich nicht sehr stark. Tiere sind wesentlich kräftiger als er. Und doch hat der Mensch außergewöhnliche Fähigkeiten, weil er sich durch seinen Intellekt die Umwelt zunutze machen kann. Wenn seine Motivation nicht auf das Wohl aller gerichtet ist, können seine Aktivitäten in die totale Katastrophe münden. Der Mensch ist Teil eines gewaltigen Netzes. Wenn er seine Überlegenheit dazu benutzt, andere zu beherrschen, ohne sie zu achten, dann wird er früher oder später selbst unter negativen Bedingungen zu leiden haben. Dementsprechend werden sich seine Möglichkeiten, zur Erleuchtung zu finden, verringern.

Dies also ist die Geschichte meines Lebens. Kuten zu sein bringt eine enorme Verantwortung mit sich, doch ich ziehe daraus keinerlei Stolz. Ich habe diese Ehre nicht angestrebt. Ich bin in der Nähe großer Meister, wie der Dalai Lama einer ist. Ich bin in der glücklichen Lage, Freunde zu haben, die mich bei meinen Projekten unterstützen. Ich lebe ein sehr einfaches Leben, weil ich letztlich nur ein gewöhnlicher Mönch bin, dessen Karma – also die Auswirkung der in früheren Existenzen begangenen Taten – es ist, anderen zu dienen, indem er diese ganz besondere Rolle annimmt: Medium zu sein für eine der großen Schutzgottheiten meiner Heimat, Tibet.

Danksagung

Es war mir eine große Freude, das Material zu sammeln, das zum Schreiben dieses Buches vonnöten war. Ich hoffe, dass diese Biografie ihren Lesern Nutzen bringt. Sie gibt Auskunft über die Ursprünge des Nechung-Orakels. Die Gottheit Nechung ist der wichtigste Schützer der Lehre und der tibetischen Regierung. Allen, die mehr über sie und ihr Orakel wissen wollen, gibt dieses Buch meiner Ansicht nach ein recht klares Bild von der Aktivität der »Dharma-Schützer« im Allgemeinen und des Dharma-Königs Nechung im Speziellen.

Ich habe mich besonders gefreut, dass die Arbeitsgruppe, die sich hier zusammenfand, nicht nur mit oberflächlichem Interesse, sondern mit aufrichtiger Hingabe an dieses Projekt heranging und gründliche Recherchen anstellte. Auf diese Weise entstand nicht nur eine Biografie über den Menschen, der aktuell als Nechung-Medium fungiert, sondern auch eine Dokumentation, die ein breites Publikum anspricht und ihm Informationen und Bildmaterial aus authentischen Quellen an die Hand gibt. Daher möchte ich mich vor allem bei Michel Gardey, Françoise Bottereau-Gardey, Dawa Thondup, dem ehemaligen Repräsentanten des Dalai Lama in Frankreich, und Laurent Deshayes bedanken.

Darüber hinaus danke ich wärmstens all jenen, die einen Beitrag zu diesem Buch geleistet haben: Kalon Tempa Tsering, Thubten Samphel – er ist der Sekretär des Büros für Information – und Lhakdor, dem Direktor der *Library of Tibetan Works and Archives*.

Danksagung
von Françoise Bottereau-Gardey

Dieses Werk wäre nie verwirklicht worden ohne:

- das Wohlwollen und die tätige Mitwirkung des Kuten;
- das Verständnis und die grenzenlose Unterstützung von Dawa Thondup;
- Güte und Mitgefühl von Jetsün Pema und Tempa Tsering;
- das Wissen und das Talent von Laurent Deshayes;
- die Ermutigung und die engelhafte Geduld von Alain Noël;
- die Liebe und Hilfe meines Mannes, die Beiträge von Melissa, die Begeisterung von Stephanie, von Aymeric, Louis Jean, meiner Familie und meiner sardischen Freunde;
- und natürlich die großartige Leistung von Professor Christian Jacquot, dem ich es zu verdanken habe, dass ich am Leben bin.

Glossar
von Elisabeth Liebl

Abhidharma: Dritter Teil der Drei Körbe, in die die Lehren des Buddha gewöhnlich unterteilt werden. Enthält metaphysische und psychologische Grundlagen des Buddhismus.

Arhat: Buddhistischer Praktizierender, der Gier, Hass und Verblendung abgelegt hat und dem Glauben an ein wesensmäßig existierendes Selbst nicht mehr anhängt. Daher ist der Arhat nicht mehr zur Wiedergeburt gezwungen. Ideal des Theravada-Buddhismus, das auch im Mahayana als Grundlage der Verwirklichung betrachtet wird.

Ashoka: Indischer König (304–232 v. Chr.). Er einte das Großreich der Maurya in zahlreichen Schlachten, wurde jedoch angesichts des Leides, das er damit heraufbeschworen hatte, zur Umkehr bewegt. Er wurde ein Schüler des Buddhismus, den er fortan förderte, setzte sich gezielt für den Frieden ein und verbot die blutigen Tieropfer. Die buddhistischen Lehren ließ er mit Hilfe zahlreicher Stelen im ganzen Land verbreiten – der »Säulenedikte des Ashoka«.

Avalokiteshvara: Tibetisch *Chenresig,* Verkörperung des Mitgefühls aller Buddhas. In allen buddhistischen Ländern verehrter Bodhisattva, der in China als Guanyin eine weibliche Ausprägung gefunden hat. In Japan wird diese als Kannon verehrt.

Bodhisattva: Erleuchtetes Wesen, das die Befreiung vom Zwang der Wiedergeburt erlangt hat, sich jedoch zum Wohle aller Wesen weiter in den Daseinskreislauf begibt, um allen den Weg zur Erleuchtung zu eröffnen. Ideal des Mahayana-Buddhismus.

Buddha: Als Buddha Shakyamuni Stifter der buddhistischen Religion, der nicht als göttliche Gestalt verehrt wird, sondern als Mensch, der das Erwachen erlangt und anderen den Weg dorthin gezeigt hat. Daher bezeichnet der Begriff »Buddha« in der Folge jeden Menschen, der die vollkommene Erleuchtung erreicht hat.

Chenresig: Tibetischer Name des Avalokiteshvara. Verkörperung des Mitgefühls aller Buddhas und Schutzpatron Tibets.

Dharma: Die Lehre des Buddha.

Drei Juwelen: Buddha, Dharma und Sangha. Zu diesen drei Objekten nimmt der Buddhist aus tiefstem Herzen Zuflucht.

Drei Körbe: Im Sanskrit *tripitaka.* Die Drei Körbe bestehen aus dem *Vinaya,* den Regeln für das Leben der Ordinierten, den *Sutras,* den Lehrreden des *Buddha,* und dem *Abhidharma,* den metaphysischen Grundlagen des Buddhismus.

Kangyur: Sammlung der Unterweisungen des Buddha, die ins Tibetische übertragen wurden. Teil des tibetischen

Kanons, der vom *Tengyur*, den Kommentaren der großen indischen Meister, ergänzt wird.

Kashag: Ministerrat der tibetischen Regierung.

Keimsilbe: Silbe, welche die Essenz der Gottheit als Klang verkörpert.

Lung: Rituelle Lesung eines Textes, durch welche die Anwesenden die Erlaubnis erhalten, diesen Text zu studieren und die damit verbundene Meditation zu praktizieren.

Mahayana: Eine der Hauptrichtungen des Buddhismus. Der Mahayana-Buddhismus unterscheidet sich vom Theravada-Buddhismus vor allem dadurch, dass er die Hilfe für andere zum zentralen Teil des Menschenbildes macht. Das Wohl der eigenen Person wird dem Wohl der anderen untergeordnet.

Mara: Der Herr der leidbehafteten Erscheinungswelt, der durch sein Illusionsspiel die Wesen stets zur Wiedergeburt verführt.

Marpa: Besitzt auch den Beinamen »der Übersetzer«. Einer der Begründer des tibetischen Buddhismus (1012–1097), da er die Lehren der großen indischen Meister nach Tibet brachte und sie ins Tibetische übertrug. Sein wichtigster Schüler war Milarepa.

Milarepa: Jetsün Milarepa (1040–1123) gilt als größter Verwirklichter Tibets. Er hatte in seiner Jugend viel Leid zu erdulden, das er später mit Hilfe schwarzmagischer Kräfte rächte. Von dem Leid erschüttert, das er wiederum selbst ausgelöst hatte, begab er sich zu seinem Meister Marpa, der zuerst durch härteste Übungen seine Motivation prüfte, bevor er ihm Unterweisungen erteilte. Dann aber verwirklichte Milarepa in einem Leben die Buddhaschaft.

Mittlerer Weg (Madhyamaka): Philosophische Richtung innerhalb des Buddhismus, die vom indischen Meister Nagarjuna begründet wurde. Sie findet mit ihrem System der relativen und absoluten Wahrheit einen Mittelweg zwischen dem Betrachten der Erscheinungen als dauerhaft und der Einschätzung dieser Welt als nicht wirklich existent.

Nirvana: Ziel buddhistischer Praxis, Austritt aus dem Kreislauf der Wiedergeburten und Verwirklichung der wahren Natur des Geistes.

Padmasambhava: Auch Guru Rinpoche genannt. Gilt als Begründer des Buddhismus in Tibet.

Regent: Das Regentensystem wurde auf mongolischen Wunsch hin vom Dalai Lama eingeführt. Solange ein reinkarnierter Dalai Lama noch minderjährig ist, übernimmt ein Regent seine Pflichten.

Samsara: Der Kreislauf der Wiedergeburten.

Sangha: Steht für die Gemeinschaft der Erwachten und bildet eines der drei Zufluchtsobjekte des Buddhismus.

Stupa: Denkmal, ursprünglich ein Grabmal über den sterblichen Überresten eines buddhistischen Meisters. Später wurde diese Bauform zur Aufbewahrung von Reliquien und anderen segensreichen Objekten genutzt. Sie ist von großer symbolischer Bedeutung und steht unter anderem für das Rad der Lehre und den Berg Meru.

Tengyur: Teil des tibetisch-buddhistischen Kanons, in dem die Kommentare großer indischer Meister zu den Lehren Buddhas versammelt sind.

Tertön: Wörtlich »Schatzentdecker«. Er findet die von früheren Meistern verborgenen Schätze, also Teile der Lehre, die erst für spätere Generationen Sinn entfalten. Dies kann auch durch Intuition geschehen.

Terma: Spiritueller Schatz, meist Texte, die verborgen wurden und Jahrhunderte später von einem besonders in dieser Weise begabten Tertön entdeckt werden.

Thangka: Tibetisches Stoffbild mit Darstellungen von Mandalas oder Meditationsgottheiten. Es ist nicht auf einen Rahmen aufgezogen und kann daher zusammengerollt werden.

Theravada: Die »Lehre der Ordensältesten«. Der Theravada-Buddhismus baut vor allem auf dem *Pali-Kanon* auf, der ältesten Sammlung der Lehren Buddhas. Er vollzog nicht die später erfolgte Hinwendung zum Bodhisattva-Ideal. Sein Ziel ist die Befreiung des eigenen Geistes von Illusion und damit das Durchbrechen des Kreislaufs der Wiedergeburt.

Torma: Symbolische Teigskulptur, die vor allem bei Opferungen im tibetischen Buddhismus gebraucht wird und die unterschiedlichsten Formen haben kann.

Trisong Detsen: Im 8. Jahrhundert König von Tibet, unter dem der Buddhismus zur offiziellen Staatsreligion des Landes wurde. Förderer von Padmasambhava.

Tulku: Ein bewusst wiedergeborener buddhistischer Meister.

Vajra: Ein Dolch, der als essenzielles Symbol des Vajrayana-Buddhismus, einer Unterart des Mahayana, gilt. Er dient zum Abschneiden der Geistesgifte, die die Wesen im Kreislauf der Wiedergeburten gefangen halten.

Vier edle Wahrheiten: Die erste Belehrung des Buddha Shakyamuni, die er in Sarnath gab und mit der er die wesentliche Grundlage des Buddhismus schuf: 1. die Wahrheit von der Leidhaftigkeit des Daseins, 2. die Wahrheit von den Ursachen der Leidhaftigkeit, 3. die Wahrheit von der Beendigung des Leidens, 4. die Wahrheit vom Weg zur Beendigung des Leidens.

Vinaya: Die vom Buddha niedergelegten Mönchsregeln, die Teil der Drei Körbe sind.

Wurzel-Lama: Jener Lehrer, der den Schüler im Innersten anspricht und dessen Unterweisung diesen daher schnell Fortschritte machen lässt.

Zuflucht: Zum Buddhisten wird man, indem man innerhalb einer Zeremonie Zuflucht nimmt zu Buddha, Dharma und Sangha. Dabei erklärt man offiziell, dass man anstrebt, die drei Zufluchtsobjekte zur Grundlage des eigenen Lebens zu machen. Nach diesem Akt nimmt man nicht mehr Zuflucht zu anderen Heilsobjekten, da diese nicht in der Lage sind, den richtigen Weg zu zeigen.